KB253887

창세기 1장을 신학과 과학과 철학으로
심오하게 해부해낸 첨단 성경 주해

창조론의 실체

安 炳 揚 (Th.D) 著

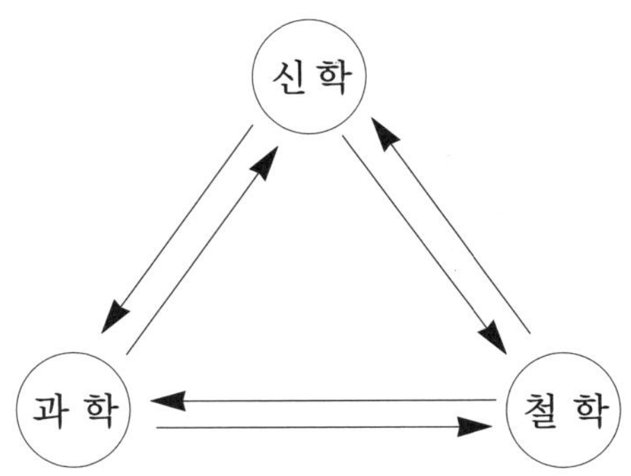

도서출판 세줄

창조론의 실체

저 자 ㅣ 안 병 양
인 쇄 ㅣ 2005년 2월 21일
발 행 ㅣ 2005년 2월 28일
펴낸 곳 ㅣ 도서출판 세줄(등록번호 2-4000)
서울시 중구 인현동 111-6 ☎ 02-2265-3749

저자 이메일   bicepa@hanmail.net

총판 ㅣ 생명의샘 T. 02)419-1451   F . 419-1452

머리말에 부침

어떤 사람들은 창세기 1장을 유대 민족의 전승 신화일 뿐이라고 말하기도 합니다. 그리고 아주 오래된 문서 중의 하나이기에, 비과학적으로 기록되었다고도 합니다. 그러나 그것은 매우 섣부른 판단이 될 뿐입니다. 사실 창세기 1장은 그 자체가 과학이요, 신학이요, 철학이며, 아울러서 직접 우주와 만물을 창조하신 하나님의 말씀이기도 합니다.

게다가 창세기 1장은 성경 전체의 서론 격에 해당하는 부분이라고 볼 수도 있기 때문에, 만일 창세기 1장만 완전히 이해하게 된다면 성경 전체의 10% 이상 이해한 것이나 다를 바 없게 됩니다. 그만큼 창세기 1장이 차지하는 신학적, 과학적, 철학적 비중은 지대하다고 할 수 있습니다.

이 세상에는 권위있는 성경 주석, 강해집, 해설집 등이 무척 많이 출판되어 있습니다. 그럼에도 불구하고 이 책을 집필하게 된 첫 번째 이유는, 창세기 1장을 신학적인 내용과 철학적인 내용 외에 첨단 과학적인 내용을 도입하여 재해석해야만 힐 필요가 있어서였습니다. 그리고 두 번째 이유는, 매우 많은 사람들이 창조론에 대해 의문을 품고 있기는 한데, 그 내용이 너무나 복잡하고도 방대하기 때문에 가급적 자세하면서도 압축적으로 집필할 필요가 있어서였습니다.

이 책에 창세기 1장에 대하여 가급적 빠뜨리지 않고 자세하게 풀이를 하려다보니, 내용이 다소 어렵기도 하고, 복잡하기도 하며, 또한 방대해져 있다는 것을 미리 말씀드리는 바입니다. 이 점에 대해서 양해해 주시기를 바랍니다. 비록 매우 박학(薄學)한 책이기는 하지만, 그러나 이 책이 철학적이고도 과학적인 성경 해석의 길잡이가 되기를 바라고, 또한 정신적으로 깨달음을 얻는 데에도 크게 도움이 되기를 삼가 바라겠습니다.

끝으로, 이 책이 세상에 빛을 볼 수 있도록 출판을 맡아 주신 이명수 장로님과 이 책의 편집과 교정을 맡아주신 구본일 집사님 그리고 이 책의 표지를 디자인해 준 진선, 지은에게도 감사를 드리는 바입니다.

2005년 가을에 수락산 기슭에서

저자 드림

헌 사

나는 이 책을
지식과 지혜를 뛰어넘어
영적으로 목말라 하고 갈급해 하는
이 시대의 신학자들과,
과학자들과,
철학자들을 위시한 모든 지성인들에게와
그리고 특히, 기독교 교계 위에
삼가 바쳐드리고자 합니다.

이 책의 주요 특징들

신학적 5대 특징

1. 삼위일체설을 수용함
2. 성경적 창조론을 고수함
3. 성경을 구속사적으로 해석함
4. 창세기 1장을 성경 전체와 조화시킴
5. 히브리어 원문과 영어 성경을 참조함

철학적 5대 특징

1. 성경에 근거한 우주관을 확립함
2. 우주관을 형이상학적으로 해석함
3. 우주탄생의 철학적 의미를 고찰함
4. 종교사적으로 과학적 오류를 지적함
5. 우주와 인간의 존재론적 의미를 고찰함

과학적 5대 특징

1. 환경파괴와 배아복제에 대해 논함
2. 진화론과 창조론을 근본적으로 비교함
3. 창세기 1장의 해석에서 대륙이동설을 수용함
4. 아인슈타인의 상대성 이론을 도입하여 해석함
5. 대폭발 우주론을 도입하여 창세기 1장을 해석함

목 차

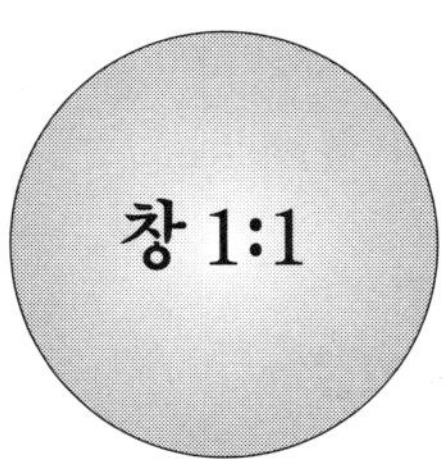

태초(太初)에 하나님이 천지(天地)를 창조(創造)하시니라.

KJV; In the beginning God created the heaven and the earth.

NIV; In the beginning God created the heavens and the earth.

LB; When God began creating the heavens and the earth,

RSV; In the beginning God created the heavens and the earth.

בְּרֵאשִׁית	בָּרָא	אֱלֹהִים	אֵת	הַשָּׁמַיִם	וְאֵת	הָאָרֶץ:
in-begining	he-created	God	**	the-heavens	and	the-earth

태초에

1. 태초에 관한 신학적 고찰

히브리어 רֵאשִׁית (레쉬트)는 '첫째', '처음', '시작', '태초' 라는 의미를 가지고 있는데, 이 단어는 '우두머리', '정상', '가장 좋은 것' 등을 나타내는 히브리어 여성단수명사인 רֹאשׁ (로쉬)에서 파생된 말이다.

그리고 רֵאשִׁית (레쉬트) 앞의 בְּ (베)는 전치사로서 '~의 안에' 를 나타내는 단어로, 영어의 'in' 과 같다. 그래서 본문의 בְּרֵאשִׁית (베레쉬트)는 '태초에' 또는 'in-begining' 으로 번역된다.

그러나 여기에서의 '태초' 란 사실상 우주가 시작된 시기를 말하는 것이 아니다. 물론 하나님이 존재하기 시작한 시기를 두고 하는 말도 아니다. 성경에서 말하는 רֵאשִׁית(레쉬트/태초)는, 인간이 창조된 시기를 말하는 것이다. 인간이 존재할 때 지구의 존재도 의미가 있고, 우주의 존재도 의미가 있으며, 하나님의 존재도 의미가 있게 된다. 인간이 없는데 다른 것의 존재가 무슨 의미가 있다는 것인가?

2. 태초에 관한 과학적 고찰

과학에서 말하는 רֵאשִׁית (레쉬트/태초)는 우주가 탄생된 시기를 말한다. 현대 과학은 우주의 크기를 측정하고, 그것이 한 점으로부터 출발하였다고 가정하고, 그것이 이 세상에서 가장 빠른 속도인 빛의 속도로 팽창했다고 유추하여 최소 약 250억 년을 계산해 내었다.

그러나 이것도 믿을 수 있는 숫자라고 보기에는 매우 힘들뿐이다. 왜냐하면, 우주의 크기가 과학적으로 매우 정밀하게 측정되었는가를 확실히 알 수 없다. 또한 우주가 한 점으로부터 멀어져가기 시작했는지, 아니면 팽창 우주가 아니라 열린 우주로서 처음부터 이런 식으로 만들어졌는지에 대해서 과학자들마저도 그 사실을 알아내기가 아직까지도 어렵기만 하다. 물론, 현재 우주가 팽창하고 있는 것은 사실이지만, 그러나 그것이 한 점으로부터 팽창을 했었는지에 대해서는 전혀 알 길이 없다.

과학은 가정(假定)일 뿐이다. 그리고 그 가정은 가정일 뿐이기에 그것이 맞을 수도 있지만, 맞지 않을 수도 있다. 최근에 들어 과학자들은 정밀한 관측을 계속하여, 우주가 그렇게 크지 않다는 것을 재확인한 바 있다. 그러므로 우주는 설사 한 점에서 팽창을 했다고 가정을 하더라도, 그 동안 정설로 되어왔던 우주의 연령이 250억 년은 되지도 않았으며, 기껏해야 약 150억 년 남짓일 것이라는 설을 발표하기도 했다.

3. 태초에 관한 철학적 고찰

רֵאשִׁית (레쉬트/태초)가 만일 인간이 만들어진 시점이라든지, 또는 우주가 만들어진 시점이라면, 그 이전의 상태는 과연 어떤 상태였을까? 그리고 우주의 끝은 있는 것일까, 아니면 없는 것일까? 우주의 끝이 있다면 우주 밖에는 또 무엇이 있는 것일까? 또한 우주 내의 많은 은하들과 별들 속에 생명체는 오직 지구에만 있는 것일까? 즉, 우주상에 또 다른 생명체는 없는 것일까?

매우 유감스럽게도 우리는 이러한 철학적 질문들에 대해 아무런 대답도 할 수가 없다. 그러면 이러한 질문은 해도 되는 것인가, 아니면 절대로 해서는 안 되는 것인가? 물론 이러한 것들에 대해 철학적으로 의문을 품어볼 수는 있다. 그러나 유감스럽게도 이에 대한 모든 대답은 아직까지도 허구나 추상들일 뿐이다. 그래서 질문은 가능해도 확실한 대답을 할 수는 없는 문제들이다.

철학은 묻는 것이요, 철학은 대답하는 것이다. 그러나 아는 것은 안다고 하고, 모르는 것은 모른다고 하는 것이 철학 하는 것이기도 하다. 제대로 모르고 있는 것에 대해 무리하게, 또는 어정쩡하게 대답을 하고 정의를 내리는 것은 철학 하는 것이라고 볼 수가 없다.

하나님이 창조

1. 성경적 고찰

성경은 אֱלֹהִים (엘로힘/하나님)께서 천지를 창조하셨다고 기록하고 있다. "하나님이 하셨는지, 아니면 또 다른 신이 하셨는지는 모르지만 …" 이라는 식으로 말하고 있지 않다. 그러므로 '우주 만물을 하나님이 창조하셨다고 하는 것이 사실이냐, 아니면 사실이 아니냐?' 하는 문제로 대두시킬 수 있는 논제가 아니다. 또는 '그것이 과학적으로 증명을 할 수 있는 것인가, 아니면 증명을 할 수 없는 것인가?' 하는 것도 중요한 이슈가 될 수가 없다. 왜냐하면, 그것은 더 이상 사실성이나 증명이 가능한 문제가 아니기 때문이다. 그것은 한결같이 믿음의 문제일 뿐(히 11:3 참조)이다.

2. 철학적인 대답이 전혀 불가능한 일곱 가지 문제

그러므로 다음과 같은 것들은 상상해 볼 수는 있으나, 철학적으로는 대답이 불가능한 것들이므로, 인간이 해서는 안 되는 질문들이라는 것을 알 수 있다.

(1) 하나님은 누가(who) 만드셨는가?

(2) 하나님의 조상은 누구이신가?

(3) 하나님은 왜(why) 존재하시게 되었는가?

(4) 하나님은 어떻게(how) 존재하시게 되셨는가?

(5) 그리고 하나님은 언제(when)부터 존재하셨는가?

(6) 하나님은 천지를 창조하기 이전에는 무엇(what)을 하시고 계셨는가?

(7) 천국과 지옥은 언제쯤 건설하셨으며, 천사들은 언제 만드셨는가?

하나님 이전에 누군가 있을 수도 있고, 없을 수도 있다. 그러나 인간이 그것을 안다해도 하나님을 이해하는데 있어서 사실상 아무런 도움도 되지 않는다. 하나님 이전에 누군가가 있었다면 하나님은 더 이상 신이 아니다. 그분만이 참 신이실 것이기 때문이다. 만일 하나님 이전에 누군가가 있었다면 종교철학은 그 좌표를 달리하게 된다. 그러므로 하나님 이전에는 그 누구도 없었다고 해야 옳으며, 설사 있었다고 하더라도 우리는 그분을 신앙의 대상으로 삼을 수 없다. 왜냐하면, 하나님이 태초로부터 현재까지 모든 권력을 행사하고 계시기 때문이다. 우리는 현재 최고권력자이신 אֱלֹהִים(엘로힘/하나님)만을 경배하고 찬양할 뿐이다.

3. 과학적 고찰

현재 성경을 액면 그대로 믿는 사람들은 인간과 더불어 지구나 우주를 하나님께서 창조했다고 믿고 있고, 성경을 믿지 않는 사람들은 모든 것들이 우연하게 생겨나고 진화를 했다고 생각하고 있다. 그리고 무신론 과학자들도 천지 만물과 인간을 하나님께서 창조하셨다고 하는 사실을 받아들이지 않고 있다. 성경 외에는 그 어느 곳에도 하나님께서 창조하셨다고 하는 실제적 증거를 찾아보기가 매우 힘들기 때문일 것이다.

4. 과학과 신앙의 관계

과학은 사실을 추구하고, 신앙은 믿음을 추구한다. 과학은 어떻게(how) 생겨나게 되었으며, 무엇(what)이 그렇게 했는가에 대해서 알고 싶어한다. 그러나 신앙은 왜(why) 존재하게 되었으며, 누가(who) 존재하게 했던가에 대해서만 관심을 가지려고 한다. 이 점이 신앙과 과학의 차이라고 할 수 있다. 즉, 과학은 증명과 사실성의 여부 쪽으로 기울게 되고, 신앙은 신뢰와 확신 쪽으로 기울게 된다. 신앙과 과학은 처음에는 두 줄기로 나뉘어지다가, 나중에 가서는 둘 다 확증을 추구하려는 한 줄기로 다시 모아지게 되는 특성을 가지고 있다.

그러므로 과학과 신앙의 관계는 최종적으로 사실과 믿음과의 관계로 다시 귀착되어지게 된다. 따라서 과학과 신학은 처음에는 교차점이 없이 평행선을 그으며 진행하다가, 후에는 두 선이 합쳐져 하나의 굵은 선으로 변한다. 과학이 신학을 부분적으로 본다든지, 신학이 과학을 편파적으로 보면 평행선을 긋고 있는 것처럼 보이지만, 심도깊은 과학은 신학에 굴복하게 되고, 해박한 신학은 과학을 수용하게 된다.

5. 현대인의 성경관

현재, 무신론자들은 성경에 대해 매우 강한 편견을 보이고 있다. 그 이유는 진화론에 기초한 무신론적인 학교 교육을 처음부터 받아왔기 때문일 것이다. 하나님에 대해서 제대로 모르는 자가 만일 학교 교육만 받았다면, 창조론은 당연히 신화나 고전으로 밖에는 여겨지지 않게 될 것이다.

그런 반면에, 하나님을 믿는 사람들은 도리어 과학적 사실들을 아예 수용하려고 하지 않으려는 경향들을 보이기도 한다. 그러면 신앙인들과 비신앙인들은 언제까지나 과학을 가운데 놓고 줄다리기나 계속하고 있어야만 하는 것인가?

객관성을 띠고 있는 사람들 중에는 과학적 사실을 배제하고 어떻게 성경을 맹목적으로 믿기만 할 수 있겠느냐고 반문을 하기도 한다. 그런 주장들에 대해 성경학자들은, 성경은 과학 책이 아니기 때문에 성경과 과학간에는 괴리가 있을 수 밖에 없는 일이라고 일축해 버린다. 그렇다고 해서 성경이 틀리고 과학만이 맞는다거나, 과학이 틀리고 성경만이 맞는다고 해서는 안될 것이다. 왜냐하면, 어떤 사실에 대한 해명 부분이 다를 수도 있고, 해석을 가하는데 있어서 과학과 신학이 약간의 견해 차이를 보일 수도 있을 것이기 때문이다.

신학자들이 과학이 밝혀낸 사실들을 아무 비판 없이 무조건 수용하려고 하는 것도 문제는 있겠지만, 그러나 과학이 확실하게 밝혀낸 사실들에 대해서까지도 신학이 침묵으로만 일관하려고 한다든지, 또는 무조건 무시하려는 경향으로만 흐르는 것도 잘못일 것이다. 그러므로 신학과 과학이 일치점을 보이기 위해서는 신학자들은 성경은 물론 과학적 지식까지도 해박해야만 한다.

과학이 사실, 성경의 오류를 밝혀냈던 것은 단 한가지도 없었다. 그러므로 과학과 신학이 반드시 평행선을 긋고 있다고만 볼 수 없다. 신학이 부지런히 과학을 해명할 필요는 없지만, 그러나 과학은 성경에 나타나 있는 사실들에 대해서까지도 열심히 해명할 필요는 있다고 본다. 과학은 성경에 나타난 사실들에 대해 명확하게 설명해내지 못하고 있는 부분들이 아직까지도 많이 존재하고 있기 때문이다.

천지(the heaven and the earth)를 창조하셨다

1. 직역 및 번역상의 문제

이 부분을 직역하면, '하나님께서 하늘과 땅을 창조하시는 것으로부터 태초는 시작되었다' 이다. 그렇다고 이 말이 지구를 먼저 창조했다는 것을 의미한다고 볼 수만은 없다. 또한, 하나님께서 지구를 중심으로 해서 창조를 해나가셨다는 것을 의미한다고 볼 수도 없다.

2. 하나님께서 천지를 창조하셨다고 한 이유

그러면 왜 성경 저자는 하나님께서 천지를 창조하셨다고 했을까?

이 말은 아래와 같이 크게 네 가지로 해석해 볼 수 있다.

(1) 하나님께서 우주 만물들을 모두 지으셨다는 뜻으로 천지라고 하였을 수 있다. 즉, '하늘(הַשָּׁמַיִם /하쇠마임:the heaven)뿐만이 아니라 땅(הָאָרֶץ /하아레츠 : the earth)도 지으셨다' 는 뜻일 수도 있는 것이다.

(2) '하나님께서 하늘과 더불어 땅을 동시에 창조하셨다' 는 뜻으로 '천지' 라고 하였을 수도 있다. 태양계의 기원설에는 성운설, 조우설, 연성설, 와동설 등이 있다. 만일, 성경이 틀리고 과학이 맞다면 과학자들은 '설' 로 그치지 말고 정확한 규명을 해냈어야만 하였다. 그러나 이러한 다양한 설이 있음에도 불구하고 성경은 오직 창조주이신 하나님께서 우주를 동시에 탄생시켰다고 말하고 있을 뿐이다.

(3) 하나님께서 천지를 창조하셨음을 공포하는 것으로 볼 수도 있다. 즉, 그 시기나, 방법이나, 순서 등은 성경 기록상 전혀 중요하지 않고, 그

모든 사실에 대해 매우 단순하게 '하늘 뿐만 아니라 땅까지도 하나님
께서 지으셨다' 고 하는 사실만을 공포하고 있다고 볼 수 있다.

⑷ 본문에서 '천지' 라고 한 것은 성경 기록자가 신이나 천사가 아니라
인간이었기에 자연스럽게 인간을 중심으로 기록할 수밖에 없었다.
그래서 인간을 중심으로 기록하다보니, 인간이 지구상에 존재하고
있기에 지구를 중심으로 기록할 수밖에 없어서, '하늘과 땅' 이라고
했을 수 있다.

3. 현대 과학이 가지고 있는 견해

⑴ 우주의 크기; 빛은 1초에 약 30만 km를 달린다. Einstein은 빛의 속도
는 우주 상에서 가장 빠른 속도라고 정의하였다. 만일 우주가 어느 한
점으로부터 출발하여 팽창하게 되었고, 그것이 빛의 속도로 멀어져
갔다고 가정한다면, 우주의 연령을 계산해 낼 수가 있다. 우주의 중심
에서 우주의 가장 바깥쪽에 있는 은하계까지의 거리를 측정한 후 그
값을 빛의 속도로 나누면 되기 때문이다. 이런 식으로 우주의 연령을
계산해 내면 약 150억 년 정도 된다.

⑵ 태양의 연령; 태양은 그 중심부에서 수소 핵융합 반응을 하여 빛 에너
지와 열에너지를 방출시키고 있다. 태양을 과학적으로 분석해보면
현재까지의 수소 소모량과 더불어 태양이 만들어진 이후의 수소 소
모를 하는데 걸린 전체 기간을 계산해 낼 수 있다. 이렇게 해서 구해
낸 값이 약 50억 년에 이르게 되며, 만일 태양이 만들어진 이후부터
실제로 현재와 같은 방식에 의해 수소 소모가 이뤄졌다고 가정을 한
다면 이 값을 태양의 연령이라고 할 수도 있다. 그러나 태양이 만들어
지는 순간부터 현재와 같은 방식에 의해 수소가 소모되기 시작했는

가에 대해서는 알 수 없는 일이기 때문에 이 값으로 태양의 나이를 확정할 수 있는 것은 사실상 아니다. 그리고 현재와 같은 속도로 계속해서 수소를 소모하게 된다면 태양은 앞으로 약 50억 년 동안 더 수소를 소모할 수도 있게 된다.

(3) 달과 지구의 연령; 몇몇 화성암은 그 속에 방사성 원소를 함유하고 있기도 하다. 또한 이 방사성 원소는 매년 원래 양의 일정량씩 다른 원소로 바뀌고 있다. 방사성 원소가 붕괴하는데 있어서 온도나 압력이나 pH(산과 염기를 구분하는 척도가 되는 자료이다/저자 주) 등의 외부 영향을 받지 않는다고 가정하면, 방사성 원소 반감기법에 의하여 암석의 연령을 계산해 낼 수 있게 되는데, 지구상에서 가장 오래된 암석은 약 45억 년, 달에서 가장 오래된 암석은 40억 년에 이르고 있다. 만일, 어떤 화성암이 만들어진 이후부터 실제로 그 화성암 속에 들어 있던 방사성 원소가 매년 원래 양의 일정량씩 분해되기 시작했다면, 이 값은 화성암의 나이를 말해주는 자료라고 볼 수도 있으며, 또한 지구나 달의 나이를 말해준다고 할 수도 있다.

그러나 암석이 만들어지는 순간부터 방사성 원소가 이미 붕괴된 상태로 있었다면 이 값도 역시 신뢰할 수 없다. 왜냐하면, 방사성 원소 반감기법은 방사성 원소의 처음 양과 남은 양의 비로 구하는 것이며, 방사성 원소는 처음부터 있었고, 생성 원소는 처음에는 없었으며, 방사성 원소는 만들어진 이후로 매년 원래양의 일정량씩 분해를 했다고 가정함으로써 산출된 값이기 때문에, 만일 이러한 조건에서 어긋나면 신뢰할 수 없는 값이 되고 만다.

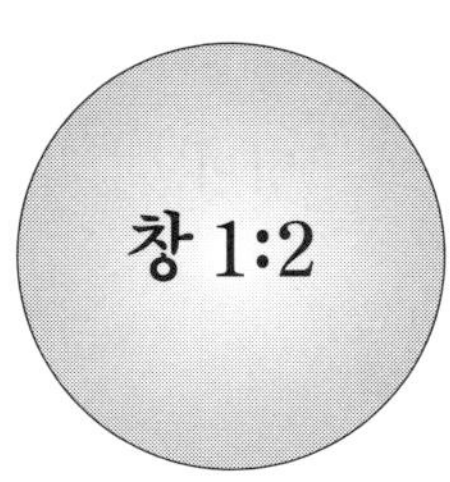

땅이 혼돈(混沌)하고 공허(空虛)하며, 흑암(黑暗)이 깊음 위에 있고, 하나님의 신(神)은 수면(水面)에 운행(運行)하시니라.

KJV; And the earth was without form, and void ; and darkness [was] upon the face of the deep. And the Spirit of God moved upon the face of the waters.

NIV; Now the earth was formless and empty, darkness was over the surface of the deep, and the Spirit of God was hovering over the waters.

LB; the earth was at first a shapeless, and chaotic mass, with the spirit of God brooding over the dark vapors.

RSV; The earth was without form and void, and darkness was upon the face of the deep; and the Spirit of God was moving over the face of the waters.

הַמָּיִם	פְּנֵי	עַל־	מְרַחֶפֶת	אֱלֹהִים	וְרוּחַ	תְהוֹם
the-waters	surface-of	over	hovering	God	and-spirit-of	deep

פְּנֵי	עַל־	וְחֹשֶׁךְ	וָבֹהוּ	תֹהוּ	הָיְתָה	וְהָאָרֶץ
surface-of	over	and-darkness	and-empty	formless	she-was	now-the-earth

땅이

1. 성경이 기록되어진 목적

왜, 성경은 하필이면 땅 이야기부터 시작하는 것일까? 다른 은하계의 이야기나, 별 이야기나, 태양 이야기나, 아니면 달 이야기부터 시작할 수도 있었을 텐데 말이다. 그것이 곧 성경의 한계인 것은 아닐까?

성경을 기록한 이유나 목적이 있다면 그것은 무엇이라고 봐야 옳을까? 성경은 인간을 위해 기록되어진 책이었다. 즉, 이 말의 의미는, 성경이 지구 밖에 존재할지도 모르는 미지의 생물들을 위해 기록되어진 책이 아니요, 지구상에 있는 다른 생명체들을 위해 기록되어진 책도 아니라는 것이다.

그러면 성경은 과연 지구상의 어떤 부류의 사람들을 위해서 기록되어진 책이라고 봐야만 옳을 것인가? 성경은 당연히 하나님과 무관한 사람들을 위해 기록되어진 책이라고 볼 수 없으며, 오직 하나님과 관계있는 사람들을 위해서만 기록되어진 책이라고 해야 한다.

하나님께서는 모든 인간들이 자기를 기억해주기를 바라시지는 않으셨다. 물론 가급적 그렇게만 해준다면 좋은 일이겠지만, 그러나 이 세상에는 그렇게 할 필요조차 전혀 없는 사람들도 대다수 있기 때문이다. 인간이기를 포기한 자들이라고 밖에 볼 수 없는 그런 자들은 어떻게 해도 하나님을 믿지 않고, 결국에 가서는 지옥으로 떨어져버리고 마는 것을 볼 수 있다.

그런 자들에게 병이 들게 될지도 모르고 망하게 될지도 모르니 삼가 조심하라고 경고를 해도 절대로 받아들이지 않고, 살아 있을 날이 그리 많지 않으니 회개하라고 해도 절대로 회개하지도 않는다. 그렇기 때문에 그런 자들은 하나님이라고 할지라도 어찌 할 수 없어서 결국에 가서는 지옥으로 보내어지고 마는 지도 모를 일이다. 결론적으로, 그런 자들은 멸망을 자초하며 살아가고 있을 뿐이기 때문에, 설사 자기 수중에 성경이 있더라도 절대로 읽으려고 하지도 않을 것이다.

그런 이유 등으로 말미암아 하나님께서 오직 자기의 택하신 백성들에게 한해서 자기의 뜻을 전달하시고자 기록해두게 하셨던 책이 곧 성경책이다. 그럼에도 불구하고, 이 성경책은 매우 오묘하기만 하다. 그것은 이 책을 읽는다고 해서 누구나 그 진리를 쉽게 터득해 내는 것은 아니기 때문이다. 그러므로 만일 이 성경책에서 하나님이 숨겨 놓으신 진리를 발견하고자 한다면, 누구나 대단히 많은 연구를 해야만 하고, 공부도 무척 많이 해야만 하며, 많은 시간 동안 묵상도 하지 않으면 안 된다. 이는 마치 귀중한 보석이 땅 속 깊이 숨겨져 있어서 힘들여 캐내지 않으면 안 되는 것과 매우 흡사한 것이다.

2. 상대론적 성경 해석의 필요성

아무튼 성경은 지구상의 인간들을 대상으로 하여 기록하였을 뿐이다. 즉, 창조주 하나님의 입장이나, 우주나, 은하나, 또는 태양계를 중심으로 해서 성경을 기록한 것이 아니며, 지구를 중심으로 해서, 그리고 지구상의 인간을 중심으로 해서 성경은 기록되었다. 성경은 지구의 입장과 인간의 입장에서 설명을 시작하고 있기 때문에, 하나님 중심의 절대론적 해석이 아니라, 인간 중심의 상대론적 해석이 되지 않으면 안 되는 것이다.

여기에서 상대론적인 해석에 대하여 살펴보자. 자기 입장에서 자기를 보고, 타인의 입장에서 타인을 보는 것을 '절대론적 입장' 이라고 한다. 그러나 자기의 입장에서 타인을 본다든지, 타인의 입장에서 자기를 보는 것은 '상대론적 입장' 이라고 하는 것이다. 같은 방식으로, 하나님에 대한 하나님의 입장이라든지 인간에 대한 인간의 입장 등은 절대론적인 것이 되지만, 하나님에 대한 인간의 입장이나, 인간에 대한 하나님의 입장 등은 상대론적인 것이 되어버리고 만다.

그러면 성경은 절대론적으로 기록되어진 책인가, 아니면 상대론적으로 기록되어진 책인가? 성경은 두 말할 것 없이 하나님이나 우주에 대해 인간의 입장에서 기록되어진 상대론적인 책일 뿐이다. 왜 그렇게 말 할 수 있는가 하면, 모든 것이 사실상 지구로부터 비롯되어진 것은 결코 아닌데, 성경은 마치 지구로부터 비롯되어진 것처럼 상대론적으로 기록하고 있기 때문이다.

그러므로 만일 지구상에 있는 인간이 우주를 상대론적으로 관측했다면, 지구는 우주의 중심으로 여겨졌을 수도 있는 것이다. 그러나 이와는 반대로 하나님께서 지구 밖에서 우주 속의 지구를 절대론적으로 관측했다면, 지구는 결코 우주의 중심에 있지는 않았을 것이다. 그러므로 지구를 포함한 우주에 대한 성경적 기록은 하나님의 절대론적 입장이 아닌, 인간의 상대론적 입장에서 기록되어졌을 뿐이라는 것을 재확인 할 수 있다.

3. 성경의 상대론적 해석 도입의 필요성

자신의 입장에서 성경 속의 인물들을 자의적으로 이해하고자 하는 것을 '1차원적 이해' 라고 한다. 그리고 자기의 입장은 접어두고 성경 속의 인물의 입장에서 그 인물을 타의적으로 이해하고자 하는 것을 '2차원적 이해' 라고 한다. 그리고 성경을 자기의 입장도 아니고, 타인의 입장도 아니며, 오로지 하나님의 입장에서 객관적이고도 절대론적으로 이해하고자 하는 것을 '3차원적 이해' 라고 한다. 중세 암흑기의 교황청에서 저지른 실수들은 1차원적 성경 해석이 빚어낸 씻을 수 없는 과오의 하나였다.

성경은 분명 하나님의 말씀임에도 불구하고, 인간의 입장을 벗어나서 기록을 하려고 했다든지, 또는 지구를 벗어나서 기록을 하려고 했다든지 하는 흔적을 찾아보기가 매우 힘들다. 그러므로 성경을 해석하기가 결코 쉽지 않은 것이다. 그렇다고 해서 이것이 성경의 한계를 의미하는 것이라고 볼 수도 없다. 그 이유는, 성경을 하나님의 입장에서 절대론적으로 기록하게 하지 않고, 오로지 성도들의 입장에서 상대론적으로 기록을 하게 하셨던 이는 하나님이셨기 때문이다. 그러므로 성경은 상대론적으로 땅과 인간의 이야기부터 시작하고 있는 것이다.

영역 성경을 대조해보면, And the earth(KJV), Now the earth(NIV), The earth(LB & RSV) 등으로 기록되어 있다. 히브리어로는 땅을 אֶרֶץ (에렛츠)라고 하는데, '땅', '육지', '영토', '지구' 등을 의미한다. 이 단어로부터 영어의 유음어(類音語)인 earth가 파생되었다. 이 단어를 볼 때도 지금의 지구와 지구인을 위한 글로 시작하고 있음을 잘 알 수 있게 되어진다.

혼돈하고 공허하며 ;

1. 언어적 해석

먼저 영문판부터 비교해보도록 하자.

(1) KJV판은 'was without form, and void' 라고 번역을 했다. 'void' 는 'empty' 와 같은 단어로서, '텅 빈', '공허한', '아무것도 없는' 이라는 의미를 가지고 있는 형용사이다.

(2) NIV판은 'was formless and empty' 라고 번역을 했다. 'formless' 는 '형태가 없는', '정형이 없는', '형태를 이루지 않은', '혼돈해 있는'

이라는 의미를 가진 형용사다.

(3) LB판은 'the earth was at first a shapeless, chaotic mass' 라고 번역을 했다. 'shapeless' 는 '일정한 형태가 없는', '우아함이나 아름다움이 없는', '볼품이 없는' 등의 의미를 가진 형용사다.

(4) RSV판은 'was without form and void' 라고 번역을 하고 있는데, '혼돈하다(תֹהוּ /토후)' 는 단어의 히브리어는 '황폐', '황량', '쓸쓸함', '광야', '사막' 이라는 의미를 가지고 있다. 이 단어를 영어 성경에서 'formless' 나 'without form' 또는 'chaotic mass' 등으로 번역하고 있는 것이다.

또한, 이 말을 한자로 해석해 보면 '혼(混)' 자는 '섞을 혼' 자로서, '섞다' '흐리다' 등의 의미를 가지고 있다. '돈(沌)' 자는 '어두울 돈' 자로서 '어둡다' 는 의미를 가지고 있다. 특히, 이 '돈' 자는 '지구가 만들어질 당시의 초기의 상태로서 아직 아무것도 정리되거나 나뉘어지지 않은 상태에 대해서만 유일하게 사용되는 단어' 이기도 하다. 그러므로 '혼돈' 이라는 단어를 국어사전적으로 해석을 해보자면, '천지가 아직 나뉘어지지 않은 상태' 라는 의미이고, 또한 성경에서 오직 여기에서 밖에 사용되지 않은 단어이기도 하다.

이러한 단어들로부터 우리는 이런 결론에 도달할 수 있다. 즉, 하나님이 함께 하시지 않는 한, 그리고 하나님이 도우시지 않는 한 공허와 혼돈의 상태가 계속 될 수도 있다. 그러나 만일 하나님께서 친히 함께 해주시기만 한다면, 이러한 혼돈과 공허의 상태는 손쉽게 벗어날 수도 있게 된다.

2. 혼돈의 지질학적 해석

현재, 우주상에는 우주진(宇宙塵)이라고 하는 것들이 무척 많이 날아다니고 있다. 그리고 이 우주진은 우주상 어느 곳이나 널리 분포해 있는데, 이것을 순 우리말로 번역하면 '우주의 먼지' 나 또는 '우주의 티끌' 이라고 할 수 있다.

여기에서 우주의 탄생이 우연이라고 할 것인가, 아니면 하나님께서 창조하신 것이라고 해야만 할 것인가? 이 주제에 대해 거론하는 이유는, 만일 우연론을 도입해서 설명을 하고자 하면, 지구도 티끌이 모여 만들어진 것일 뿐이라고 해야만 할 것이기 때문이다. 그러나 하나님께서 창조하신 것이 분명하다면, 지구는 작은 티끌들이 모여서 만들어지게 된 것이 아닐 수도 있는 것이다. 남자의 정자와 여자의 난자가 결합될 때만 임신이 될 수 있다. 그러면 최초의 인간 아담이나 하와도 역시 한 여자의 난자와 한 남자의 정자가 결합되어 만들어진 존재였던가? 그러나 그들은 분명 그런 방식으로 창조된 것은 아니었으며, 아울러서 지구 탄생도 역시 티끌이 모여 만들어진 것은 아니었다.

3. 지구의 성경적 나이

지구가 우주의 티끌이 뭉쳐져 자연적으로 만들어지게 된 것이라면, 약 50억 년 내지 45억 년 정도 걸렸을 것이라는 지질학자들의 가정은 옳을 수도 있다. 그리고 물리학자 L.Kelvin이 말한 것처럼, 지구가 처음에 불덩어리 상태였다가 냉각이 되어 현재에 이르렀다는 가정도 역시 옳을 수도 있다.

그러나 이러한 지질학자들의 주장이나, 또는 물리학자들의 주장들에 대하여 성경적으로 볼 때 동의할 수 없는 이유는, 아담이 최초에 만들어질 당시의 나이가 어머니의 모태로부터 자연 분만되어 갖게 되는 나이와는 상당한 차이를 갖게 되듯이, 지구도 자연발생에 의한 나이와 하나님께서 어느 정도 모양을 갖춘 지구로 만든 것과는 시간 차이를 보일 수도 있는 것이기 때문이다.

아담이 창조된 그 당시의 나이를 모태로부터 출생된 나이로 보면, 청년에서 중년에 이르는 나이였지만, 그러나 하나님 앞에서의 절대적 나이로 보자면 그는 0세에 불과했다. 동일한 맥락으로 보자면, 지구의 나이 역시 지질학에서 말하는 상대적인 나이로 말하자면 50억 년 내지는 45억 년일 수도 있다. 그러나 지구를 창조하신 하나님 앞에서의 절대적인 지구 연령을 따져보자면 그러한 숫자들은 실제로 아무 의미도 없는 숫자들이다. 왜냐하면, 하나님께서 창조하신 그 해가 곧 지구 탄생 0년인 해가 되기 때문이다.

어쩌면 창조주 하나님이 보시기에는, 지구가 불과 1억 년 내지 2억 년의 나이를 가지고 있을 뿐이라고 주장을 하고 있는 성경학자들의 주장을 오류라고 하실 지도 모른다. 그렇다고 해서, 지구의 나이가 50억 년이나 45억 년이라고 하는 과학자들의 주장도 반드시 옳다고 볼 수는 없다. 그것은 오로지 창조주 하나님만이 가장 정확하게 아시는 일이기 때문이다.

그러므로 지구의 나이가 정확하게 얼마라고 단정을 짓는 것은, 그것이 성경에 기초를 하고 있든 아니면 과학적으로 산출해낸 값이든 간에, 그것은 한낱 인간의 추정에 불과하다. 이에 대해서 철학적으로나 과학적으로나 신학적으로도 아무런 의미나 가치 등을 부여할 수 없는 값이 될 뿐이다.

4. 지구와 달의 지질학적 나이의 신뢰성의 문제

화석은 그 역사가 길어도 6억 년을 넘지 않고 있다. 그래서 약 1만년 전부

터 화석이 출토되기 시작하는 5억 7천 만년까지를 지질학에서는 '현생영
년' 이라고 하고, 5억 7천 만년 전부터 지구가 만들어졌다고 여겨지는 45억
년까지를 '은생영년' 이라고 한다.

　'은생(隱生)' 이란 생물화석이 거의 나타나지 않는 기간을 두고 하는 말
이고, 이것은 다시 시생대와 원생대로 나뉘게 된다. 그리고 '현생(顯生)' 이
란 생물 화석이 뚜렷하게 나타나는 기간을 두고 하는 말이며, 이것 역시 고
생대, 중생대, 신생대로 나뉘게 된다. 그럼에도 불구하고 생물체가 나타나
지도 않는 5억 7천만 년으로부터 45억 년까지 거슬러 올라가며 지구의 나
이가 감히 45억 년이라고 하는 것일까? 그것은 방사성 동위원소에 의한 절
대연령 측정에 근거를 두고 있다.

　절대연령은 퇴적암이나 변성암으로 구할 수는 없고, 오로지 화성암만을
이용해서 구한다. 그러면 매우 흔한 화강암이나 현무암이나 안산암 등으로
절대 연령을 측정하면 무조건 45억 년 전 · 후의 나이가 나오게 되는 것인
가? 그러나 그것은 아니다. 지표상의 대부분 암석들의 연령은 방사성 동위
원소 측정을 해보면 불과 10억 년 전후이거나 그 미만이다. 다만, 매우 드물
게 발견되는 '방연석' 이라고 하는 돌 몇 개만이 절대 연령 측정에서 약 45
억 년이라는 결과가 나오고 있다.

　1969년 7월 20일에 쏘아 올려진 아폴로 11호의 우주인들이 달에서 가지
고 왔다고 하는 월석들의 절대연령은 약 40억 년 전후인 것들도 있었다. 그
러나 그것도 아담의 절대연령이 0년이고 실제 연령은 청년이었듯이, 월석
의 절대연령이 40억 년이라고는 하나 그것의 실제 연령은 훨씬 더 그 이하
일 수도 있지 않겠느냐는 것이다.

　그렇게 말 할 수도 있는 가능한 이유들 중에서 두 가지만 소개해보겠다.

　(1) 방사성 동위원소법에 대한 신뢰도 문제를 들 수 있다. 즉, 방사성 동

위원소법에 의한 절대연령 측정법이 100% 확실하다고 할 수 있겠는가 하는 것이다. 방사성 원소의 자연붕괴법에 의해 절대 연령을 구하고자 할 때는 많은 가정을 세우게 된다. 일례로, 모원소에 자원소가 처음에는 포함되어 있지 않아야 한다든지, 방사성 원소는 외부의 조건에 의하지 않고 일정하게 붕괴해야만 한다든지 하는 가정이 필요하다. 그러나 현재 절대연령 측정법에서 이에 대해 많은 이의가 제기되고 있다. 즉, 그러한 가정들에서 얼마든지 벗어나 있을 수도 있다는 것이다.

⑵ 우주에는 많은 우주진이 있다. 그리고 그것들은 항상 우주를 떠돌아다니다가, 별들의 인력에 끌려 별들의 표면에 자유롭게 떨어지기도 한다. 물론, 지구상에도 많은 우주진들이 유입되었다. 그러나 지표로 유입된 우주진들은 바람이나 빗물 등에 의해 모두 흙 속이나 바다 속으로 유입되어버리고 말았다. 반면에, 달에서는 물이나 공기 등이 없기 때문에 그런 작용이 일어날 수 없다. 그래서 달 표면에는 우주진들이 그대로 남아 있게 된다. 만일, 우주진이 45억 년 동안 달 표면에 고스란히 쌓였다면 최소 7m에서 11m가 되어야만 한다. 이 값은 현재 쌓이고 있는 우주진의 양을 측정해서 실제로 계산해낸 값이다. 그 정도의 우주진이 달 표면에 있다면 달에 도착했던 아폴로 우주선은 우주진 속에 파묻히고 말았을 것이다. 그러나 실제로 달 표면에는 우주진이 수 m나 수 cm가 아니었고, 불과 수 mm 정도에 불과했다. 이는 달이 그리 나이가 많지 않다는 것을 단적으로 말해주는 증거다. 하지만 지질학자들은 아폴로 우주선이 달나라에 갔다온 후부터 지금까지 이 점에 대해 아무런 해명도 하지 못하고 있다.

5. 혼돈과 공허의 최종적인 의미

땅은 처음에 혼돈의 상태였고, 공허의 상태였다. 이 점에 대해 C대학의 구약학 전공의 Y교수는 '부정형이었고 무주거 상태였다' 고 번역을 해야만 할 것이라고 '모세 오경' 에서 주장을 하고 있지만, 이보다 한글 성경의 '혼돈과 공허' 라는 표현이 훨씬 더 함축적이며, 또한 완벽한 번역이라고 볼 수가 있어서 그의 주장을 재론할 가치가 없어 한마디로 일축해 버리는 바이다.

'혼돈의 상태' 라고 하는 것은 우연론적인 상태로서 아직 채 정리되지 못한 상태가 아니라, 창조의 과정 중에서 아직 정리되지 못한 상태를 두고 하는 말이었다. 그러므로 혼돈은 진화의 한 상태가 아니라, 창조의 한 과정이었다는 것을 알 수 있다. 즉, 하나님께서 혼돈의 과정을 거쳐 우주와 더불어 지구를 창조하셨다는 것이다.

이 단어를 Living Bible에서는 'shapeless' 라고 번역하였는데, 이는 매우 적절한 번역이다. 이 말은 '모양을 갖추지 않은' 이나 '모습이 드러나지 않은' 이라는 의미를 담고 있기 때문이다. 참고적으로 미리 말해두고자 하는 것은, 이 책은 고전적 성경 해석방법에 전혀 연연해하지 않고 있다는 것이다. 도리어 완전히 새로운 각도에서 전개해 나가고 있을 뿐이다. 그래서 성경 해석자들의 이름을 나열하는 것도 고의적으로 회피하고 있다.

그러나 이 부분 만큼은 이 책과 다르게 해석을 했던 성경 해석자 몇몇을 살펴보려고 한다. 신학자 Scofield나 저명한 주석가인 K. Delitzsch 등은 하나님께서 최초에 우주를 매우 질서있게 창조하셨지만, 천사가 타락을 하며 마귀가 만들어지는 과정에서, 우주의 일부를 흩트려 놓았다는 식으로 설명한다. 그러나 그런 식으로 해석을 하게 되면, 마귀가 만들어진 시점이나, 또는 마귀의 사악함 등에 대해서는 매우 그럴듯하게 설명을 해낼 수는 있지만, 마귀의 작용에 대해 속수무책이었던 하나님의 전지전능성의 결여에 대해서는 전혀 해명을 하고 있지 못하고 있다고 봐야 옳다. 따라서 이러한 주장들은 재고할 가치도 없다. 즉, 성경을 해석하는데 있어서 어느 한 면을 강하게 부각시키면, 그로부터 유발되는 문제점들에 대해서도 한번쯤은 생각을 해봤어야 할 것이다.

히브리어로 בהו (보후)라는 말은 '텅 빔', '공허' 라는 의미인데, 이를 한자로 쓰자면 '공(空)' 자는 '빌 공' 자이고, '허(虛)' 자 역시 '빌 허' 자로서 모두 '비어 있는 상태'를 의미한다. 이 단어가 영어 성경에서는 'void' 나 'empty' 등으로 번역되어 있다. 그러면 공허한 상태란 어떤 상태였을까? 현재, 지구상에는 많은 생물체들이 살고 있지만, 그 당시에는 그런 것들이 전혀 없었음을 말한다고 볼 수 있다.

흑암이 깊음 위에 있고

1. 창조와 존재의 비교

'흑암이 깊음 위에 있고' 라는 말은 한국어로 번역하는 데 약간 무리가 있었다고 본다. 영어 번역부터 먼저 살펴보고 이야기하도록 하겠다.

(1) KJV판과 RSV판은 'and darkness [was] upon the face of the deep.' 이라고 번역이 되어있는데, 이를 의역해 보자면, '어두움이 매우 두껍게 지구 표면을 덮고 있었다' 는 의미이다.

(2) NIV판은 'darkness was over the surface of the deep.' 이라고 번역이 되어 있으며, 그 의미는 역시 KJV판과 유사하다.

(3) LB판은 'with the Spirit of God brooding over the dark vapors.' 라고 되어 있는데, 여기서 brood라는 단어는 '한 배의 새끼' 나 '한 배의 병아리' 등을 의미하는 명사이기도 하지만, 동사로서 '(새가)알을 품다', 또는 '(새끼를) 옹호해주다', '보호하다' 등의 의미를 가지고 있다. 그러므로 이 말을 의역하자면, '하나님의 성령이 어두운 수면들을 품고 계셨다' 고 할 수도 있다.

위의 영어 번역들을 보고 내릴 수 있는 결론은, 절대론적으로 볼 때 지구가 전체적으로 매우 강한 어두움으로 덮여 있었음을 표현하는 말이라고 할 수 있다. 그래서 어떤 성경학자들은 하나님께서는 빛만을 창조하신 것이 아니라 어두움도 창조하셨다고 하기도 한다. 그러나 이는 '창조(creation)' 와 '존재(being)' 에 대한 혼동에서 비롯된 매우 어리석은 표현이라고 하지 않을 수 없다. 왜냐하면, 빛은 창조된 산물이지만, 어두움은 창조의 산물이 아니라 존재의 산물이기 때문이다. 즉, 하나님은 빛을 창조하신 것은 분명하나, 어두움은 창조하신 것이 아니라 그 존재를 허용해두었을 뿐이라는 것이다.

그렇다고 해서, 마귀는 어두움을 창조할 수는 있으되 하나님께서는 어두움을 창조하시지 못하시는 분이라고 말할 수 없다. 왜냐하면, 하나님께서는 어두움을 비추는 빛만 창조하시는 것이 아니라, 강한 빛이 있을 때, 도리어 어두움도 능히 만드셔서 흑암을 발하실 능력도 있으시기 때문이다(사 45:7 참조).

결론적으로 말할 수 있는 것은, 하나님께서 어두움을 모르시는 것은 아니시지만, 그렇다고 해서 태초에 빛과 더불어 어두움을 창조하셨다고 보기에는 매우 어렵다. 왜냐하면, '어두움' 은 때로 '죽음' 을 상징하기도 하며, '죄' 를 상징하기도 하기 때문이다. 하나님께서 죽음을 창조하신 것은 아니시지만, 그러나 죽게 내버려 둘 수는 있다는 말과 통한다고 볼 수 있다. 또한, 하나님께서 죄를 창조하신 것은 아니지만, 그러나 인간이 죄를 짓더라도 때로 그냥 무관심할 때도 있으시다는 것이다.

많은 성경학자들 중에는 하나님은 죄를 전혀 모르는 분이라고 말하기도 한다. 그러나 이것도 역시 터무니없는 주장들일 뿐이다. 왜냐하면, 하나님께서 죄에 대해 무지하시다는 것이 전혀 논리에 맞지 않기 때문이다. 만일, 하나님께서 죄에 대해서 무지하시다면, 어떻게 죄를 죄라고 단정지을 수 있겠으며, 어떻게 죄의 경중에 대해 정확하게 심판하실 수 있겠는가? 그러므로 하나님은 빛만을 아시고 어두움을 모르신다고 하거나, 선만을 알고 죄를 모르신다고 하는 표현 등은 매우 잘못된 것이다.

2. 하나님의 죄성(罪性)

하나님께서 죄가 무엇인지 아신다고 한다면, 그 사실이 그분의 권위나 신성하심에 대해 조금이라도 손상이 간다고 볼 수 있을 것인가? 그것은 절대로 아니다. 그 대신, 그분은 죄나 죄성(罪性)에 대해 이 세상 그 어느 누구보다도 정확하게 알고는 계신다. 죄를 미워하시고, 자신도 절대로 죄를 짓지 않으시는 분이시다.

그분은 인간들로 하여금 가급적 죄를 짓지 않게 해주시고, 더 나아가 인간들이 설사 죽을죄를 지었다고 할지라도 때로 너그럽게 용서하기도 하신다. 그런 면이 있으시기에 인간들은 그분을 존경하고 사랑하는 것이다.

그러므로 하나님께서 죄를 전혀 모르는 분이시기에 그분이 이 세상에서 가장 위대하신 분인 것이 아니라, 죄에 대해서 그 누구보다 잘 아시지만, 그러나 그것에 대해 절대로 유혹당하시는 법이 없으시기 때문에(약 1:13 참조) 더욱 더 위대하고도 장엄하신 분이라고 해야만 한다.

3. 흑암의 존재론적 의미

'흑암(黑暗)을 나타내는 히브리어 חֹשֶׁךְ (호쉐크)는 남성단수명사로서 '어두움', '재난,' '무지', '불행' 등의 의미를 지니고 있다. 하나님께서는 흑암을 좋아하지 않으신다. 단지, 흑암에 대해 때로 무관심하시는 것뿐이시다. 그러나 하나님께서는 마음만 먹게 되신다면 빛을 만드시어 아무리 강하고 깊은 흑암이라 할지라도 단번에 물리치실 수도 있으시고, 아무리 강한 빛이라 할지라도 흑암으로 그 빛을 약화시키실 수도 있으시다.

하나님의 신은 수면에 운행하시니라.

1. 삼위일체 도입

본문에서 '하나님의 신(the spirit of God : רוּחַ אֱלֹהִים /루하흐 엘로힘)' 이라는 표현이 나오고 있다. 이 말씀을 헬라어로 번역하면 πνεῦμα (프뉴마)라고 표현할 수도 있는데, 이는 곧 성령님을 나타내고 있다. 이 표현이 여기에 나오게 됨으로써, 우리는 삼위 하나님의 분권적 행위를 엿볼 수 있게 되었고, 그분의 인격적인 면도 아울러서 살펴볼 수 있게 되었다.

또 하나 더 살펴볼 수도 있는 것은, 수면에 '운행' 하셨다는 것이다. 여기에서 '운행' 이란 어떤 상태를 두고 하는 말이었을까? 히브리어에는 רָחַף (라하프)라는 말이 있다. 이 말은 사랑하는 사람 등을 만나게 되었을 때 몹시 '흥분되다', '떨리다', '설레다' 는 표현을 할 때 사용하는 말이다.

이 단어에서 파생된 מְרַחֶפֶת (메라헤페트)말이 본문에 사용되었고, 우리말 성경에서는 '운행하시니라' 로 번역된 것이다. 그러므로 '운행하시니라' 의 히브리적 표현은, 아직 혼돈의 상태에 있고 공허한 상태에 있으며 흑암이 깊음 위에 있었던 그 지구를, 비록 자신이 직접 창조하시기는 했다고 하더라도 그 초기 상태였으므로, 매우 조심스럽기도 하고, 설레기도 하는 그런 마음과 매우 신비롭기도 한 마음을 가지시고, 하나님께서 성령님으로 하여금 친히 둘러보게 하셨다고 해석해 볼 수 있다.

2. 지각변동 직전의 상황

영어 성경 번역을 비교해 보도록 하자.

(1) KJV; the spirit of God moved upon the face of the waters.(하나님의 영은 수표면(水表面) 위에서 움직이고 계셨다.)

(2) NIV; the Spirit of God was hovering over the waters.(하나님의 영은 물의 건너편에서 배회하고 계셨다.)

(3) LB; the Spirit of God brooding over the dark vapors.(하나님의 영은 어두운 수증기 사이로 강림하고 계셨다.)

(4) RSV; the Spirit of God was moving over the face of the waters.(하나님의 영은 수표면의 건너편에서 움직이고 계셨다.)

이제, 이 말씀에 대하여 종합적으로 해석해보도록 하자. 하나님께서는 김이 모락모락 올라오고 있는 수면 위로 다니기도 하시고, 감싸기도 하시며, 깊은 생각에 잠기기도 하시고, 매우 주의깊게 둘러보기도 하셨다고 볼 수 있다. 그러면, 하나님께서는 혼돈하고 공허한 땅과 어둡기도 한 바다들을 왜 직접 둘러보셨을까? 이것은 우리에게 다음과 같은 세 가지 사실을 암시해주고 있다.

(1) 이는 하나님께서 직접 지구를 창조하셨음을 의미하고,

(2) 아울러서 매우 신중하게 창조하셨음을 의미하며,

(3) 또한, 매우 확실하고도 완벽한 창조를 위하여 철저하게 계획하심 아래 창조하셨음을 의미한다고 볼 수 있다.

3. 치밀하신 하나님

하나님께서 해수와 지각 등을 정리하실 때 순간적인 착상에 의해 그렇게 하신 것이 아니라, 어둡고 혼란스럽고 수증기만이 넘실대는 그런 곳들을 친히 둘러보셨다. 이 사실로부터 우리가 알 수 있는 것 중의 하나는, 하나님께는 전지전능하신 면이 있으시면서도 매우 치밀하시다는 것을 알 수 있다. 그러므로 인간들도 역시 하나님처럼 치밀할 필요가 있다고 본다. 그 이유는 인간들은 처음부터 하나님의 속성을 닮고 창조된 존재이기 때문이다.

위의 사실로부터 천지창조의 사역이 매우 신중했을 것으로 보이므로, 진화론은 인간의 추리와 유추가 빚어낸 것 중에서 가장 허구 중의 허구가 아닐까. 현재 진화론을 주장하고 있는 자들은 처음부터 마음속에 하나님 두기를 싫어하는 자들로서(롬 1:28 참조), 어쩔 수 없다고 본다.

4. 창조와 진화에 관한 흑백논리

모든 것들이 진화되었다면 성경은 틀린 것이 되고 만다. 그러나 만일, 모든 것들을 하나님께서 창조하신 것이 사실이라면 진화론은 죄가 되고, 악이 된다고 밖에 볼 수 없다. 혹자는 이 말에 대하여 부정하려고 들거나, 또는 지나친 주장이라고 하며 일축해버리려고 할지도 모른다. 그러나 창조와 진화는 인간의 종교와 철학을 전체적으로 뒤흔들어 놓을 수 있는 명제이기에 매우 중요한 이슈가 된다.

창조에는 진화가 비집고 들어올 틈이 없다. 만일, 모든 것들이 하나님의 내재하심이나 간섭하심이 없이 진화되었을 뿐이라면 성경 속의 모든 기록들은 한 마디로 거짓과 비논리가 되어버리고 만다. 그리고 하나님의 존재성도 없어져버리고 만다. 없는 하나님을 억지로 만들어 두자는 이야기가 아니다. 이제는 적어도 더 이상 과학이라는 이름으로 사실을 왜곡하지는 말자는 것이다. 왜냐하면, 창조는 더 이상 신화가 아니라 과학적 사실일 뿐이기 때문이다.

5. 진화되었다고 할지라도 하나님은 창조주일 뿐이라는 사실

창조론에는 하나님이 전제될 수 있지만, 그렇다고 진화론에는 하나님이 전제될 수 없는 것도 또한 아니다. 만물이 창조된 것이 사실이고, 그리고 그 창조가 하나님에 의해서 이루어진 것도 사실이지만, 설령 모든 것들이 진화가 되었다고 할지라도 하나님의 존재성의 의미가 없어지게 되는 것은 절대로 아니다.

왜냐하면, 이것은 절대로 억측은 아니지만, 만일 하나님께서 태초에 계셨고, 모든 것들이 서서히 창조가 이루어지도록 하셨다고 하더라도, 그것을 하나님께서 그렇게 하신 일이라면, 그래도 그것들은 하나님께서 하신 것이기 때문에, 창조주는 역시 하나님이신 것이다.

6. 창조든, 진화든 하나님이 하신 일

사실, 모든 것들은 진화하지도 않았고 창조되었을 뿐이다. 그러나 생물계에서 부분적으로 진화가 진행되었다고 할지라도 그것까지도 결코 우연이라고 할 수 없다. 왜냐하면 그것마저도 하나님께서 그렇게 되도록 하셨을 수 있기 때문이다.

하나님을 믿지 못하는 자들은 어떻게 말해도 하나님을 믿지 못하는 법이다. 그런 자는 이미 마귀에게 속한 자요, 지옥으로 가기로 처음부터 결정된

자들이기 때문이다. 그러나 하나님께 속한 사람이나 천국으로 가기로 처음
부터 결정된 자들은 어떤 상황에서도 하나님의 섭리하심을 보게 된다.

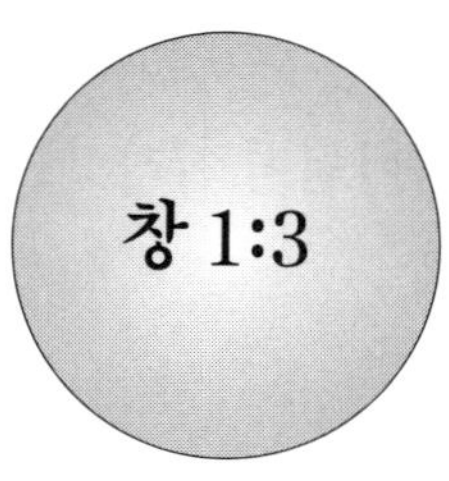

하나님이 가라사대 '빛이 있으라' 하시매 빛이 있었고.

KJV,NIV,RSV; And God said, Let there be light: and there was light.

LB; Then God said, Let there be light. And light appeared.

and-he-said	God	let-him-be	light	and-he-was	light
וַיֹּאמֶר	אֱלֹהִים	יְהִי	אוֹר	וַיְהִי־	אוֹר :

하나님이 가라사대

1. 말씀이신 하나님

히브리어 원어로 '하나님' 을 'אֱלֹהִים (엘로힘)' 이라고 한다. 이는 장엄 복수형 명사이기는 하지만, 위엄을 나타내는 형태상의 복수일 뿐 의미는 단수이다. 이 말이 영어 성경에서는 'God' 이라고 번역되었다. 그러므로 '하나님' 이건 'God' 이건, 'אֱלֹהִים (엘로힘)' 이건 간에 창조주 하나님을 가리키면 의미가 통한다. '하나님' 은 마음속의 존재 개념인 것이지 대명사 개념은 아니기 때문이다. 실제로, 'אֱלֹהִים (엘로힘)' 은 하나님의 이름이 아니며, 하나의 호칭에 불과하다.

그러면 하나님께서 어떻게 천지를 창조하신 것일까? 그분은 자기의 의도하신 바를 나타내실 때는 언제나 '말씀(Word: ῥῆμα /레마: דָּבָר /데발)' 을 하셨다고 한다. 이 말씀을 고어로 '가라사대' 라고 했다. 그러면 '가라사대(said)' 의 의미는 무엇일까? 히브리어로 וַיֹּאמֶר (와이오멜)이라고 하는데, '생각하다' '명령하다' 의 의미를 가진 3인칭 단수 미완료형이다.

2. 하나님의 절대 권위성

'말씀' 이라는 단어는 7일 동안의 창조사역에서 무려 10회나 사용되었는데, 다음과 같은 의미를 갖는다.

(1) '절대 권위' 를 상징한다고 볼 수 있다. 이 말씀은 거역할 수 없는, 거역되지 않는 권위이기 때문이다. 우주 만물은 물론, 모든 천사나 인간들이나 악마까지도 포함되는 것은 물론이고, 심지어는 기타의 생물들에 이르기까지도 이 절대 권위의 말씀에 대해 거역할 수 없다.

(2) '절대 통치권'을 상징한다고 볼 수 있다. 하나님은 우주의 모든 만물들을 직접 창조하셨기 때문에 그분은 이것들을 다스릴 권한이 있으시고, 그분의 말씀에 대해 모든 창조물들은 아무런 이유나 반항함이 없이 절대 복종을 해야만 할 의무를 가지게 된다.

(3) '절대 명령'을 상징한다고 볼 수 있다. 성경에서 하나님의 명령 형태는 여러 가지 형태로 나타나고 있다. '하라', '하지 마라', '존재하라', '없어져라', '가라', '가지 마라' 등의 형태들이 그것이다. 하나님께서 입을 열어 말씀을 하실 때에는 언제나 명령이 수반되었다. 우주상의 모든 창조물들은 하나님께서 '있으라'고 하시면 있어야만 하고, 또한 '없어져라'고 하시면 그 즉시 사라져야만 하였다. 그것이 무엇이 되었든 말이다. 즉, 이 세상 그 누구도, 그리고 이 세상 그 무엇도 하나님의 절대 권위의 말씀에 대해 불복종 할 수는 없다.

'빛이 있으라' 하시매

1. 창조의 문자적 의미

'빛(light: אוֹר /오르)'이라는 단어의 히브리적 의미는, 남성단수명사로서 '빛'이나 '발광체'를 의미한다. 빛에 관한 논쟁에 들어가기 이전에 하나님의 창조에 대해 먼저 구체적으로 짚고 넘어가려고 한다.

하나님께서는 태초에 우주를 어떻게(how) 만드셨던 것일까? 완전히 무의 상태로부터 만들어 가신 것일까? 아니면 무엇인가 이미 존재하고 있었던 가운데에서 창조를 더해가셨던 것일까? 하나님께서 태초에 우주 만물들을 창조하기 시작하는 그 순간을 기점으로, 그 이전에 이미 뭔가 존재하고 있었다면 질료계가 선재해 있었다고 해야만 하고, 만일 아무것도 없는 무의 상태로부터 하나씩 창조해 나가셨다면 하나님께서는 질료계부터 창조해나가셨다고 해야만 할 것이다.

'창조하다' 의 히브리적 표현은 세 가지가 있는데, 이 모두가 성경에서 사용되는 단어들이다.

(1) 본문에 사용된 בָּרָא (빠라)라는 단어이다. 이 단어는 인간들에게는 사용되어질 수 없는 단어로써 오직 하나님께만 사용할 수 있다. 왜냐하면, 이 단어는 '무의 상태로부터 신적으로 질료계부터 만들어 간다' 고 하는 의미를 담고 있기 때문이다.

(2) יָצַר (야찰)이라는 단어가 있는데, 이는 '만들다' 라는의미를 가지고 있다. 이 단어는 신인(神人)이 모두 사용할 수도 있는 단어로써, 질료계를 이용하여 뭔가를 새롭게 창조해내는 것을 말한다.

(3) עָשָׂה (아사)라는 단어가 있는데, 이는 '제조하다' 는 의미가 있다. 이 단어도 신인(神人) 모두 사용할 수 있으며, 기존의 질료계를 어떤 임의의 도구 등을 이용하여 뭔가를 재창조해내는 것을 의미한다.

'유전공학' 이라든지, '생명공학' 이라는 학문분야가 있다. 그들은 기존의 생물체로부터 유전자를 빼내어 변이를 주기도 하고, 또한 그것들을 개조하기도 한다. 또한, 유전공학에서는 세포를 융합하여 두 가지 성질을 동시에 갖는 생물체를 만들어내기도 한다. 그뿐만 아니라, 생식세포에서 핵을 이식하여 복제된 생물체를 만들어 내기도 한다. 이러한 것들에 대한 구체적인 논의는 뒤로 미루겠다.

여기에서 한 가지 분명히 해둘 것이 있다. 창조주 하나님께서 유전공학이나, 생명공학을 하지 못하시는 것은 아니라는 사실이다. 그분은 모든 만물들을 직접 생명과학적으로 창조하신 전지전능하신 분이시기 때문이다.

그러므로 현재의 유전공학이나 생명공학 등에 בָּרָא (빠라)라는 단어를 함부로 사용하면 안 된다. 현재의 생명공학자들이나 유전공학자들 모두는 단지 יָצַר (야찰)을 하고 있을 뿐이고, עָשָׂה (아사)를 하고 있을 뿐이기 때문이다. 그러므로 בָּרָא (빠라)라는 단어는 오직 하나님만이 사용하실 수도 있는 단어라는 것을 분명히 해두어야 한다.

2. 무로부터 창조하신 하나님

히브리어로 בָּרָא (빠라)라는 단어가 사용된 것으로 미루어볼 때, 하나님께서 태초에 천하 만물들을 창조하실 때 사실 우주는 무의 상태였다는 것을 확실히 알 수 있을 것이라고 본다. 즉, 하나님께서는 아무 것도 없는 무의 상태에서 질료계부터 창조를 해나가셨다고 해야만 옳다는 것이다.

만일 무엇이든지 이미 존재하고 있는 가운데에서 창조를 더하셨다고 하면, 철학적으로 볼 때 선 창조주 즉, 제 1의 창조주가 있었어야만 하고, 하나님은 그분 다음 분으로서 제 2의 창조주라고 해야 옳다. 그러나 이는 주(Lord)도 하나요, 하나님도 한 분(고전 8:6 참조)이라고 하는 신학적이고도 성경적인 사실에 위배되어 버리고 만다. 그렇기에 하나님은 태초에 무의 상태로부터 창조하신 것이 분명하며, 그분만이 우리의 주님(Lord)이 되신다.

3. 하나님의 존재성을 직접 증명해주는 창조사역

어리석은 자들은 이르기를 하나님은 없다고 한다(시 14:1, 53:1 참조). 아니, 하나님이 없다고 하는 그런 말보다 더 어리석은 말은 사실상 이 세상에 없다. 왜냐하면, 우주를 자세히 들여다보더라도 창조주가 없다고 하는 엉뚱한 이론은 절대로 만들어 낼 수 없기 때문이다.

창조주가 없다면 이 거대한 우주는 어떻게 만들어졌다는 것이겠는가? 모든 것이 우연하게 만들어지기에는 너무나 크고 방대하고 복잡한 우주일 뿐이다. 물론, 위대하고도 방대한 대자연의 위엄을 보고 억지로 하나님이 존재한다고 믿자는 것은 아니다. 단지, 하나님 없이 대자연을 설명하기란 거의 불가능한 일이라는 것을 말하고자 하는 것이다. 그러므로 하나님은 더 이상 나의 아버지가 아니라 우리 하나님이요, 우리 하나님이 아니라 삼라만상의 하나님이시며, 삼라만상의 하나님이 아니라 지구의 하나님이시고, 지구의 하나님이 아니라 전 우주의 하나님이시라는 것을 알 수 있다.

4. 기(氣)로도 느낄 수 있는 하나님

사람에게는 기(氣)라는 것이 있다. 기가 강한 사람들은 자연스럽게 우주의 기를 느끼게 된다. 그리고, 그 우주의 기라고 하는 것은 하나님이 인간으로 하여금 느끼게 해주신 것 중의 하나라고 볼 수 있다.

심오한 깨달음에 도달한 자라면 그 기를 더욱 더 느낄 수도 있을 것인데, 예를 들자면 성경 속에 나타나는 모든 위대한 인물들이나, 하늘을 숭배해야만 할 것이라고 주장을 했던 단군, 인과응보를 말했던 석가, 모든 인간들에게는 어떤 운명 같은 것이 지배하고 있다고 여겼던 공자 등을 꼽을 수 있다. 그러나 하나님의 기나 우주의 기 등을 전혀 느낄 수 없는 무딘 사람이라면 이러한 말들에 대해 전혀 이해하지 못하게 되고 만다.

5. 과학적 이론의 도입의 필요성

하나님께서는 어떻게 '무의 상태로부터 질료계를 형성해 나가셨을까' 하는 것에 대해 구체적으로 고찰해보기로 하자. 이에 대해 고찰을 하면 많은 과학적 이론들을 들추어야 할 필요가 있게 된다. 즉, 창세기의 앞부분에 대해 주석을 달고자 하면 과학적 이론들을 의도적으로 끌어들여야만 한다.

물론 창세기를 과학적인 이론들을 소개하기 위한 책이라고 볼 수는 없으며, 과학적인 사실들을 나열하기 위한 책이라고 볼 수도 없다. 그러나 창세기를 현대 과학으로 풀지 못하면 자칫하다가는 진화론을 간접적으로 허용하게 되는 결과만을 낳게 되고 만다. 그러므로 부득이 신학적인 것들을 과학적으로 재해석 할 필요가 있는 것이다.

6. 땅 그리고 빛

현재 밝혀진 과학적 사실들을 동원하여 진화론이 맞는 것이 아니라, 오히려 성경적 창조론이 더 맞을 뿐이라는 사실을 증명해 보고자 한다. 태초에 하나님께서 무의 상태로부터 우주의 질료계들을 어떻게 만들어가셨던가에 대해 구체적으로 살펴보자. 하나님께서는 첫째 날 빛을 창조하셨다고 성경은 기록해 놓고 있다. 그런데 약간 해석하기 곤란했던 것은, 성경에서는 무의 상태로부터 빛을 가장 먼저 만드셨다고 하지 않고, 땅 이야기부터 거론을 하고 있다는 점이었다.

그러면 땅이 먼저였을까, 아니면 빛이 더 먼저였을까? 이것에 대해서는 다음과 같이 두 가지 측면으로 해석해 볼 수 있다.

7. 빛이 먼저이지만 땅을 먼저 언급하신 이유

하나님은 땅을 먼저 만드시고 빛을 창조하셨을 수도 있었을 것이다. 그러나 이렇게 해석을 하게 되면 곧바로 매우 난해한 문제에 봉착하게 되고 만다.

즉, 하나님께서 태초에 뭔가를 창조하시기 이전에 질료계가 이미 선재해 있었을 수도 있다는 논리가 성립할 수도 있는 것이다. 전지 전능하신 하나님께서는 무의 상태로부터 말씀 한 마디로 질료계를 단번에 만드셨을 수도 있으셨다. 그런 능력이 없지는 않다는 것이다. 비록 그렇다고는 하더라도 빛 이전에 땅이 먼저 있었다고 하는 주장에는 뭔가 석연치 않은 점이 무척 많이 남게 된다. 그러므로 빛이 더 먼저였다고 주장을 하는 것이 옳다.

그러면 여기에서 성경의 오류를 지적하고자 하는 것인가? 그것은 아니다. 설사 빛이 먼저 있었다고 하더라도, 성경에 빛이 더 먼저 창조되었다는 식으로 기록하려고 하지는 않았을 것이기 때문이다. 앞에서도 지적했듯이 성경은 하나님의 입장에서 기록된 절대적인 책이 아니라, 인간의 입장에서 기록되어진 상대적인 책이기 때문이다. 그러므로 이것이 성경의 오류라고 볼 수는 절대로 없는 것이며, 도리어 인간을 이해시키기 위한 하나님의 배려 중의 하나였다고 보여진다.

8. 반드시 사건이 일어난 순서대로 기록되지 않은 성경

하나님께서 빛을 먼저 창조하신 것이 사실이지만, 인간의 입장에서 기록을 하다보니까 빛이 나중에 언급되었을 수도 있다는 사실은 전혀 어색한 것이 아니다. 성경 속의 인물들을 나열할 때에도 연장자 순이 아닌 곳이 매우 많다. 이런 점을 착안한다면 이러한 사실은 매우 쉽게 받아들여질 수도 있다고 본다.

성경에는 사건의 나열이 반드시 역사적인 순서와 일치하지 않는 곳도 더러 있다. 그렇다고 해서 그런 것들이 성경의 권위를 떨어뜨릴 수는 없다. 즉, 인물의 나열에 대해서도 성경의 저자들이 의도적으로라도 임의로 정할 수도 있는 법이고, 사건의 나열 같은 것들도 역시 저자가 그것의 중요도에 따라 의도적으로 얼마든지 그 선후를 바꿔 놓을 수도 있는 것이기 때문이다. 역사적으로 어느 사람이 더 먼저이고, 어느 사건이 더 먼저인가가 중요한 것이 아니라, 하나님 안에서 볼 때 어느 사람이 더 우선하며, 구속사적으로 볼 때 어느 사건이 더 중요한가에 따라 그 순서를 달리 정할 수도 있다.

이 점을 분명히 하면서 성경을 정확하게 보기란 결코 쉽지 않다. 그러면 인간의 입장에서 볼 때 땅이 더 중요했을 것인가, 아니면 빛이 더 중요했을 것인가? 두 말할 필요 없이 땅에 살고 있는 인간이 보기에는 빛보다 땅이 훨씬 더 중요했을 것이고, 그래서 땅을 빛보다 먼저 거론하는 것이 훨씬 더 자연스러웠을 것이다.

9. 빛 이론의 도입의 필요성

그렇게 주장을 하는 또 다른 이유 중의 하나는, 태초에 빛부터 창조하시지 않았더라면 아예 질료계를 형성해 나갈 수조차 없었을 것이기 때문이다. 여기에서 빛 이론을 도입하면 태초에 무의 상태로부터 하나님께서 질료계를 어떻게 창조해 나가셨던가 하는 것에 대해 매우 용이하게 설명할 수 있고, 과학적으로도 잘 들어맞게 된다는 것을 쉽게 알 수 있다. 그렇다고 해서, 창조론을 정확하게 설명을 하기 위해 빛에 관한 모든 이론들을 나열할 수는 없다. 왜냐하면, 그 이론들이 매우 장황하기 때문이다. 그러므로 부분적으로나마 빛 이론을 도입하여 하나님께서 태초에 우주를 어떻게 만드셨던가에 대하여 설명을 하고자 하는 것이다.

10. γ 선의 위력

현대 물리학에서는 빛을 파장에 따라 여섯 가지 형태로 분류하고 있다. 그리고 빛은 파장이 짧을수록 진동수가 커지고 에너지도 증대된다. 그러므로 파장이 길어지면 진동수나 에너지도 작아지게 된다. 태양과 같은 고온의 물체는 여섯 가지 빛을 모두 방출하고 있다. 이를 파장이 긴 것부터 차례대로 나열을 해보자면, 전파, 적외선, 가시광선, 자외선, X선, γ선 등이다.

질료계의 창조는 전파나 가시광선 등에 의해 이루어지지 않았고, 파장이 가장 짧고 에너지가 가장 큰 γ선(감마선)에 의해 이루어졌다. 실제로 생체 실험을 해보지는 않았지만, 만일 인체에 γ선을 쬐면 생명을 잃게 되거나, 살아남게 되더라도 신체에 큰 이변이 일어나게 될 것으로 물리학자들은 추정하고 있다.

이 γ선은 투과력이 매우 강하므로 두꺼운 금속판의 두께 계측이나, 내부 결함 검사 등에 응용되고 있고, 식물에 투사시켜 변이(變異)를 일으키게 하고 있다. 그리고 살균력도 매우 강해서 일부의 음식이나 채소 및 과일 등에 투사시키면 멸균작용을 일으키기도 한다.

11. 질료계 형성 이론

γ선은 방사성 물질이 자연붕괴할 때 나오는 광선으로서 α선이나 β선 과는 다른 빛의 흐름이다. 파장이 더욱더 짧은 강한 γ선을 만들어서 조사 (照射)시키면 어떤 일들이 벌어지게 될까? 파장이 매우 짧은 γ선을 진공 상태의 아무것도 없는 곳에 투사시키면 매우 경이롭게도 두 가지 물질이 실제적으로 창조되게 된다. 이것은 실험실에서도 실험이 가능한 일이며, 이것을 식으로 나타내 보자면,

$$\gamma \rightarrow e^+ + e^-$$

가 되는데, 이것을 현대 물리학자들은 '쌍생성(pair production)' 이라고 부른다. 여기서 만들어진 e^+를 양전하, e^-를 음전하라고 한다. 전자는 그 크기가 매우 작은 입자(粒子: particle)로서, 그것의 전기량은 1.6×10^{-19}C 이고, 또한 질량은 9.11×10^{-31}Kg이다. 또한, 양성자는 전자보다는 질량이 약 1,836 배 정도 큰 입자이다. 비록 이것들의 크기가 결코 크지는 않지만, 이

것들이 모두 입자인 것임은 분명하다. 이것으로 과학자들은 지난 세기에 무의 상태로부터 하나님께서 빛으로 어떻게 질료계를 창조해 나가셨던가를 밝혀내는 쾌거를 이루게 되었던 것이다.

12. 쌍생성 이론의 허점과 쌍소멸현상

과학자들은 성경에 마치 무슨 오류가 있기라도 하는 것 마냥 지난 수세기 동안 함부로 성경에 대해 반목과 질시를 던져대곤 했다. 그러나 그러면 그럴수록 성경의 오류가 발견되기는커녕, 성경의 무오성(無誤性)이 더욱 더 드러날 뿐이었다. 과학 안에 성경이 있는 것이 아니고, 성경 안에 과학이 있을 뿐이기 때문이었다.

하나님께서 질료계를 어떻게 형성해 나가셨던가에 대하여 현대의 핵물리학이 쌍생성 이론으로 완벽하게 설명을 해내게 되었다는 사실은, 과학계 뿐만이 아니라 성경 해석자들에게도 희소식이 아닐 수 없었다. 그러나 핵물리학자들이 이 실험 하나만으로 태초의 하나님의 창조론을 설명해내기에는 아직은 역부족일 뿐이었다. 그것은 과학자들이 그토록 어렵게 만들었던 두 개의 양성자와 전자를 결합시키려고 하면 결합이 제대로 이뤄지지 않고 '뻥' 하는 소리를 내면서 순간적으로 사라져버리기 때문이다.

이것을 식으로 써보면,

$$e^+ + e^- \rightarrow \gamma + \gamma$$

라고 하고, 이를 현대 물리학자들은 '쌍소멸(pair annihilation)' 이라고 한다. 이런 이유로 '우주는 어떻게 만들어졌을 것인가' 라고 하는 것에 대한 해명이 한동안 다시 미궁 속으로 빠지게 되었다.

과학자들은 이에 대한 궁여지책으로 '대칭우주론' 이라는 이론을 내세우기도 했다. 즉, 핵물리학자들은 한동안 우주는 적도를 중심으로 양쪽으로 나뉘어져 있을지도 모른다는 가설을 내세웠던 것이다.

그들은 우주가 적도를 중심으로 해서 위쪽과 아래쪽의 우주로 나뉘게 된다고 보았다. 그리고 위쪽과 아래쪽은 전기적으로 서로 반대되는 물질로 되어졌을 것이라고 주장했다. 즉, 위쪽이 양전하(e^+)로 이루어진 우주라면 아래쪽은 이와 대칭으로 음전하(e^-)로 이루어진 우주일 것이라고 주장을 했던 것이다. 그리고 위쪽이 음전하(e^-)로 이뤄진 우주라면 아래쪽은 양전하(e^+)로 이뤄진 우주일 것이라고 했다.

이 설을 뒷받침해주기라도 하듯이, 망원경으로 우주를 관측해보면 우주의 적도 부근에는 은하들이 전혀 없는데, 이곳을 천문학자들은 은하회피대라고 불렀다. 그리고 만일 이 가설이 맞는다면, 우리는 양전하로 된 인간이거나 또는 음전하로 된 인간이라고 해야 옳고, 지구도 역시 양전하이거나 아니면 음전하로 된 것 중의 하나라고 해야 한다. 그리고 우주는 대칭의 음양 우주일 것이므로, 자신이 음성 인간이라면 우주의 적도 건너편에는 제 2의 자신과 똑같은 양성 인간이 현재 존재하고 있다고 보아야 옳다.

13. 대칭우주론의 문제점

만일, 인간에게 우주시대가 열리게 되고, 그리고 매우 빠른 속도로 우주여행을 하는 시대가 열리게 된다고 하더라도, 대칭우주론에 의하면 건너편 우주로 여행을 할 수는 없게 된다. 왜냐하면, 우주는 음양 우주이므로 건너편에서도 이쪽과 동시에 출발한 우주선이 있어서, 그것과 우주의 적도 부근에서 충돌을 일으켜 폭발을 일으키게 되고야 만다는 이론이 성립하기 때문이다. 그러나 충돌이 일어나지 않을 수도 있다면, 건너편 우주에 도달할 수 있게 되고, 자기와 대칭인 인간을 만날 수도 있게 된다. 그렇지만 그렇게 된다고 하더라도 절대로 서로 닿아서는 안된다. 왜냐하면, '펑' 소리를 내면서 쌍소멸현상을 일으키게 되어 우주 공간으로 둘 다 사라지고 말 것이기 때문이다.

14. GUT 와 GUE

그런 상상의 날개를 펼치고 있는 사이에 과학자들 중에는 태초의 질료계 창조에 대하여 또 다른 방법을 동원하여 접근해보려고 시도하고 있었다. 태초에 하나님께서 우주를 만드실 때 초자연적인 상태하에서 천지를 창조했을지도 모른다는 가정을 해보게 되었기 때문이다.

핵물리학자들은 쌍생성실험을 새로운 각도에서 해보려고 했다. 만일 고에너지(high-energy) 상태 하에서 쌍생성을 일으키게 된다면 어떤 일들이 벌어지게 될 것인가에 대해 착안하게 되었던 것이다. 그러나 이것은 사실 인간의 두뇌로 생각해 낼 수 있는 것은 아니었기에 금세기의 최대의 발명품이라고 일컬어지는 컴퓨터에 의존해서 그 에너지를 계산해내는 데 성공하게 되었다. 그리고 이 에너지 상태가 되기만 한다면 양전하나 음전하의 어느 한쪽은 사라질 수도 있다는 새로운 결론에 도달할 수 있게 되었다. 이것을 식으로 다시 써보자면

$$\gamma \xrightarrow{\text{high energy}} e^+ \text{ or } e^-$$

라고 쓸 수 있다. 이전에는 쌍소멸현상 때문에 양전하와 음전하를 결합한다고 하는 것이 사실상 불가능한 일이었지만, 그러나 만일 양전하와 양전하만 남게 된다든지, 또는 음전하와 음전하만 남게 된다면 그것들은 사실상 결합이 가능해지게 된다. 이에 대한 예를 들어보자면,

$$e^+ + e^+ \rightarrow 2e^+ \;\Rightarrow\; 2e^+ + 2e^+ \rightarrow 4e^+ \cdots$$

등이 계속해서 일어나게 되어, 매우 큰 질량을 가진 질료계라고 할지라도 한 순간에 그것들이 생성 될 수도 있을 것이라는 논리를 얻어낼 수 있는

것이다. 과학자들은 이 고 에너지를 대통일 에너지(Grand unification Energy:GUE)라고 했고, 그리고 이 이론을 대통일 이론(Grand unified Theory:GUT)이라고 했다.

15. 자연계의 기본적인 힘들

이 이론이 왜 대통일 이론인 것인가? 자연계의 물질(질료계)들 사이에는 기본적인 힘들이라는 것이 작용하고 있다. 자연계의 기본적인 힘에는 '만유인력', '중력', '강한 상호 작용력(=강력)', '약한 상호 작용력(=약력)' 등이 있다. 만일, 이 책이 과학을 설명하기 위한 것이라면 이 힘들에 대해 일일이 설명을 해야겠지만, 그러나 이 책은 성경을 설명하기 위한 책이기 때문에 이들 힘에 대한 구체적인 논의는 피하기로 하겠다.

대통일 에너지 식을 구하기 위해서 과학자들은 네 개의 힘에 관한 식들을 조합하기 위해서 지난 수년 동안 연구를 거듭해왔다. 이 식들을 이론적으로 합성하는 과정에서 수많은 물리학자들이 노벨 물리학상을 수상하기도 했다. 현재도 계속해서 연구가 진행되고 있기는 하지만, 만유인력은 이들 네 개의 힘들 중에서 가장 작은 힘이기 때문에 아직까지도 이들 식들 속에 끼워 넣지 못하고 있는 실정이다. 현재 만유인력을 제외한 세 개의 식들은 합성되어 있고, 이 식들이 합성되었기에 대통일 이론(GUT)이라고 하고, 이렇게 산출된 에너지이기에 대통일 에너지(GUE)라고 하는 것이다.

16. 대통일 이론의 증명에 관한 문제점

누구나 이러한 방대한 실험에 대하여 호기심을 가질 수도 있을 것이다. 그러나 이것은 이론에 불과하며, 이러한 엄청난 이론과 식들은 컴퓨터에 의해 짜 맞추어졌을 뿐이다. 만일, 컴퓨터가 없었다면 이러한 이론들은 상상조차 할 수 없는 식들이었다. 그리고 이 실험을 수행하기 위해 실험실을 꾸미고자 하면, 그 규모는 지구를 출발하여 명왕성에 이르는 엄청난 규모가 되고 만다. 그러므로 이것을 실험으로 입증해 보이는 것은 사실상 불가능하다. 그러나 비록 그렇다고는 하더라도, 천지창조의 베일을 다소나마 벗겨내게 되었다고 하는 것은, 이 시대 인간들의 위대한 업적 중에 하나라고 하지 않을 수 없다.

17. 빛이 먼저 창조되었다고 할 때의 문제점

태초에 빛이 먼저 창조 되었고, 땅은 나중에 창조된 것이 분명하다. 성경에 땅이 먼저 거론이 되고 빛이 나중에 거론된 이유 중의 하나는, 창조에 사용되었음직한 그 빛이라고 하는 것이 인간의 눈에는 보이지 않는 γ 선이었고, 위에서 언급한 GUT나 GUE 등의 이론은 사실 너무나 심오한 과학적인 것들이기에, 과학적 상식이라고는 전혀 없었던 그 당시의 상황으로 볼 때, 굳이 빛 이야기로부터 시작을 해야만 할 이유가 없었을 것으로 여겨지는 것이다.

또한, 그러한 과학적 사실들이 구속사와도 사실상 아무런 연관성이 없기 때문에, 빛 이야기부터 거론하지 않았을 수도 있다고 본다. 그러므로 빛 이야기부터 거론하지 않고 사실과 조금 상이하게 땅 이야기부터 거론했다고 하더라도, 사실상 성경의 권위에는 조금도 손상이 가지 않는 것이다.

이해를 더하기 위해서 영어 성경을 살펴보고자 한다. 매우 흥미롭게도 창 1:3은 KJV, NIV, RSV가 'And God said, Let there be light: and there was light.' 로서 똑같이 번역되어 있는데, 이를 직역하면 '하나님께서 말씀하시기를 빛이 존재하라고 하시니 빛이 있게 되었다' 라고 할 수 있다. 그리고, LB만 'Then God said, Let there be light. And light appeared.' 로서 약간 다르게 번역되어 있는데, 이를 직역하면, '하나님께서 빛이 존재하라고 하시니 빛이 비로소 나타나게 되었다' 고 할 수 있다. 모든 성경이 빛의 창조 시점에 대한 언급에 대해서는 회피하고 있다는 것을 알 수 있다.

18. 태초에 대한 절대자의 입장 천명(闡明)

성경을 절대자의 입장에서 재조명해보기로 하자. 하나님께서는 태초 이전부터 계셨다. '태초' 는 우주가 만들어지기 이전을 말한다. 그리고 태초는 절대자의 '음성(말씀)' 으로부터 시작이 되었다. 태초 이전에는 그러므로 우주에는 사실상 아무 것도 없었다. 그리고 인간들은 우주 밖에 무엇이 있는가에 대해서 지금까지도 아무것도 모르고 있다.

공자는 그의 제자로부터 내세에 대한 질문을 받게 되었을 때, '현세에 대한 것도 제대로 모르고 있는데, 어찌 내가 내세에 대해 말할 수 있겠는가?고 그 제자를 힐문(詰問)했다. 이는, 사실 솔직한 표현이었다. 왜냐하면, 지구 위에서 일어나고 있는 일도 제대로 모르는 판국에 지구 밖에서나, 태양계 밖에서나, 은하계 밖에서나, 또는 우주 밖에서 일어나고 있는 일들에 대해서 알게 되었다고 한들, 그것이 과연 무슨 의미가 있겠느냐는 것이다. 그러므로 하나님의 입장에서 볼 때, 그러한 어려운 과학적 정보들을 인간에게 굳이 알릴 필요조차 느끼지 않으셨을 수도 있다.

19. 과학과 신학의 공통적 난제

아래의 문제들은 성경과 과학이 아직도 동시에 대답할 수 없는 문제들이다.

(1) 우주가 그다지 긴 역사를 가지고 있지 않다고 하면, 어떻게 그렇게 수백억 년 전에 발사된 것으로 여겨지는 빛들이 지금에 와서야 지구에

도달하고 있는 것일까?

(2) 우주는 정말로 수 백억 년의 역사를 가졌다는 것을 의미하는 것일까?

(3) 그게 만일 사실과 다르다면, 그 빛마저 우리를 속이고 있는 것일까?

Einstein의 특수상대성이론에 의하면, 정지상태에서 관측하든, 또는 등속 운동을 하는 사람이 관측하든 간에 빛의 속도는 일정하게 관측되어질 뿐이다. 별 빛의 속도와 그 별까지의 거리를 알면 그 빛이 지구상에 도달하는데 걸린 시간을 계산할 수 있게 된다. 일례로 빛이 도달하는데 1분이 걸렸다면, 그 빛을 관측하게 되는 그 순간은 1분전에 발사된 빛에 대한 것이다. 같은 논리로 1억 년 전에 발사된 별 빛이 지금 지구에 도달하고 있다면, 그 빛은 1억 년 전에 발사된 빛이었고, 그 별은 지금으로부터 적어도 1억 년 전부터 있었다는 것을 말해준다. 그러면 150억 년 전의 별 빛이 지금 지구상에 도달하고 있다면 무슨 의미냐는 것이다. 그 별은 150억 년 전의 것이다. 즉, 그 별의 나이가 최소 150억 년 이상임을 알려주는 것이다. 그러면 우주의 연령은 어떻게 봐야 옳을까? 그러나 이에 대한 의문은 매우 안타깝게도 성경적으로나 과학적으로 풀지 못할 난제로 남아있을 뿐이다.

20. 인간의 한계

사실, 우주의 정확한 위치나, 우주의 밖에 무엇이 있는지에 대해서나, 우주의 역사나, 우주 속에서 빛이 진행하는 원리 등에 대해서 현대의 성경학자들은 물론이고, 현대의 과학자들까지도 아직은 미해결의 문제로 남겨두고 있을 뿐이다. 그러므로 이것에 대해서는 그 어느 누구도 풀 수 없는 난제이기에, 그것이 곧 인간의 한계라고 해야 옳은 것이며, 오직 창조주 하나님만이 아시는 일이라고 결론을 내려야 옳다.

만일, 절대자이신 그분이 직접적으로 계시를 해주시지 않는 한, 인간들로서는 영원히 이 문제에 대한 해답을 얻지 못하게 되고 말지도 모른다. 이런 풀 수 없는 문제들이 있을 수도 있기에 사도 바울은 인간들에게 인간이 마땅히 생각할 그 이상의 것들을 아예 생각하려고 하지도 말라(고전 8:2, 롬 12:3 참조)고 했는지도 모른다. 여하튼, 하나님께서 태초에 말씀으로 빛을 창조하셨고, 이 빛을 이용하여 질료계와 더불어 우주를 만들어 가셨다고 하는 사실에 대해서만 성경학자들이나 과학자들이 의견의 일치를 보고 있을 뿐이다.

21. 하나님의 우주창조에 대한 간접 증명

끝으로 우주가 우연히 만들어지게 되었다거나, 또는 저절로 되어진 것이 아니라, 오직 창조주 하나님에 의해 창조되었을 뿐이라고 하는 사실에 대하여 간접적인 방법을 동원해서 증명할 차례가 되었다.

(1) 역학적 에너지는 보존된다; 운동을 하는 모든 물체들은 에너지가 보존되는 법이다. 이것을 물리학에서는 '역학적 에너지 보존의 법칙' 이라고 부르고 있다. 그러므로 어떤 물체가 운동을 하기 시작하게 되면, 그 물체가 운동상태가 계속 유지가 되는 한 역학적 에너지의 합은 언제나 일정하다는 원리가 성립되게 된다. 이 말을 바꾸면 '에너지란 스스로 창조 될 수도 없고, 그리고 스스로 소멸되지도 않는다' 고 표현할 수 있다. 만일 이러한 논리가 맞다면 태초에 누군가가 그 에너지를 창조한 자가 있어야만 한다.

(2) 열과 에너지의 합은 보존된다; 어떤 계(system)가 받은 열량은 그 계가 외부에 한 일과 그 계에 축적된 내부 에너지의 합과 같다. 이것을 열과 에너지에 대한 에너지 보존의 법칙이라고 하는데, 다른 표현으로는 '열역학 제1법칙' 이라고도 한다. 이 법칙은 역시 에너지가 스스

로 창조되거나 소멸 될 수 없음을 말하는 것이고, 태초에 최초로 에너지를 만든 자가 있어야 함을 말한다.

(3) 질량은 에너지로 변환이 가능하다; 가벼운 수소원자가 결합을 하면 핵융합이 일어나게 되고, 무거운 우라늄이 분해가 되면 핵분열이 일어나기도 한다. 이때 핵반응을 전후해서 질량 결손이 나타나게 되는데, 질량이 없어지면서 그에 해당하는 만큼의 에너지를 방출하게 된다. 이것을 질량-에너지 등가 원리라고 하며, 이 법칙은 Einstein의 특수 상대성 이론에서 발표되었다. 이 법칙에 대한 공식은 $E=mc^2(J)$로 표시될 수 있으므로, 질량과 에너지는 서로 같은 양이라는 것을 알 수 있다. 그러므로 우주 전체를 통해서 볼 때는 질량과 에너지의 합은 보존되는 양이라는 것을 알 수 있다. 그리고 만일 질량과 에너지의 합이 보존되는 양이라면, 태초에 그런 것들을 만든 자가 반드시 존재했어야만 한다.

(4) 만일, 위의 논리들이 맞는다면, 우주가 창조되어질 때 주어졌던 엄청난 에너지인 대통일 에너지(GUE)도 결코 우연일 수 없다. 원인이 있어야만 현재의 결과가 나타날 수 있다고 하는 석가의 인과응보의 법칙에 굳이 의존하지 않더라도, 창조물 이전의 창조주 하나님의 선존재는 필수불가결한 사실이다.

빛이 있었고

1. 문자적 의미

이 말씀을 원어적으로는 '빛이 있으라 하매, 이미 빛이 있었고…' 라고 번역되어 있다. 영어 성경에는 이것이 매우 잘 번역이 되어 있다. KJV, NIV, RSV 등은 모두 다 'Let there be light, and there was light.' 라고 하였고, LB 에서는 'Let there be light. And light appeared.' 라고 했기 때문이다.

'빛이 있으라' 는 말씀은 곧 빛을 창조해야만 하겠다고 하는 하나님의 의지의 표현이라고 할 수 있다. 그리고 이 의지의 말씀이 떨어지기가 무섭게 곧바로 실현되었음을 의미한다. 다만, 그것이 실현되는 시점에 대해 우리가 정확히 알아내기가 불가능할 뿐이다. 그러나 문자적으로 볼 때는, 빛에 대한 구상이 끝나고, 그것의 존재의 필요성을 역설하고자 했을 때 빛은 순식간에 나타나게 되었다고 해야 옳다.

2. 하나님의 창조 의지

하나님께서는 빛의 창조에 대한 필요를 느끼셨고, 이 의지에 의해서 빛이 창조되게 되었다. 이로써 하나님의 창조 의지는 언제나 절대적이며, 권위적이고, 명령적이며, 또한 통제적이었다는 것을 알 수 있다. 그렇기에 모든 생물들이나 빛을 포함한 모든 무생물적인 것들이나 할 것 없이, 하나님의 의지의 말씀 한 마디에 의해 창조되어졌으니, 하나님의 말씀하심에 대해 조금이라도 지체됨이나 거부됨이 없이 곧바로 실행되었음에 대해서도 알 수 있게 된다. 또한, 빛이 통제적이었다고 하는 사실은, 하나님께서 '빛이 있으라' 고 명령을 하셨을 때 그 양과 그 강한 정도가 무절제하지 않고 매우 적당하게 나타나게 되어 우주를 창조해내기도 했고, 우주를 밝히기도 했음을 말해준다고 볼 수 있다.

3. 창조에 사용된 빛의 세기는 과함이나 부족함이 없었다

빛의 세기가 약하면 창조가 불가능해지고 만다. 그리고 빛이 과하더라도 역시 창조가 불가능할 뿐이다. 적당한 빛만이 창조를 가능케 해주기 때문이다. 부족하면 창조가 일어나지 않고, 과하면 창조물을 도리어 파괴시킨다. 그러므로 이는 하나님의 계산에는 오류가 존재할 수 없음을 잘 말해주는 것이라고 볼 수 있다.

이렇게 볼 때 우리는 받을 만큼 이미 받은 것이요, 부족함 없이 받은 것이며, 또한 남게 받은 것도 아니다. 따라서 가진 것이 많다고 자랑할 것도 없는 것이며, 가진 것이 부족하다고 원망할 수도 없다. 또한 주어진 것을 허비해도 안 되는 것이며, 받은 것을 목적에 맞지 않게 사용해도 안 된다.

4. 시간에 대하여 닫혀 있지 않은 하나님의 명령

제비는 인간이 뽑되 작정은 하나님이 하신다고 했으므로(잠 16:33 참조), 하나님의 의지가 함께 하는 한 인간의 선택이나 의지에 관계없이 그 어떤 일이라 할지라도 반드시 성사가 된다. 또한 인간이 아무리 계획한다고 할지라도 하나님의 의지가 함께 하지 않는 한 그 어떤 일도 성사될 수 없다.

그 일의 성사 시기는 하나님의 의지의 영역에 속할 뿐이다. 즉, 의지를 가지는 그 순간에 성사될 수도 있고, 먼 훗날 성사될 수도 있으니, 인간으로서는 그 성사시기를 정할 수 없다. 그러므로 기도한 것은 반드시 이뤄지게 되고, 이미 이루어진 것으로 믿으라고 하신 주님의 논리는 매우 정당한 것이라고 할 수 있다(마 21:22, 막 11:24, 눅 11:10 참조).

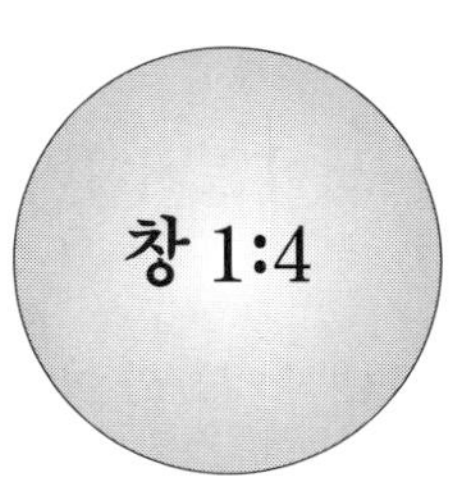

그 빛이 하나님의 보시기에 좋았더라. 하나님이 빛과 어두움을 나누사,

KJV; And God saw the light, that [it was] good: and God divided the light from the darkness.

NIV; God saw that the light was good, and he separated the light from the darkness.

LB; and God was pleased with it, and divided the light from the darkness.

RSV; And God saw that the light was good; and God separated the light from the darkness.

וַיַּבְדֵּל	אֱלֹהִים	בֵּין	הָאוֹר	וּבֵין	הַחֹשֶׁךְ:
and-he-separated	God	between	the-light	and-between	the-darkness

וַיַּרְא	אֱלֹהִים	אֶת־	הָאוֹר	כִּי־	טוֹב
and-he-saw	God	**	the-light	that	good

그 빛이 하나님이 보시기에 좋았더라

1. 하나님의 만족하심에 대한 철학적 의미

영어 성경의 KJV, NIV, RSV 등에서는 한결 같이 'God saw that the light was good' 로 번역하고 있다. 단지 LB에서만, 'And God was pleased with it' 라고 번역하였다. '좋았다(בֹוט /토브)' 는 것에 대하여 고찰해 보자. 이 단어의 히브리어의 의미는 '좋은 것(good thing)' 이라는 의미뿐만 아니라 '아름다운 것(beautiful thing)' 이라는 의미도 가지고 있다. 이 단어와 비슷한 헬라어로는 καλόν (칼론)이 있는데, 이 단어 역시 '좋다' 는 의미와 더불어 '아름답다' 는 의미를 동시에 가지고 있다. 본문의 '보시기에 좋았다' 는 말씀은 다음의 세 가지를 의미하고 있다.

(1) 하나님께서 의도하신 그대로 되었음을 선포하는 것이다.

(2) 하나님께서 하실 수 있으셨던 것으로서 최상의 상태로 완성되었음을 선포하는 것이다. 왜냐하면, 최상의 상태로 마무리 된 것이 아니라면 만족의 상태에 도달하기가 어려울 것으로 보이기 때문이다.

(3) 이는 창조사역이 매우 신중했고, 또한 매우 최선을 다했음을 의미한다. 왜냐하면, 매우 신중하지 않았거나, 또는 매우 최선을 다하지 않은 상태라면 만족에 도달할 수 없을 것이기 때문이다.

2. 만족함을 얻기 위하여 인간에게 요구되고 있는 것

태초의 하나님의 창조사역은 최선과 열심으로부터 시작되었음을 알 수 있다. 그러므로 피조물인 인간들도 매사를 처리하고자 할 때, 항상 최선을 다하고 열심을 다해야만 하는 것이 당연하다. 최선을 다하는 것은 창조주 하나님의 속성이기 때문이다.

그러나 이와는 달리 사람들은 일을 처리하고자 할 때, 때로는 매우 어정쩡하게, 또는 매우 적당하게 처리하려고 하는 경향들이 있으며, 연구나 노력 같은 것도 제대로 하지 않으려고 하기도 한다. 이는 모두 창조 섭리에 어긋난다고 볼 수 있기 때문에, 그런 모습들로는 하나님 앞에서나 심지어 인간 앞에서도 인정받기 매우 어렵게 되는 것이다.

3. 최선을 다하는 것은 종교인의 기본 자세의 하나

옛말에 '지성(至誠)이면 감천(感天)이다' 는 말이 있고, '진인사대천명(盡人事待天命)' 이라는 말도 있다. 모두 하나님과 인간 앞에서 최선을 다할 것을 가르치는 말들이다. 논어에서 이르기를 '소인은 위험한 짓을 하면서 요행을 바라나, 군자는 최선을 다하고 하늘의 운명을 기다린다' 고 했다. 이는 모두 매우 바람직한 말들이다.

어떤 사람들은 사람들에게 잘 보이기 위해서만 노력하려고 한다. 사람들이 보지 않거나, 확인을 하지 않거나, 또는 결과에 대해 평가나 감정(鑑定)이 없다는 생각이 들면 대충하고 말아 버리기도 한다. 그러나 이것은 하나님은 물론이지만 인간 앞에서도 용납되어지기 힘들지 않을까 한다. 왜냐하면, 성실하지 못하다거나, 진실하지 못할 때, 근본적으로 성실하시고, 진실하시며, 열심이신 창조주 하나님께서 받아들이려고 하시지 않으실 수도 있기 때문이다.

4. 최선과 열심에 대한 성경적 가르침

물론, 세상 사람들도 힘써서 일하고, 열심히 일하며, 최선을 다해 일하고, 그리고 충성을 다해 일하지 않으면 안 될 것이라고 가르치고 있기는 하다.

그러나 그것은 윤리로서, 그리고 인간의 의무로서 그렇게 하라는 말이다. 그러나 성경은 창조주의 섭리이기 때문에 그렇게 해야만 할 것이라고 가르치고 있다. 하나님의 속성을 가장 많이 닮은 상태로 창조된 인간이기에, 인간의 삶에서도 최선과 열심을 다하는 삶의 태도는 당연히 표출되어야만 한다. 깨달음이란, 인간이 하나님의 속성을 올바르게 이해하는 상태에 도달하게 되는 것을 말한다.

누구나 아침부터 자기의 주어진 일에 대해 최선을 다했다면, 저녁이 되었을 때 자기가 그날 하루에 걸쳐 해 놓은 일이 매우 보람되게 여겨지고, 아름답게 여겨지기도 할 것이다. 그러나 아침부터 자기에게 주어진 일들에 대해 불성실한 태도를 가지고 적당하게 일을 처리했다면, 과연 그날 밤이 아름답고도 만족스러운 밤이 될 수 있을 것이겠는가? 최선을 다하지 않은 사람은 밤이 오는 그 자체가 두려움일 수도 있을 것이다.

그러나 하나님의 밤은 언제나 만족스러운 밤이었고, 아름다운 밤이었으며, 행복한 밤이기도 했다. 그러면 그 이유는 무엇일까? 그것은 당연히 최선을 다한 하루였기 때문이다. 최선을 다하는 삶이란 시간을 아끼는 삶이다. 최선을 다하는 삶이란 연구하는 삶이다. 최선을 다하는 삶에는 후회가 있을 수 없는 법이다. 허송 세월을 보내고, 게으름을 피우고, 쓸데없는 일에 시간을 낭비하고 있고, 그리고 노력을 하지 않는 삶은 창조주 하나님 앞에 부끄러운 삶이 되고 만다.

5. 전능자가 선택한 최선의 방법

하나님은 전지전능하신 분이시다. 그분에게는 불완전이나 모순이란 있을 수 없기 때문이다. 그리고 그분에게는 실수나 허물 같은 것도 있을 수 없으시다. 그럼에도 불구하고 매일 일과를 접하실 때마다 언제나 최선을 다하셨고, 완벽을 이루기 위해 노력을 다하셨다는 것을 알 수 있다. 그러하기에 일을 마치실 때마다 그 일들에 대해 매우 만족스럽다고 노래하셨다.

그런데 하물며 인간이랴? 인간은 하나님에 비할 수도 없지만, 그래도 굳이 비교하자면, 하나님에 비해 턱없이 부족하고, 불완전하기 짝이 없으며, 많은 것에 제약을 받고 있고, 게다가 모순과 갈등과 불공평과 불법이 난무하는 세상 속에서 살고 있다. 그럼에도 불구하고 최선을 다하지 않고, 주어진 일들에 대해 대강 처리하고, 그리고 적당히 처리하려고 한다면, 세상을 과연 성공적으로 살 수 있을 것인가에 대해서는 누구나 한번쯤은 생각해볼 일이다.

6. 전능자에게 어떻게(how), 무엇(what)을 배워야만 할 것인가?

최선을 다하라는 것이 곧 종교적 가르침이어야만 할 것이다. 그렇게 해야만 하는 이유는 그것이 창조주 곧 하나님의 속성이기 때문이다. 하나님을 영접하는 것이 먼저이기는 하지만, 일단 영접하였으면 하나님의 속성을 연구해야만 한다. 그리고 하나님의 속성을 연구하였으면 그 뜻에 따라 살기 위한 실천이 뒤따라야만 하는 것이다.

운명은 확률이고, 숙명이나 천명은 하나님의 의지이다. 운명은 자기 의지에 의해서 결정되고, 숙명이나 천명은 하나님의 의지에 의해 좌우된다. 요즘 많은 사람들이 자기 운명에 대해 몹시 알고 싶어한다. 그래서 성령에 의지하여 제대로 예언을 하건, 아니면 그와 조금 빗나가게 예언을 하건 간에 누가 예언을 한다고 하면 오늘날 그런 사람 앞에 문전성시를 이루고 있다. 운명이라는 것이 존재하기는 한다. 그러나 운명은 말 그대로 운명일 뿐이다. 즉, 자기의 하기 나름인 것이다. 아무리 불행하게 될 운명이라고 할지라도 만일 최선을 다하고 기도하기만 하면 그 운명은 얼마든지 바뀔 수도 있다. 이 말을 뒤집어서 하자면, 설사 아무리 좋은 운명이 기대된다고 할지라도, 만일 최선을 다하지 않고 기도도 하지 않는다면 평생을 실패하는 운명으로 만들 수도 있다는 것이다.

하나님이 빛과 어두움을 나누사

1. 빛과 어두움의 현상학적 분리와 개념적 분리

하나님께서 빛과 어두움을 어떻게 나누셨다는 것일까? 그러나 이 말의 의미는, 하나님께서 빛과 어두움을 시·공간적으로 나누셨다는 의미가 아니고, 다만 개념적으로 나누셨다는 의미이다. 즉, 빛이 없는 상태와 빛이 있는 상태로 나눴다는 것이다. 여기에서 빛이 있는 곳과 없는 곳, 빛이 있을 때와 없을 때처럼 시·공간적으로 분리해내는 것을 '현상학적 분리'라고 하고, 빛이 존재하는 상태나 빛이 없어져버린 상태 등과 같이 상태적으로 분리하는 것을 '개념적 분리'라고 한다.

2. 태양이 드러나기 전의 빛의 정체

사실, 성경을 해석하는 일은 결코 쉬운 일은 아니다. 본문도 역시 매우 난해한 문장 중의 하나가 아닐 수 없다. 문자적으로 볼 때 하나님께서 빛과 어두움을 나누셨다고 했는데, 그러면 하나님은 어떻게 빛(light)과 어두움(darkness)을 나누셨다는 것인가? 히브리어의 '빛(light)'을 나타내는 단어인 אוֹר (오르)는 '빛' 또는 '발광체'를 의미하고, '어두움(darkness)'을 나타내는 חֹשֶׁךְ (호세크)는 '어두움', '재난', '무지', '불행' 등을 의미한다.

소극적으로는 선재(先在)했던 어두움의 상태를 물리치시기 위해, 적극적으로는 세상을 밝히시기 위해, 그리고 창조의 과정으로 볼 때는 가장 필요했던 것이 빛이었기에 하나님께서 맨 먼저 빛을 창조하셨다. 그러면 하나님은 이 빛과 어두움을 실제로 현상학적으로 나누신 것일까?

이에 대해 대부분의 사람들은, 그 빛을 태양 빛이나 아니면 굳이 태양이 아니더라도 그에 버금가는 어떤 또 다른 광명을 말하는 것으로 착각을 하고 있다. 그리고 그 광명이 오늘날과 같이 지구 주위를 회전하게 되어(지구에서 상대적으로 그것을 볼 때 그렇게 보인다는 말이다.) 낮과 밤이 이루어졌던 것으로 생각하고 있다. 그러나 이 말은 그런 의미의 말이라고 볼 수는 없다. 즉, 대부분의 성경학자들이 생각하는 대로, 어떤 빛을 비추는 광명을 초기에 적당히 하나 만들어 그것을 태양 대용으로 잠깐 동안 사용하셨고, 그 후 그 광명은 태양이 만들어진 이후에 어디론가 없어져버리고 말았다는 의미는 절대로 아니다.

그 광명은 무엇이었을까? 현재까지 밝혀지게 된 과학적 사실들과 성경의 문맥으로 미루어볼 때, 태양 빛과는 전혀 무관한 매우 강한 섬광이었을 것이다. 이 빛이 비록 잠깐 비취기는 했겠지만, 그러나 하나님께서는 그 빛을 우주의 질료계를 창조하는데 사용하셨을 것이다. 영어 성경은 한글 성경에 비해 상당히 만족스럽게 번역되어 있다. 이 말씀을 직역하면, '하나님의 보시기에 빛이 매우 좋았다. 그리고 어두움의 상태로부터 빛을 분리해두셨다.'라고 번역할 수 있고, 이 책과도 잘 일치하고 있다.

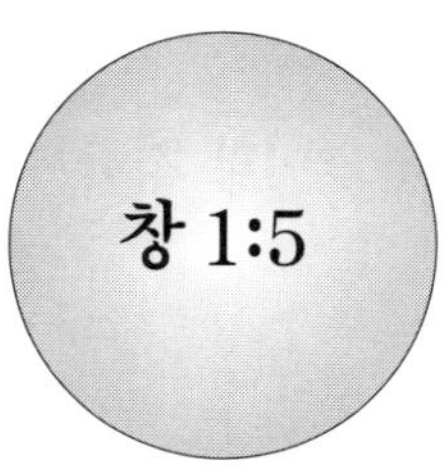

빛을 낮이라 칭(稱)하시고, 어두움을 밤이라 칭(稱)하시니라. 저녁이 되며 아침이 되니,
이는 첫째 날이니라.

KJV; And God called the light Day, and the darkness he called Night. And
the evening and the morning were the first day.

NIV; God called the light 'day', and the darkness he called 'night'. And
there was evening, and there was morning – the first day.

LB; He called the light 'daytime' and the darkness 'nighttime'. Together
they formed the first day.

RSV; God called the light Day, and the darkness he called Night. And there
was evening and there was morning, one day.

אֶחָד׃	יוֹם	בֹּקֶר	וַיְהִי־	עֶרֶב	וַיְהִי־	לַיְלָה	קָרָא
first	day	morning	and-he-was	evening	and-he-was	night	he-called

וְלַחֹשֶׁךְ		יוֹם	לָאוֹר	אֱלֹהִים	וַיִּקְרָא
and-to-the-darkness		day	to-the-night	God	and-he-called

빛을 낮이라 칭하시고

1. 창조 제 1일의 빛

낮(day: םוֹי /욤)’ 이라고 하는 개념은 무엇인가? 혹자는 구형인 지구가 자전하는 것을 상상하여, 빛이 비춰어지고 있는 지구의 한쪽 면을 낮이라 했고, 빛이 비춰어지지 않고 있는 한쪽 면을 밤이라고 했다고 주장한다. 즉, 오늘날의 지구의 모습을 상상하면서 말하고 있다.

그러나 이는 짧은 생각에서 나온 것이라고 볼 수밖에 없다. 왜 그런 착각이 나오게 되었는가 하면, 그 ‘빛’ 이 오늘날의 ‘태양’ 인 것으로 착각을 해서였을 것이다. 그러나 태양은 창조 제 4일에 등장하게 되는 것으로 볼 때, 그 빛은 태양이 아니었다는 것을 알 수 있고, 지구의 자전에 의해 낮과 밤이 이루어진 것도 아니라는 것을 알 수 있다.

2. 현재는 과거를 설명하지 못한다

성경을 해석할 때, 자기 경험에 의존하는 경우가 무척 많다. 그러나 성경이 기록될 당시의 상황과, 그 이후에 많은 시간이 흘러 오늘날에 이르게 된 상황과는 절대로 동일시 될 수 없다. 누구든지 성경을 올바르게 이해하고자 한다면, 성경이 기록될 당시의 상황에 대해 완전히 객관성을 띠고 이해하려고 하지 않으면 안 된다. 그리고 성경을 올바르게 이해하기 위해서는 성경에 기록된 기사나 사건들에 대해 자기 경험이나, 자기 가치관이나, 자기 철학 등을 모두 버리고 객관적으로 사실성에 입각하여 접근해나가야만 한다.

3. 하나님의 날의 개념

그러므로 빛이 비춰지고 있는 한쪽 면이나, 또는 지구의 자전에 의해서 만들어지게 되는 낮과 밤이라고 하는 개념을 도입하기에는 아직은 너무 이르다. 그것은, 창조 제 4일의 태양이 아직 언급이 안 된 상태이기 때문이다. 만일, 이 빛을 태양으로, 그리고 하루를 24시간의 하루로 보면 창조 제 4일에 나타나는 태양에 대해서 설명할 길이 없어지게 되고 만다. 그러므로 '날' 이라고 하는 개념은 눈으로 보이는 '현상학적인 날' 로 이해하려고 해서는 안 되고, 상태학적인 날로서, '개념적인 날' 로 이해해야만 한다. 여기에서 낮은 빛이 비춰어지고 있는 상태가 지속되는 시간, 또는 하나님께서 일을 시작해서 멈출 때까지의 시간을 의미한다고 해야 옳다.

4. 창조 제 1일부터 3일까지는 24시간 하루일 수 없다

성질이 급한 성경학자들은 '낮' 이라는 시간이 구체적으로 오늘날의 시간으로 볼 때 '정확하게 몇 시간에 해당하느냐?' 는 것에 집착하려고 한다. 그리고 ' יוֹם (욤;day)' 이라는 단어에 대해 자꾸만 문자적으로 의지하려고 하기도 한다. 이 '욤' 이라는 히브리어는 '낮' , '해가 떠 있는 동안' '하루' 라는 의미를 가지고 있고, 창세기 1장의 다른 부분에서도 날을 말할 때 24시간의 하루라고 하는 것을 전제로 기록하고 있는 것으로 봐서, 여기의 '날' 도 역시 '24 시간 하루' 가 아니겠는가 하고 유추해서 생각하려고 하는 경향이 있다. 그러나 태양이 없고, 지구 자전이 없는 하루였는데, 어떻게 24시간의 개념이 나오게 된다는 것인가? 그러므로 그것은 말이 안 되는 논리다.

5. 성경만이 가지고 있는 고유한 특성

성경 전체를 문자 그대로 가감 없이 받아들일 것인가, 아니면 문자들을 때로 함축적인 의미로 해석해야만 하는 경우가 없지 않은가에 대해 짚고 넘어가도록 하자. 성경에 나타나는 문자들에 대해서 우리는 일점일획도 가감할 수 없다. 왜냐하면, 성경은 하나님의 권위있는 말씀이요, 무오(無誤)한 말씀이며, 성령이 함께 하는 말씀이기 때문이다. 그러나 비록 그렇다고는 하더라도, 이것은 영적으로 완전하다는 것이지, 그 기록된 문자들이 완전하다는 것을 의미하는 것은 아닌 것이다. 즉, 성경은 사건들의 단순한 나열 형식으로 기록되어진 책이 아니라, 영적인 배열들인 경우도 무척 많기 때문이다. 때로는 문자적으로는 지극히 함축적이거나, 비유적이거나, 암시적이거나, 또는 묵시적인 부분이 많이 있다는 것을 알아야만 한다.

6. 오늘날의 하루와 하나님의 하루의 비교

'하루' 라는 개념, 즉 '날' 이라는 개념도 역시 상태학적 하루가 절대로 아니었다. 현대인에게 있어서의 '하루' 라는 개념은 확실하다. 즉, 태양이 1회 자전하는 주기를 1일이라고 하고, 그것을 24등분해서 한 등분마다 한 시간이라고 정하고 있다.

그렇다고 해서 '하루가 24시간이라고 하는 개념' 역시 창조 제 4일에 시작된 개념도 또한 아니었다. 고대 문헌에 의하면, 24시간의 하루라는 개념은 바벨론에서 맨 처음 생겨났다고 하기 때문이다. 만일, 바벨론에서 24시간의 하루라는 개념을 정의해두지 않았다고 하더라도 성경상의 하루는 24시간의 하루였을 것인가? 사실 그건 아닐 것이다. 왜냐하면, 24시간의 하루는 하나님이 잡은 절대 고정개념의 시각이 아니라, 인간이 정의해놓은 상대적인 시각에 불과한 것이기 때문이다.

상태학적으로는 태양이 뜨면 날이 시작되고, 태양이 지면 날이 끝나지만, 개념적으로는 일을 시작하면 날이 시작되고, 일이 끝나면 그 날이 끝났다고 할 수도 있다. 그리고 하루라는 개념도 생리학적으로는 일하는 날이면 하루라고 할 수 있는 것이고, 일하는 날이 아니면 하루 속에 넣을 수 없다. 즉, 하루 종일 잠만 잤다면 그런 사람에게 있어서는 그날이 온종일 밤이었을 것이고, 밤을 낮 삼아 하루 종일 일했다면 그 사람의 하루는 12시간의 낮과 12시간의 밤일 수도 없다. 그러므로 하나님의 하루 역시 '하나님께서 맨 처음 일을 시작하신 그 시각으로부터 일을 끝마친 그 시각까지가 하루였을 것'으로 보아야 논리적으로 옳다.

7. 하나님의 시각(時刻)과 인간의 시각(時刻)

'하나님께서 정의한 하루'와 '인간의 정의에 의하여 이루어진 하루'의 개념은 상태학적으로도 분명히 다르다. 두 시간 개념을 동일시하려고 하면 해석상에 무리가 따르게 될 것임은 두 말할 필요가 없다.

하나님의 시각과 인간의 시각을 비교해보자.

(1) '하나님의 하루'는 '인간의 하루'와 매우 다르며, 하나님의 하루 개념은 하나님께서 정의해두신 시각이라고 해야 옳다. 즉, 하나님께서 일을 시작하신 시각부터 하나님께서 일을 마치신 시각까지가 하나님의 하루일 수 있기 때문이다. 그러므로, 그 하루라고 하는 기간은 오늘날과 같다고 볼 수 없으며, 또한 반드시 같아야만 할 이유도 사실상 전혀 없다.

(2) 인간은 현재 '24시간의 하루'를 '하루'의 기준으로 삼고 있다. 그러나 사실 이것은 평균 태양이 뜨고 지는 주기를 기준으로 하여 잡은 것에 불과하며, 이것은 정확하게는 지구의 자전 때문에 생긴 시각이다. 이 시각은 태양이 없으면 생겨날 수도 없었던 시각이었다. 태양은 맨 첫날부터 그 모습이 드러났던 것도 아니었고, 창조 사역에서 제 4일

에 비로소 나타났다. 그러므로 인간이 정의한 '24시간의 하루' 라는 개념은 사실 창조 제 4일에야 만들어지게 되었다고 보아야 옳다.

8. 시각의 최소 단위로서의 1초

현대 과학에서 정의하고 있는 시간의 기준은 1년이나, 1일이나, 1시간 등이 아니다. 1시간을 60으로 나누면 1분이라는 시각이 얻어지고, 1분을 다시 60으로 나누면 1초가 얻어지게 된다. 이 1초를 현대 과학에서는 시간기준으로 삼고 있다. 그러나 이 1초라는 개념도 역시 인간의 정의에 의한 것일 뿐이다. 인간이 그러면 왜 1초라는 짧은 시각을 시간의 기준으로 잡게 된 것일까? 그 이유는 여러 가지가 있겠지만, 가장 큰 이유는 인간의 맥박의 뛰는 주기와 가장 가깝기 때문이라고 한다.

9. 현대 과학이 정의한 1초의 개념

현대 과학에서는 1초를 과연 어떻게 정의하고 있는가에 대해 살펴보도록 하자. 최초의 1초는 1평균 태양일의 $\frac{1}{24 \times 60 \times 60}$ 에 해당하는 시각으로 정의했었다. 왜 하필이면 평균 태양일로 잡았는가 하면, 지구의 공전 궤도면이 타원이고, 지축이 태양에서 볼 때, 약 23.5도 경사져 있기 때문에 1시 태양일은 년 중 일정하지 않아서 부득이 평균 태양 시각으로 기준을 잡게 되었다. 그러나 평균 태양일도 그 정확도를 높이는 일이 결코 쉽지 않았기 때문에 1초를 재 정의하게 되었다.

Cs(세슘)에서 내놓는 주황색 빛의 진동 주기의 9,192,631,770 배를 1초로 새롭게 정의했기 때문이다. 그러나 이 시각들은 모두 인간들이 정의한 것들이며, 하나님의 시간과는 사실 아무 관련성도 없다.

어두움을 밤이라 칭하시니라.

1. 창조 초기의 낮과 밤

'밤(night ; לַיְלָה /라엘라; νύξ / 뉙스)' 이라는 개념을 다시 생각해보도록 하자. 성경은 '빛을 낮이라 칭하시고, 어두움을 밤이라 칭하시니라' 고 기록하고 있다. 그리고 영어 성경은 'God called the light Day, and the darkness he called Night.(KJV, NIV, RSV)' 라고 했는데, 이를 의역하면 '하나님께서 빛을 낮이라 부르시고, 어두움을 밤이라고 부르셨다' 고 할 수 있다. 또한, 'He called the light 'daytime,' and the darkness 'nighttime.(LB)' 는 '하나님께서 빛을 「주간」 어두움을 「야간」이라 부르셨다.' 고 할 수 있다. 그리고, KJV, NIV, RSV는 낮과 밤을 '개념상의 낮' 과 '개념상의 밤' 으로 해석하려고 했다.

그러나 오직 LB에서만 의도적으로 '낮' 을 '낮 시간(晝間)' 으로써 'daytime' 으로, 그리고 '밤' 을 'nighttime' 으로써 '밤의 시간(夜間)' 으로 번역하고 있음을 볼 수 있다. 어쩌면 LB역자는 낮과 밤에 의하여 만들어지게 되었던 하루가, 오늘날과 같이 24시간의 하루였을 뿐이라는 것을 상기시켜주기 위해 의도적으로 'time' 이라는 단어를 삽입시켰는지도 모른다. 그러나 그 번역자는 오류를 범하고 있는 것임이 분명하다. 왜냐하면, 창조 당시의 하루는 24시간의 하루가 아니었기 때문이다.

2. 하루의 개념

'하루=날=day= יוֹם (욤)' 라고 하는 개념에 대해 재정리해두자. '하루' 라는 단어는 히브리어로 יוֹם (욤)이다. 이 단어는 성경에서 대부분 24시간 하루를 나타내고 있다. 그러므로 창세기 1장의 하루 역시 24시간의 하루라고 말할 수도 있다. 성경을 문자적으로만 이해하려고 하면 그렇게 볼 수 있는 것이다. 물론, 문자를 무시하면서 성경을 해석하고자 하면 많은 무리가 뒤따를 수도 있다. 그러나 성경을 문자적으로만 해석하다 보면 사실성이 결여될 때도 있고, 고고학적 발굴 사건과 때로 불일치할 때도 있다. 그러므로 히브리어의 '욤' 이 반드시 24시간의 하루라고 고집할 수는 없다.

3. 성경 기록상의 특성

성경을 해석하다보면, 다음과 같은 네 가지 특징이 있음을 알 수 있다.

(1) 어떤 곳은 아무런 가감(加減)없이 사실적인 것들을 나열해둔 부분들이 있다.

(2) 사실을 기초로 하되, 때로 영적으로 재배열해둔 부분들도 더러 있다.

(3) 인간들의 입장에서 상대적으로 배열해둔 부분들도 있다.

(4) 사실에 대하여 은유적이거나, 비유적이거나, 암시적이거나, 묵시적으로 표현해둔 부분들도 있다.

4. 과학적인 성경해석의 필요성

성경을 해석할 때 위의 것들을 적절하게 구분할 수 있어야 한다. 그러므로, 성경 해석 역시 과학이라고 하지 않을 수 없다고 본다. 왜냐하면, 성경 해석을 할 때 과학적으로 하지 않으면 안 되기 때문이다. 그런데 과학은 사상(思想)과 달라서 '논리' 와 '사실' 과 '진실' 에 기초하고 있다.

그렇지만, 성경은 과학이면서도 또한 과학 이상이라고 할 수밖에 없다. 왜냐하면, 성경 해석은 지극히 논리적이고도 과학적으로 이루어져야 하지만, 그것에도 또한 한계가 있기 때문이다. 즉, 과학적 논리 위에 영적인 해석이 가미되어야만 하는 것이다.

5. 성경 해석은 과학 그 이상의 것

어느 일 개인의 독단적인 주장은 과학이라고 할 수 없다. 여러모로 볼 때 그릇된 해석임이 분명함에도 불구하고 자기 주장에 대해 절대로 굽히지 않으려는 태도 역시 과학이라고 할 수 없다. 과학은 보편적이고 타당해야만 하기 때문이다. 역사적으로 볼 때 과학적인 성경해석을 무시하고 끝까지 자기들의 주장만이 옳다고 밀어붙이다가, 씻을 수 없는 과오를 범하고 말았던 자들이 로마 교황청이었다. 또한, 칼뱅(J.Calvin)의 예정론이나 웨슬리의 선택론 등도 역시 어느 한 개인의 독단적 주장이 될 뿐이다. 그럼에도 불구하고, 현대의 성경해석자들은 이에 대해 아무런 비판 없이 받아들이려고 한다. 그런 자들은 사실상 하나님이나 성경에 대해 맹신하고 있는 것이 아니라, 일부의 편협(偏狹)한 철학에 맹신하고 아부하고 있는 자들일 뿐이다.

6. 문자적 성경해석의 한계

문자적으로만 성경을 해석하다보면, 때로는 영적으로나 논리적으로나 과학적으로 성경을 해석하고자 하는 것보다 훨씬 더 많은 과오를 범하게 될 수도 있다. 여기에서도 '하루' 를 문자적으로만 해석하고자 하면 매우 편할 수도 있겠지만, 그러나 과학적으로 드러난 사실들과는 완전히 상충되게 되어, 성경을 비과학적인 책으로 스스로 비하시켜버리고 마는 어리석음을 빚는 결과만을 낳게 되고 만다.

7. 알기 위해서 믿는 것인가, 아니면 믿기 위해서 알아야 하는가?

혹자들은 '나는 종교를 알기 위해서 믿지, 믿기 위해서 알려고 하지는 않는다' 고 하기도 한다. 또 혹자들은 '알고 믿는 것은 신앙이라고 할 수 있지만, 모르고 믿는 것은 맹종이 될 뿐이다' 라고도 한다.

'아는 것' 이란 '지식' 을 두고 하는 말이다. 그리고 '지식' 은 '두뇌 작용' 을 두고 하는 말이다. 그러나 '믿음' 은 두뇌 작용이 아니고, 오히려 '마음 작용' 이다. 그러면 '알지 못하고 믿는 것' 이란 어떤 것이라고 할 수 있는가? 그것은 '두뇌 작용이 없이 마음 작용으로만 그치는 것' 을 의미한다. 이것을 철학에서 '맹종' 이라고 한다. 종교가 마음 작용인 것은 사실이지만, 그렇다고 종교가 마음 작용만을 강조하다 보면 언젠가는 설득력을 잃게 되고만다.

8. 지식과 믿음의 관계성

지식과 믿음이 때로 공존할 수도 있지만, 지식과 믿음은 때로 상반될 수도 있는 것이기에, 지식이 '좌(左)' 이면, 믿음은 때로 '우(右)' 가 되기도 한다. 성경은 좌로나 우로나 치우치지 말 것을 매우 강조하고 있다(수 1:7, 대하 2 참조). 치우침은 곧 편협이 될 수 있고, 편협은 또한 편견을 낳기가 매우 쉽기 때문일 것이다. 하나님은 치우침이 없으신 분이시다. 그러나 돌이켜보자면, 사실 성경해석자들이 성경을 단지 두뇌만으로 해석을 하려고 하다가, 전혀 편협하지 않으신 하나님을 도리어 편협하신 분으로 매도시켰던 때도 없지 않았었다.

9. 문자적 '하루' 의 문제점

'하루' 를 문자적으로만 해석해 버리고 만다면, 현대 과학이 힘들여 찾아낸 '화석' 들과, 또한 그것들로부터 알아낸 '절대 연령' 들에 대해서 성경적으로 어떻게 해명을 할 것인가? 중세 로마 교황청이 저질렀던 실수를 다시

되풀이하겠다는 것인가? 현대 과학은 고생물의 화석에 대해서 연구해낸 결과, 그것들이 약 5억 7천 만년 이전의 것들이라는 사실을 알아내게 되었다. 이에 대해 성경의 문자적인 권위 운운하며 어디까지, 그리고 언제까지 고생물학자들과 물리학자들 그리고 지질학자들의 입을 틀어막아 둘 셈인가?

10. 화석과 절대 연령은 완전 거짓말이라고 할 것인가?

최초의 생물 화석은 6억 년으로 거슬러 올라가고 있다. 성경적 하루가 24시간의 하루이고, 아담과 동식물들이 창조된 시간대가 일주일 정도 차이가 난다고 성경대로 굳이 해석을 해야만 한다면, 그러면 아담은 과연 몇 년 전의 사람이라고 해야만 할 것인가? 과학의 나이로 5억 7천 만년 전 사람이라고 해야 할 것인가? 아니면, 이쯤해서 그들 모두의 입을 틀어막고 오직 성경에 기록된 문자들만이 진리이기에, 우주, 지구, 아담, 동식물들이 1만년 내외의 역사를 가지고 있을 뿐이라고 고집을 피워야만 할 것이겠는가?

11. 화석의 정체

이쯤해서 성경을 과학적 틀에 끼워 맞추어 주고 논리적 고찰을 마무리하기에는 아직 개운함이 없다. 그리고 과학적 사실들은 무조건 틀리고, 그리고 성경의 기록들은 무조건 맞다고 고집을 피우기에도 너무 늦어있다. 왜 그런가 하면, 성경에 기록된 문자에만 의존하여 현대 과학에 돌을 던져보고자 하면, 현대 과학의 뿌리까지도 모조리 흔들어 놓아야만 한다. 이때, 성경학자들이 과학자들의 주장보다 더욱 더 정확한 논리로 그들을 공략하지 못하게 된다면, 아무도 더 이상 성경의 문자들을 신뢰하려고 하지도 않을 것이기 때문이다. 여기에서 재미있는 예화를 하나 소개하고자 한다.

어떤 학생이 과학 시간에 물었다. '선생님, 하나님께서 천지를 창조하신 것이 맞나요?' 매우 당혹스러운 이 질문에 대해 신실한 기독교 신자이기도 했던 과학 선생님께서 대답하기를 '그럼, 당연히 하나님께서 천지와 만물과 인간들까지도 만드셨지!' 그랬더니 그 학생이 되물었다고 한다. '선생님, 그러면 하나님께서는 성경대로 7일 동안 그 모든 것을 다 만드셨나요?' 이렇게 묻자 과학 선생은 사뭇 진지하게 대답하기를 '물론이지, 그 모든 것들은 7일 동안 만드신 것이지!' 그러자 그 학생은 눈을 깜박거리며 되묻기를 '그러면 5억 7천 만년 전의 화석에는 삼엽충이나 필석 같은 화석이 나오고 있는데 인간의 화석은 왜 안 나오는 거래요?' 라고 물어보니, 이 질문에 대해 과학 선생의 대답이 매우 걸작이었다고 한다. '응, 그 이유는 너의 믿음을 시험해 보기 위해서 하나님께서 5억 7천 만년 전의 화석을 너 몰래 땅을 깊이 파고 묻어 두었던 거래…?!'

위의 대화를 참으로 명문명답(名門名答)의 대화라고 해야만 할 것인가, 아니면 참으로 기가 막힌 우문우답(愚問愚答)의 대화라고 해야만 할 것인가? '24시간의 하루' 를 끝까지 고집하고자 하는 모든 성경학자들은 이 예화에 대해서 변명할 구실이나 찾아두는 게 좋을 것 같다.

12. 지질학적인 '대(代)' 와 성경상의 '하루' 와의 관계

그야말로 과학에 맹종하고 있는 성경에 대해 문외한인 사람들 중에는, 창조의 7일간을 지질학의 '대(代)' 로 해석할 수도 있을 것이라고 주장하기도 한다. 즉, 창조 제 1일을 시생대, 제 2일을 원생대, 제 3일을 고생대, 제 4일을 중생대, 제 5일을 신생대, 제 6일을 현대라고 볼 수도 있다는 것이다.

그러나 이것은 과학과 매우 잘 일치하기는 하지만, 이 역시 어리석기 짝이 없는 분류일 뿐이다. 왜냐하면, 성경을 과학에 턱없이 뜯어 맞추고 있을 뿐이기 때문이다. 그런 식의 주장자들은, 과학이 선재(先在)했고 성경은 나중에 집필된 책이 아니라, 성경이 먼저 존재했고 과학은 나중에 시도된 학문체계일 뿐이라는 사실을 먼저 알아야만 할 필요가 있다. 그리고, 그런 식으로 분류한 '대(代)'는 성경이 말하고 있는 '날'과 사실상 전혀 일치하지도 않는다.

13. 생물학적 '대(代)'와 성경의 대조

현대 과학이 발견한 것에 대하여 생물학적으로 다시 분류를 해보겠다.

⇒ 시생대; 원생동물, 조식물(균조류)

⇒ 원생대 ; 해면동물, 조식물(균조류)

⇒ 고생대; 강장동물 → 어류 → 양서류, 양치식물

⇒ 중생대; 파충류, 겉씨식물(나자식물)

⇒ 신생대; 포유류, 속씨식물(피자식물)

⇒ 현 대; 신생대 말에 인류 출현

위와 같은 분류들이 과연 '성경의 날'들이나, 또는 창조의 순서와 잘 일치하고 있다고 볼 수 있는 것인가? 이를 비교하기 위해서 성경적으로 다시 분류해 보도록 하자.

첫째 날; 빛, 어두움

⇒ 둘째 날; 궁창 위의 물, 궁창 아래의 물로만 분리

⇒ 셋째 날; 육지와 바다 분리, 대 지각변동이 예상됨, 식물 창조

⇒ 넷째 날; 해, 달, 별들이 드러남.

⇒ 다섯째 날; 어류(魚類), 조류(鳥類) 창조

⇒ 여섯째 날; 파충류, 포유류 등의 짐승 및 인간 창조

⇒ 일곱째 날; 안식(安息)

위와 같은데, 과학적 사실들을 여기에 어떻게 뜯어 맞추겠다는 것인가? 더 이상 성경을 천박한 과학적 지식에 매도하려고 하지 않았으면 하는 바람이다. 그리고 사실 그런 사람들을 더 이상 성경학자라고 보기보다는 유물론주의자요, 변증론주의자라고 밖에 볼 수 없다.

14. 성경적 하루에 대한 최종 결론

태초 6일 동안의 '하루' 의 개념에 대해 확실하게 해두도록 하자. 우선 성경의 '하루' 는 인생들이 말하는 '하루' 는 아니라는 점에 착안하자. 그렇다면 만일 '인생들의 하루' 가 아니라면 누구의 '하루' 일 것인가? 그것은 당연히 '하나님의 하루' 라는 것이다. '하나님의 하루' 는 그러면 '인생의 하루' 와 어떻게 다르다는 것인가? 이에 대하여 언급해두자면 '그것은 오직 하나님만이 아시는 일' 이라는 것이다. 하나님이 보시기에 1억 년이 하루라면 하나님 안에서는 그것이 곧 하나님의 하루인 것이고, 1천년이 하나님의 하루라면 그것이 곧 하나님의 하루일 뿐인 것이다(벧후3:8 참조).

혹자는 그런 표현은 어불성설(語不成說)이 아니냐고 할지도 모른다. 그러나 절대로 그건 아니다. 왜냐하면, 하나님은 인생이 아니시기 때문에 인생의 날이 적용되지 않을 수도 있는 것이기 때문이다(욥 10:5 참조). 그러므로 인간의 자로 더 이상 하나님을 재려고 하지 않아야만 옳다.

15. 상태로서의 하루가 아닌 상황으로서의 하루

낮과 밤은 더 이상 24시간 속에 갇힌 하루가 아니라는 사실과, 또한 인간이 알 수 있는 기간도 아니라는 것을 분명히 했다. 이런 각도에서 볼 때 'day' 라고 하는 것은 '개념' 또는 '상황' 일 뿐이고, 'night' 라고 하는 것도 역시 '개념' 또는 '상황' 일 뿐인 것으로 봐야 옳은 것이다.

아울러서, 설사 'יוֹם(욤)' 을 'daytime' 이라고 번역을 하고 있다고 하더라도, 그것은 24시간 속의 'time' 으로서가 아니라, 빛이 비춰고 있었거나, 아니면 하나님께서 일하셨던 시간으로서의 'time' 으로 해야만 옳다. 같은 논리로, 'לַיְלָה (라엘라)' 를 설사 'nighttime' 으로 번역을 하고 있다고 하더라도, 이것도 역시 24시간 속의 'time' 으로서가 아니라, 빛이 없었던 시각, 또는 하나님께서 휴식을 취하셨던 시간으로서의 'time' 으로 여겨야 더 옳다는 논리다.

저녁이 되며 아침이 되니, 이는 첫째 날이니라.

1. 하나님의 '하루'

하나님께서 언제부터 일을 하기 시작하셨는가 하면, 캄캄할 때 이미 일을 하기 시작하셨다. 왜 그렇게 볼 수 있는가 하면, 일을 시작할 때는 빛이 없었고 흑암만이 있었다고 성경은 기록하고 있기 때문이다.

그러면, 일을 시작하신 그 순간은 하루 중에서 언제라고 해야만 할 것인가? 낮일 것인가, 아니면 밤일 것인가? 비록 빛이 없어서 인간들이 보기에는 밤 같지만, 그러나 그것은 하나님께서 보기에는 낮이었을 것으로 보인다. 왜냐하면, 캄캄한 그 시간에 이미 어둠을 헤치고 빛을 만드는 일을 시작하셨기 때문이다.

빛이 있고 없는 상태가 하나님의 밤과 낮을 의미하는 게 아니라, 하나님께서 일을 하시면 하나님께는 그것이 곧 낮이요, 또한 일을 잠깐 멈추고 휴식을 취하시면 하나님께는 그것이 곧 밤이라는 것을 알 수 있다.

하나님의 '첫 날과 빛과의 관계'에 대해 확실하게 해두도록 하겠다.

어두움으로 시작

아침 →↓

빛을 만드심

낮 →↓

어두움이 물러감

오후 →↓

빛이 사라짐

저녁 →↓

다시 어두움이 옴

↓

휴식하심

아침이 됨 →↓

다시 빛이 나타남

이렇게 해서 하루가 지나가게 되었던 것이다.

2.중국인들의 '하루

중국에서는 12간지를 쓰고 있다. 누구나 알고 있겠지만, 이것을 한 번 나열해보자면, 다음과 같다.

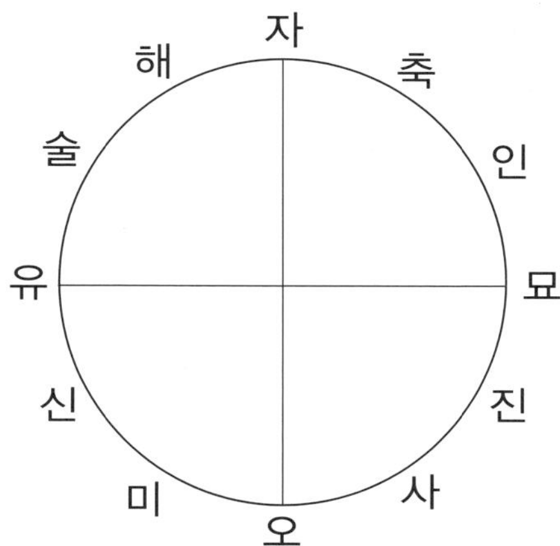

이것은 고래(古來)로부터 현재까지 여러 가지 측면에서 사용되고 있는데, 그 중의 하나는 시간개념이고, 또 다른 하나는 방위개념이다. 즉, '자(子)'를 '북(北)'이라고 하며, 이를 시작으로 30도 간격으로 축, 인…등이 계속되게 된다. 이런 식으로 가다보면 '묘(卯)'는 '동(東)'이 되고, '오(午)'는 '남(南)'이 되며, '유(酉)'는 '서(西)'가 되게 된다.

우리는 태양일로서 정북(子)을 기준잡고 있다. 그래서 태양이 정확하게 북(子)에 오면 '자정(子正)' 즉, 0시라고 하고, 태양이 정확하게 남(午)에 오면 '정오(正午)' 즉, 12시라고 한다. 태양이 정북을 출발하여 정동(正東)을 거쳐 정남(正南)에 오게 되면 하루의 반이 지났다고 하고, 다시 태양이 정남(正南)을 출발하여 정서(正西)를 지나고 정북에 오게 되면 하루가 지났다고 한다. 이것이 현재 우리가 말하는 '하루(day: 날)'이다.

3. 유대인들의 '하루'

유대인들은, 하루의 시작을 해뜨는 시각으로 잡고 0시라고 하며, 우리가 말하는 정오를 6시, 자정을 오후 6시(18시), 그리고 아침을 다시 0시로 잡고 있다. 자세히 대조해보면, 이 시각은 하나님의 하루와 일치되는 개념이기도 하다. 영어 성경의 'And there was evening, and there was morning - the first day.(NIV)' 을 의역하면, '저녁이 되었고, 아침이 되었으니, 이는 첫째 날이었다.' 고 하며 이를 잘 나타내주고 있다.

4. 하나님의 '하루' 개념과 '휴식' 에 대하여

'저녁' 과 '아침' 과 '낮' 등이 하나님께는 어떤 의미를 갖게 되는가에 대해 살펴보도록 하자.

(1) 하나님의 아침; 어두울 때를 말하고, 그것은 하나님께서 일을 시작하는 시간이기도 하다.

(2) 하나님의 낮; 빛이 있을 때를 말하고, 그것은 하나님께서 일을 하는 시간들이기도 하다.

(3) 하나님의 저녁; 빛이 사라질 때를 말하고, 그것은 하나님께서 일을 마치는 시간이기도 하다.

(4) 하나님의 밤; 빛이 전혀 없는 때를 말하고, 그것은 하나님께서 잠시 일을 멈추고 있으시거나, 아니면 다음 일을 준비하는 시간이기도 하다. 즉, 잠깐의 휴식 시간이라고 할 수 있다.

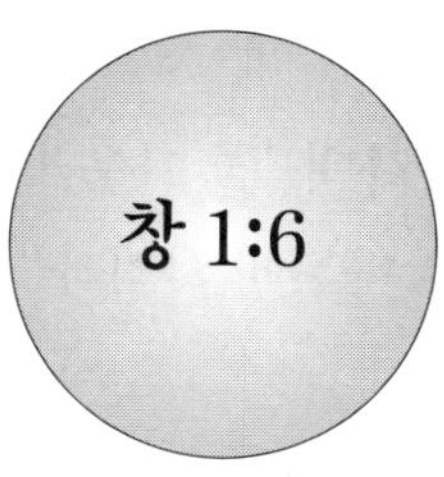

하나님이 가라사대 ‘물 가운데 궁창(穹蒼)이 있어 물과 물로 나뉘게 하리라’ 하시고,

KJV; And God said, Let there be a firmament in the midst of the waters, and let it divide the waters from the waters.

☞ 여기의 midst라는 단어는 전치사로서 amidst 와 같은 의미이다. 그리고 amidst 는 amid와 같은 의미이고, ‘~의 한 가운데에’, ‘~ 의 한 복판에’, ‘~ 의 둘레에’ 라는 의미를 가지고 있는 전치사이다. 또한 이 단어는 명사로서 ‘한 복판’, ‘한 가운데’, ‘중앙’ 이라는 의미를 가지고 있기도 하다.

NIV; And God said, Let there be an expanse between the waters to separate water from water.

LB; And God said, Let the vapors separate to form the sky above and the oceans below.

RSV; And God said, Let there be a firmament in the midst of the waters, and let it separate the waters from the waters.

הַמָּיִם	וִיהִי	מַבְדִּיל	בֵּין	מַיִם	לָמָיִם:
the-waters	and-let-him-be	separating	between	waters	from-the-waters

וַיֹּאמֶר	אֱלֹהִים	יְהִי	רָקִיעַ	בְּתוֹךְ
and-he-said	God	let-him-be	expanse	between

하나님이 가라사대 '물 가운데 궁창이 있어
물과 물로 나뉘게 하리라' 하시고,

1. '하나님이 가라사대' 의 의미

이 기록으로 하나님께서 '말씀' 으로 직접 창조하셨다는 사실을 알 수 있게 되어진다. 하나님의 모든 권위는 이 '말씀' 에 달려 있다 해도 과언이 아닐 것이다. 하나님께서는 이 '말씀' 한마디로 예나 지금이나 그 모든 것들을 해결하고 계신다. 그러므로 '하나님이 가라사대' 라는 말씀은 다음과 같은 네 가지 사실을 암시해주고 있다는 것을 알 수 있다.

(1) 이는 하나님의 직접적인 의도에 의해 모든 것들이 이뤄지게 되었음을 말해주는 것이라고 볼 수 있다. 그리고 '의도' 는 곧 '목적' 을 의미하게 되므로, 이것은 '우연' 이나 '저절로' 라는 표현과는 상반되는 말이라고 볼 수 있다.

(2) 그렇게 하신 데에는 '다 그만한 이유가 있다' 는 것을 암시해준다. 다만, 우리로서는 그 이유들을 확실하게 알 수 없다는 것이 문제다. 모든 것을 미루어 생각을 해본다든지, 아니면 유추해서 생각해볼 수밖에 다른 도리가 없다.

(3) 하나님께서는 자기의 원하시는 바 그대로 지체하시지 않고 곧바로 실행시키셨음을 암시해준다고 볼 수 있다. 인생들은 큰 일이나 작은 일들을 눈앞에 놓고 다시 생각해보기도 하고, 때로는 망설이기까지 한다. 그러나 하나님의 계획하심에는 차질도 있을 수 없고, 실수도 있을 수 없으시기 때문에 망설임이나 지체하심이 있을 수 없으셨다.

(4) 하나님의 의지를 막을 수 있는 것은 이 세상에 그 어느 것도 존재할

수 없음을 암시해주기도 한다. 즉, 생물계이건, 아니면 무생물계이건 간에 하나님의 의도와 의지 등에 대해서는 순응과 순종 외에는 있을 수 없다.

2. 유추 불가능한 궁창

지금의 하늘과 창조 당시의 하늘은 판이하게 달랐다는 사실에 착안해야만 한다. 그 당시의 하늘에 대하여 정확하게 이해하기란 결코 쉬운 일이 아니다. 비록 과학자들이라고 할지라도 이 사실을 알아내기가 결코 쉬운 일은 아닐 것이다. 그 이유는, 단지 성경에서만 이 이야기를 언급하고 있기 때문이며, 너무나 태고적 이야기이기도 해서, 사실 과학적으로도 밝혀내기가 매우 곤란할 것으로 여겨지기 때문이다.

그러므로 많은 주석가들이나 성경학자들까지도 이 부분을 제대로 알지 못하고 있다는 것을 쉽게 이해할 수 있다. 왜냐하면, 비록 성경에 능통하다고 하는 학자들이라도 현대를 살아가고 있을 뿐이기에, 그 당시 지구의 모습을 정확하게 상상해내기란 결코 쉬운 일이 아니기 때문이다.

3. '궁창' 의 원어적 의미

'물 가운데 있게 되는 궁창' 이란 어떤 것일까? 여기에서 '궁창(穹蒼: firmament: רָקִיעַ / 라키아: στερέωμα /스테레오-마)' 이라는 단어는 매우 흥미롭기만 하다. 먼저 히브리어의 의미부터 살펴보자.

이 רָקִיעַ (라키아)라는 단어는 רָקַע (라카)에서 왔다. 그리고 רָקַע (라카)라는 단어는 '때리다' '뻗치게 하다', '넓게 하다' 라는 의미를 가지고 있다. 이 동사로부터 다시 רָקִיעַ (라키아)라는 단어가 파생되었는데, 이는 남성 단수 명사로서 '광활한 공간(expanse)' 또는 '궁창(firmament)'

이라는 의미를 가지게 되었다.

4. '궁창' 의 한자와 영어의 의미

한자의 '穹' 자는 '하늘 궁' 자이고, '蒼' 자는 '푸를 창' 자다. '궁창' 을 영어로 번역하면 'the blue sky' 라고 할 수 있다. 그리고 '하늘' 은 영어로 'the sky' 나, 'the heavens' 라고도 하기도 한다. 그런데 왜 영어 성경의 KJV, RSV 등에서는 이 하늘을 'firmament' 로 번역을 하고 있고, 한글 성경에서도 역시 '하늘' 이라고 하지 않고 '궁창' 이라고 하고 있는 것일까? 영어의 'firm' 이라는 단어는 '단단한', '견고한', '튼튼한' 이라는 의미를 가지고 있고, 여기에 명사 어미 'ment' 가 붙어 '궁창' 을 의미하는 'firmament' 라는 단어가 되었다.

영어의 'firmament' 는 '단단한 것' 이나 '견고한 것' 이라고 할 수 있게 되어진다. 히브리어의 רָקַע (라카)라는 단어는 금속을 때려서 넓게 할 때에 사용된 말이었다. 그러므로 רָקַע (라키아)를 영어 단어의 'firmament' 로 번역했던 것은 매우 적절한 표현이었음을 알 수 있다.

5. 초기 육지 상태

육지는 초기에 잘 보이지도 않았다. 왜냐하면, 태초의 육지는 모두 바다로 뒤덮여 술렁이고 있었을 것으로 보여지기 때문이다. 그렇다고 해서 모든 생물들이 바다로부터 나오게 되었다고 하는 진화론자들의 주장에 대해 말미를 주자는 것은 아니다.

초기 지구의 상태는 모두가 바다로 뒤덮여 있었고, 육지는 거의 드러나지도 않았으며, 수증기만이 모락모락 올라오고 있었다고 보면 된다. 이를 한글 성경은 '혼돈과 공허의 상태' 라고 표현하고 있다. 그래서 육지와 하늘 가운데 궁창이 있다고 하지 않고 물 가운데 궁창이 있다고 하셨다.

6. 물에 대한 과학적 고찰

‘물’에 대하여 과학적으로 살펴보기로 하자. 물은 한 개의 산소 원자와 두 개의 수소 원자로 이루어져 있어서, 물 분자를 H_2O라고 한다. 이 물 분자는 그들 원자들 사이에 공유결합을 하고 있다. 수소 원자와 산소 원자가 각각 전자를 하나씩 공유하고 있는 것이다. 이렇게 해서 수소 원자와 산소 원자 사이에는 극성을 띠게 되었다.

이것을 화학에서는 ‘극성 분자’ 또는 구체적으로 ‘전기적으로 쌍극성을 띠고 있는 분자’라고 한다. 즉, 물 분자 전체적으로는 전기적으로 중성을 띠고 있지만, 수소 두 개가 몰려 있는 쪽은 ‘ + ’ 성질을 띠고, 산소 분자 쪽에서는 ‘ - ’ 성질을 띠고 있는 것이다. 또한, 물 분자들 사이에는 수소 결합을 하고 있기도 하다. 공유결합이 원자간 결합이라고 하면, 수소 결합은 분자간 결합을 말한다. 물 분자에 속해 있는 수소 원자와 이웃하고 있는 다른 물 분자의 산소 원자와 결합을 하고 있다. 그 이유로 물은 다른 분자들에 비해서 끓는점과 녹는점이 매우 높은 편이다. 물 분자의 이러한 ‘공유 결합’ 과 ‘쌍극성’ 과 ‘수소 결합’ 등의 성질 때문에, 물은 현재 지구상의 모든 생물체들의 몸을 이루는 주성분이 되고 있다시피 하다.

일례로, 우리 몸의 약 70%가 물로 되어 있다. 만일 물이 없다면 체온조절, 체내의 삼투압의 조절, 소화나 배설, 혈액의 순환작용 등에 매우 큰 어려움을 겪게 되고만다. 식물에서도 물이 없으면 광합성이 전혀 일어나지 않게 되어, 식물은 며칠 이내에 죽게 되고 만다. 물은 이러한 성질 때문에 다른 물질들을 매우 잘 녹이는 용매 역할을 하기도 한다.

7. 물에 대한 성경적 고찰

성경에 땅을 창조했다는 기사는 나온다. 그러나 하나님께서 물을 창조하셨다는 기사는 나오지 않고 있다. 창 1:2에 하나님의 신이 '수면(הַמַּיִם /하마임: the waters)'에 운행하셨다고만 언급되어 있는 것이다.

여기에서 'הַ (하)'는 정관사로서 영어의 'the'와 같고, מַיִם (마임)은 '물'로서 영어의 'water'와도 같은 말이다. 그러면 성경적으로 볼 때, 물을 과연 언제 만들어진 것으로 여겨야만 하는가? 두 말할 필요 없이 하나님께서 지구를 만드실 때 동시에 만드셨다. 당연히 지구와 더불어 동시에 창조된 것이 사실이기 때문에 굳이 물을 만드는 시점을 설명하실 필요가 없으셨을 것이다.

8. 물에 대한 진화론자들의 주장

진화론자들의 주장에 의하면, 태초의 대기에 CO_2, H_2O, N_2, CH_4 등은 있었으나 O_2는 없었다고 한다. H_2O 등은 지구 초기에는 아예 없었지만, 화산의 폭발 등에 의해 점점 더 많이 생겨나게 되었고, 그 양이 더욱 증대되게 되어 바다가 만들어졌다고 주장하고 있다. 그 이후에 H_2O 등에 의해서 O_2가 분리되어 나오게 되었고, 이러한 O_2가 생물체의 출현을 가능하게 했을 것이라고 말하고 있다.

9. 물의 연구에 대한 학문상의 분류

물이 존재하는 것은 현상학적인 것이다. 현재 존재하고 있는 물의 특성을 원자론적으로나 분자론적으로 연구하는 것은 화학이다. 물을 전기 분해해서 그것들의 성분을 밝혀내는 것이나, 물을 구성하는 원자간의 결합력이나 분자간의 결합력을 연구하는 것 등은 물리학과 화학이다. 그리고 이것이 식물이나 동물의 체내에서 어떻게 작용하는가를 연구하는 것은 생물학이다. 이것들을 오염시키는 원인을 연구하고, 그것을 해소하는 방안을 연구하는 것은 환경공학이다. 수질 오염에 대한 피해로 인해 생체에서 나타나게 되는 각종 질병을 연구하는 것은 의학이다. 그러나 근본적으로 그러한 물들이 왜 생겨나게 되었으며, 어떻게 생겨나게 되었는가에 대해 묻고자 하는 것은 철학이요, 이에서 더 나아가면 신학이다.

10. 창조주와 물의 관련성

물리학이나 화학이 물의 성분이나 결합력이나 결합 방식 등을 설명해줄 수는 있다. 그러나 그렇게 된 이유에 대해서는 물리학이나 화학은 아무런 언급도 할 수 없을 것이다. 그 이유에 대해서는 오직 물의 창조자이신 하나님만이 아시는 일일 것이기 때문이다. 물이 그렇게 생긴 이유는 창조주의 절대 의지로 비롯된 것으로서, 창조주 이외에는 이 세상 그 어느 누구도 그 이유를 알 수 없다.

11. 궁창 아래의 물과 궁창 위의 물

본문에서는 다른 언급이 없이 궁창 위의 물과 궁창 아래의 물로 나뉘게 되었다고 단도직입적으로 말씀하고 있다. 궁창 아래의 물이란 지표상의 물을 말한다.

지각을 정리하는 과정에서 이 물들은 호수와 강과 바다를 이루게 되었을 것이다. 그리고 이 가운데 상당한 양의 물들이 기체가 되어 하늘 위로 올려지게 되었다. 그러나 매우 유감스럽게도 그 높이라든지, 그 물의 현상학적인 상태라든지, 또는 그 물의 양(量) 등에 대해서도 사실 전혀 알 수가 없다.

현대의 첨단 과학이라고 할지라도 그것을 유추해내기란 결코 쉽지 않다.

12. 궁창 위의 물의 형태

궁창 위의 물은 '물덩어리' 나 '물주머니' 나 또는 '물항아리' 같은 상태
는 아니었다. 오히려 그것들은 거의 수증기(水蒸氣: vapour) 상태였다. 그
렇게 보는 이유 중의 하나는, 현재에도 공중에 떠있는 물 분자들은 거의 대
부분 수증기 상태로 존재하고 있기 때문이다.

현재에도 대기 중에는 사실 많은 물 분자들이 있으나, 구름으로 만들어
지는 경우에 한해서만 우리 눈에 가시적으로 나타나고 있다. 즉, 그것들이
너무 높이 떠 있어서 보이지 않는 것이 아니라, 그것들의 온도가 낮아져서
응결을 이루게 되면 우리의 눈에 비로소 '구름의 형태' 가 되어 보이게 된
다. 하늘에 수증기가 없어서 높고 푸르게 보이는 것이 아니라, 설사 그곳에
수증기가 상당량이 있다고 할지라도, 그것들이 온도가 낮아져 포화가 일어
나지 않으면 구름이 되지 못해 우리 눈에 보이지 않게 된다.

13. 태초의 궁창 위의 물

창조 초기로부터 노아의 홍수 이전까지 사실 궁창 위에는 현재에 비해서
매우 많은 물 분자들이 모여 있었다. 그리고 그 물들은 기체상태였고, 포화
되지 않은 상태라서 사람들의 눈에는 잘 보이지 않았지만, 물 분자는 무척
많았다. 그렇게 주장하는 구체적인 증거 중의 하나로서는, 만일 대기 중에
매우 많은 물 분자가 없었다면, 지구상에 살고 있던 모든 사람들이 절대로
옷을 벗고 다닐 수 없었을 것이기 때문이다(아담과 하와 등은 초기에 옷을
입지 않고 있었다).

만일, 현재와 같은 상태인데도 불구하고 옷을 벗고 다닌다면, 태양으로

부터 오는 강한 가시광선이나 자외선 등의 영향으로 말미암아 각종 피부병이나 백내장 등의 질병에 시달리게 되어 성경에 나타난 기록처럼 장수하지도 못했을 것이다. 그 이유는, 만일 대기 중에 물 분자가 현재보다 그리 많지 않았더라면, 지구는 현재와 매우 흡사하게 사계절이 뚜렷했을 것이고, 여름과 겨울의 온도차(이를 과학에서는 연교차라고 한다.)도 매우 컸을 것이기 때문에, 특별한 대책을 세우지 않는 한 특히 겨울을 나기가 결코 쉽지 않았을 것이다.

14. 온실효과와 대기 중의 수증기의 양

현재에도 대기 중의 CO_2나 H_2O 등은 온실효과(溫室效果: green house effect)를 일으켜서 지표를 훈훈하게 해주고 있다. 즉, 이러한 기체들이 대기 중에 많으면 많을수록 지구 전체는 온난화현상을 많이 일으키게 된다. 그러므로 태고적에 상당히 많은 양의 수증기가 대기 중에 있었다고 전제한다면, 지구상 전역은 온난화 현상으로 말미암아 아열대 기후나 온대 기후를 형성하고 있었을 것이다. 이러한 기후는 인간은 물론이고, 동물 및 식물들에게 생존하기에 매우 유리한 환경으로 작용하였다는 것이다.

다시 말해서, 그런 환경이라면 먹을 것이나 입을 것에 대한 염려가 현재보다는 훨씬 덜 했을 것이다. 그리고 각종 질환(疾患) 등도 현재보다는 매우 덜했을 것이므로, 성경에 기록된 대로 인간들은 충분히 장수할 수도 있었을 것이다.

15. 창조주의 의도

하나님께서 태초에 지구를 만들어 가실 때 어찌하여 지구상에 물이 약간 남을 정도로 만드신 후, 그 물을 궁창 위로 올라가게 했었던 것일까? 그 이유는, 대기 중에서 온실 효과를 일으키게 해서 인간, 동물 및 식물 등이 생존하기에 매우 적합한 환경이 될 수 있도록 의도적으로 그렇게 하셨던 것이다. 즉, 그것은 창조주의 배려였음이 분명하다.

이러한 치밀하기만 한 초기의 친환경적인 것들을 목도하면서도 진화론자들이 모두 나서서 끝내 모든 것들이 우연일 뿐이라고 우기겠다면, 나도 더 이상 어쩔 수 없다고 본다. 궁창 위의 물들은 노아 홍수 때 대부분 지표로 쏟아지게 되었으므로, 현재는 매우 적은 양의 물이 대기 중에 남아 있을 뿐이다.

16. 궁창의 상대론적 의미

사람들이 하늘을 ‘궁창’ 이라고 하고, 영어 성경에서 ‘firmament’ 라고 했던 것은 아마 아래와 같은 세 가지 이유에서였을 것이다.

(1) 하늘을 누가(who) 보고 기록한 것인가? 인간이 보고 기록한 것이 아니던가? 그렇다고 한다면 인간이 상대론적으로 보기에 하늘은 어떻게 보였을 것인가? 그 하늘은 매우 견고(firm)해 보였을 것이고, 매우 넓게(expanse)보였을 것이며, 또한 매우 위엄 있게 보이지 않았을까? 그래서 하늘을 한글 성경에서는 ‘궁창’ 으로, 영어 성경에서는 ‘firmament’ 로 번역했을 것이다.

(2) 사람들이 상대론적으로 보기에 하나님께서 하늘에 계신다고 여겼다면 하늘은 어떤 곳이어야만 했을까? 만일 하나님이 계시는 곳이 하늘이라고 한다면, 그곳은 이 세상의 그 어떤 곳보다 아름다운 곳이며, 이 세상의 그 어느 곳보다 완전한 곳이라고 생각했을 것이다. 그렇게 생각을 했다면 하늘을 ‘궁창’ 이라고 한 것이 전혀 어색하지 않다.

(3) ‘궁창’ 이라는 단어는, ‘단단한 것을 펼쳐서 만들어지듯이 제작된 곳’

이라는 의미다. 그러나 이 말은 하늘이 실제로 단단하다는 것을 의미하는 것은 아니다. 즉, 형이하학적으로 단단하게 된 물질로 하늘이 만들어졌다는 것을 의미하는 것이 아니라, 형이상학적으로 하늘이 단단하고 견고하며 완전하게 만들어진 곳이라는 의미인 것이다.

17. 물과 물을 나누심

성경은 하나님께서 궁창 위의 물과 궁창 아래의 물로 나누셨다고 기록하고 있다. 이는 지구에 꼭 필요하고도 또한 매우 적당한 분량의 물이 처음부터 만들어졌음을 알려 주는 말이다. 그리고 그 물이 자연적으로 증발한 것이 아니라, 하나님의 명령하심에 의하여 매우 정확한 비율로 지표 상에 남아야만 할 물과 지표 위로 올려져야만 할 물로 분리되게 되었다는 사실도 알 수 있게 해준다.

아무리 장마가 진다고 하더라도 바다가 넘치는 법은 없다. 그리고 아무리 가뭄이 든다고 해도 바다가 마르는 법도 없다. 예나 지금이나 매우 정량적으로 필요에 따라 물이 눈, 비, 우박 등의 형태가 되어 대기와 해양 사이를 순환하고 있다는 것을 알 수 있는 것이다.

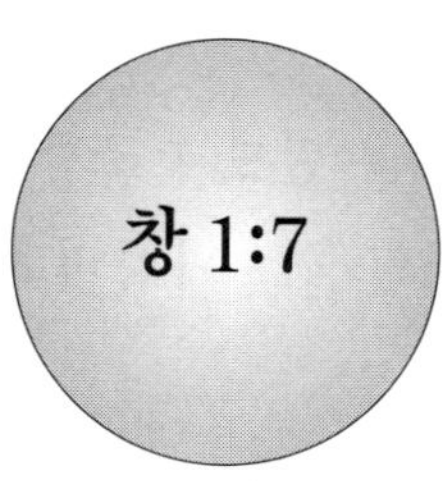

하나님이 궁창(穹蒼)을 만드사, 궁창(穹蒼) 아래의 물과 궁창(穹蒼) 위의 물로 나뉘게 하시매, 그대로 되니라.

KJV; And God made the firmament, and divided the waters which [were] under the firmament from the waters which [were] above the firmament : and it was so.

NIV; So God made the expanse and separated the water under the expanse from the water above it. And it was so.

LB; So God made the sky, dividing the vapor above from the water below.

RSV; And God made the firmament and separated the waters which were under the firmament from the waters which were above the firmament. And it was so.

כֵּן:	וַיְהִי־	לָרָקִיעַ	מֵעַל	אֲשֶׁר	הַמַּיִם
so	and-he-was	to-the-expanse	from-above	which	the-waters

וּבֵין	לָרָקִיעַ	מִתַּחַת	אֲשֶׁר	הַמַּיִם	בֵּין
and-between	to-the-expanse	from-under	which	the-waters	between

וַיַּבְדֵּל	הָרָקִיעַ	אֶת־	אֱלֹהִים	וַיַּעַשׂ
and-he-separated	the-expanse	***	God	so-he-made

하나님이 궁창을 만드사 궁창 아래의 물과
궁창 위의 물로 나뉘게 하시매

1. 하나님의 창조물인 궁창

궁창은 하나님의 창조물이었다. 그것은 저절로 된 것이라고 할 수 없다. 궁창은 하나님께서 의도적으로 그렇게 만들어두신 것이었다.

7절의 '궁창' 이라는 단어는 KJV, RSV에서는 'firmament' 로 번역되었고, LB에서는 'sky' 로 번역되었으며, NIV에서는 'expanse' 로 번역되어 있다. 이 단어의 의미를 다시 한 번 살펴보자. '궁창' 은 견고하고, 완벽하기는 하지만, 그러나 그것이 '고체' 나 '액체' 는 아니었다. 단지 '궁창' 은 지표상에 있는 바닷물과 고공 위에 떠다니고 있는 물 분자 사이에 있는 사실상의 '공간' 이었을 뿐이었다. 'expanse' 는 '넓게 퍼진 것' , '넓이' , '공간' 등을 나타내는 명사다. 그러므로 '궁창' 은 곧 '하늘' 을 의미하고, 그 '하늘' 은 또한 '텅 빈 공간' 을 의미한다.

2. 궁창 아래의 물들

궁창 아래의 물은 바닷물을 말한다. 그렇다고 해서 현재의 5대양을 의미한다고 볼 수는 없다. 왜냐하면, 지구에는 만들어진 이후에 몇 차례의 심한 지각변동이 일어나기도 했고, 해저의 확장으로 말미암아 대륙이 이동하기도 했으며, 지구 속의 외핵과 내핵의 변화가 일어나 지구 자기의 역전이 일어나기도 했고, 세차운동으로 말미암아 미세하게나마 지축이 이동하기도 했기 때문이다.

특히, 대륙의 이동은 바다의 모양을 변화시키기도 했으며, 대륙간의 충돌을 불러일으키기도 했고, 매우 높고도 험준한 산맥들을 만들어내기도 했다. 그뿐만이 아니다. 해저 속에서는 해령이 생성되기도 했으며, 그 과정들 속에서 새로운 해저 지각이 만들어지기도 했고, 대륙 연변에서는 해양지각이 침강하며 해구나 호상 열도를 만들어내기도 했다. 여기에서 굳이 이러한 지질학적 사건들을 일일이 나열하고 있는 이유는, 이 책을 과학책으로 만들려고 하는 것이 아니라, 현재의 지구를 보면서 창조 당시의 지구도 현재와 같았을 것이라고 하는 오류로부터 벗어나고자 함이다.

3. 현재의 기권의 구분

지표로부터 대기가 있는 곳까지의 높이를 기권이라고 한다. 현재 기권의 높이는 지표로부터 지상 약 1000km 이다. 그리고 이것은 나누는 방법에 따라 세 가지로 구분된다. 즉, '화학 조성'에 따라 구분이 되기도 하고, '자유 전자의 유무'에 따라 구분이 되기도 하며, 고도에 따른 '기온의 변화'에 의해 구분이 되기도 한다. 기권에서 나타나고 있는 이 모든 현상들은 저절로 된 것이나 우연하게 된 것이 단 하나도 없으며, 모두가 하나님의 계획하심 아래서 이루어진 것들이다.

4. 궁창의 구분 및 상태

기층을 기온이 변하는 양상으로 구분을 하면, 크게 네 등분으로 나뉘어지게 된다.

(1) 지표로부터 지상 12km까지; 대류권

(2) 지상 12km ~ 50km; 성층권

(3) 지상 50km ~ 80km; 중간권

(4) 지상 80km ~ 1,000km; 열권

궁창 위의 물 분자들은 단지 수증기 상태였을 것이다. 그러나 궁창 위의 물이라고 했던 이유는, 그 양이 노아 홍수 이전에 비해서 훨씬 많은 양이었기 때문에 그렇게 불리었을 것이다. 궁창 위에 물 분자들이 설사 많이 존재하고 있다고 하더라도, 하늘은 푸른 창공이었다. 현재, 하늘이 푸르게 보이는 이유는, 대기가 혼합물로서 많은 물질들로 채워져 있고, N_2, O_2, Ar, CO_2 라든지 H_2O, $NaCl$, N_2O, CH_4, $CFCs$ 등이 매우 많이 존재하고 있고, 이러한 성분들이 빛을 받아 굴절과 산란 등의 현상이 일어나고 있기 때문이다.

5. 초기의 궁창

현재에 비해 대류권 아래에는 매우 많은 물들이 분포해 있었을 것이다. 그래서 태초의 궁창은 물 분자들에 의해 하늘빛이 푸르기도 했겠지만, 거의 옅은 구름이 끼어 있지 않았을까 한다. 그렇다고 해서 하늘이 항상 구름으로 가득 채워져 있었다는 것을 의미하는 것은 아니다. 왜냐하면, 만일 그런 식으로 주장을 펴게 되면 태양, 달, 별 들이 제 4일에 드러났다고 기록되어 있는데(창1:16 참조), 노아 홍수 이전에는 그것들이 구름 속에 가려서 인간들의 눈에 띄지 않았다고 해야 옳을 것이기 때문이다.

설사 그렇게 주장을 하더라도 성경에 오류가 있다는 것을 말하는 것은 아니겠지만, 그렇다고 해서 하늘 전체가 늘 회백색의 구름으로 가득 덮여져 있지는 않았을 것이다. 그게 만일 사실이라면, 노아는 틀림없이 노아 홍수의 전과 후에 달라진 하늘의 모습이나 색깔에 대해 기록을 해두려고 했을 것인데, 그에 대한 언급이 전혀 없기 때문이다.

노아 홍수를 전후해서 하늘의 모습이 달라진 점은 아마 거의 없었을 것으로 추정이 된다. 만일, 달라진 점이 있다면, 하늘에 늘 떠다니던 구름의 양이 조금 줄어들었을 것이고, 하늘이 좀 더 맑아졌을 것이며, 우기에 내리는 비의 양이나 형태가 조금 달라졌을 것으로 보이는 것이다.

6. 초기의 기후

그 당시, 하늘에 떠 있는 구름은 '층운형' 이었을 것이다. 왜 그렇게 말할 수 있는가 하면, 그 당시에는 대기 중에 수분이 매우 많았을 것이므로, 대기 중에 구름이 늘 여기 저기 높게 떠 있었을 것으로 여겨지기 때문이다. 또한 온실효과에 의해서 지구상 전역은 대부분 온대 기후를 형성하고 있었거나, 아니면 아열대 기후를 형성하고 있었을 것이다. 현재는 구름이 늘 하늘에 떠있지는 않은데, 그 이유 중에 하나는, 대기 중의 수분의 양이 그 당시와 비교할 때 현저하게 줄어들었기 때문이다. 그러므로 그 당시에 비가 오는 양상은 현재와는 매우 달랐을 것이다.

7. 현재의 구름의 생성

현재 하늘에서 구름이 만들어지는 이유는 아래와 같다.

(1) 지표의 가열로 상승기류가 발생하게 되면, 공기가 올라가다가 단열 팽창 현상을 일으키게 되고, 이 때 냉각된 공기가 포화에 이르게 되면 구름이 만들어지게 된다.

(2) 공기가 산을 넘게 되면 넘어가는 쪽에서 단열 팽창 현상을 일으켜 안개나 구름을 만들게 된다.

(3) 더운 공기가 이동을 하다가 찬 지표나 찬 바다를 만나게 되면 냉각이 일어나게 되고, 냉각된 공기는 포화를 일으키게 되어 안개나 구름을 만들게 된다.

(4) 더운 공기와 찬 공기가 기압의 차이가 발생하게 되면 서로 이동을 하게 되는데, 그러다가 두 공기가 접하게 되면 한랭전선, 온난전선, 폐

색전선, 정체전선 등을 만들게 되고, 이 때 전선이 접한 부근의 앞 또는 뒤에서 구름이 만들어지기도 한다.

(5) 기압 차가 심해지게 되면 토네이도나 열대성 저기압, 또는 열대 해상에서는 태풍 등이 만들어지기도 하는데, 이 때 그 주변 또는 내부에서 많은 구름이 한꺼번에 만들어지기도 한다.

8. 초기의 강수 현상

현재는 위와 같은 이유들로 구름이 만들어지기도 하고, 그 구름은 비나 눈을 만들어 내기도 하는데, 태초에 지구가 만들어졌을 당시에도 과연 현재와 같은 양상을 보였을 것이라고 할 수 있는 것일까? 아마, 그렇지는 않았을 것이다. 그 이유 중의 하나로서는, 그 당시의 대기 중에는 현재에 비해 수증기가 엄청나게 많이 있었을 것으로 여겨지기 때문이며, 또 다른 이유 중의 하나로서는 그 당시의 지구상 전역의 기후가 현재와는 매우 달랐을 것으로 여겨지기 때문이다.

강수 현상은 기후와도 매우 밀접한 관계가 있다. 태초로부터 노아 시대에 이르기까지의 강수현상이나, 구름의 분포 상황이나, 비가 내리는 형태 등에 대해 정확하게 예측을 해본다고 하는 것은 사실상 불가능한 일이다. 그러나 유추를 해보기로 한다면, 오늘날과 같이 국부적으로 홍수가 난다거나, 천둥 번개가 친다거나, 또는 태풍이 불어서 어느 지역 일대를 비나 바람으로 쓸어버리는 일 등은 거의 나타나지 않았을 것이다. 어쩌면 그 당시에는 가끔 높이 떠있는 구름으로부터 비가 매우 조금씩 내려 초목과 대지를 촉촉이 적셔주는 것으로 그쳤을 것이다.

9. 죽음이 만일 죄 값이라면

성경의 논리에 따르면, 만일 인간들이 죄를 짓지만 않았더라면 인간에게 죽음 같은 것은 어떠한 형태로든지 나타나지 않았어야만 한다. 만일 홍수가 나고, 태풍이 불고, 토네이도가 휩쓰는 사건들이 현재와 비슷하게 연 중 몇 번이고 세계 도처에서 빈번하게 발생하고, 천둥 번개가 이곳 저곳에서 현재와 유사하게 치기도 했다면, 죽음 같은 것이 과연 없었겠느냐는 것이다. 만일, 그 당시의 기후가 오늘날의 기후와 유사했다든지, 또한 때로는 오늘날보다 더 심한 기상이변이 일어나기도 했다면, 인간들이 그러한 기상이변의 영향으로 돌연사를 당하는 일이 적지 않았을 것이다. 그러나 이것은 범죄 이전의 인간들에게 죽음 같은 것이 아예 없었어야만 한다고 하는 성경의 논리에 위배된다.

10. 무지개 이야기

높은 곳에 분포하고 있는 층운들로부터 매우 적은 양의 비가 내리게 된다면, 사실상 무지개는 만들어질 수 없게 된다. 현재에도 비가 온 후 개일 때마다 매번 무지개가 나타나는 것은 아니다. 자세히 관찰해보면 무지개는 낮에 소나기성 강수 후에만 생긴다.

무지개가 비가 온 후에 나타나게 될 것이라는 말은, 무지개가 있기 전에는 빛의 분산 현상이 나타나지 않았고, 하나님께서 무지개가 나타나게 될 것이라고 예고한 후부터 비로소 나타나게 된 현상이 아니라, 빛의 분산 현상은 처음부터 있기는 했었지만 단지 소나기가 없어서 무지개가 만들어지지 않았다는 것을 말한다.

그대로 되니라

1. 하나님 안에서는 아멘만 있을 수 있다

이 부분을 원어에서 보면, 'וַיְהִי־כֵן (웨히-켄)이라고 기록되어 있다. 이 말씀은 창조과정에서 6회나 나온다. 영어 성경의 LB에서는 아예 번역이 되지 않기도 했지만, KJV, NIV, RSV에서 'And it was so.'로 번역되어 있다. 왜 이 말씀이 삽입되게 되었는가에 대하여 살펴보자.

(1) 피조물은 창조주의 의도에서 벗어날 수 없음을 말한다. '더러는 그대로 되지 않은 것도 있었지만, 그러나 대부분은 그대로 되니라'의 형태가 아니라, '모든 것이 그대로 되니라'의 형태만이 있을 수 있기 때문이다.

(2) 피조물은 창조주의 명령에 따를 의무가 있음을 말한다. 즉, 피조물은 창조주가 의도하는 한 그 의도로부터 벗어나서 자기의 의지를 실현할 수 없음을 말한다.

2. 선포와 경고

모든 것들이 '그대로 되었다'는 말은 다음과 같은 의미를 담고 있다.

(1) 이 말씀은 '태초에 하나님의 의도대로 되지 않은 것이 없었고, 하나님의 말씀을 벗어난 것이 없었으며, 하나님의 말씀을 거역한 것도 없었다'는 의미를 담고 있다. 이는 모든 만물이 여호와의 말씀 앞에 순복(順服)했음을 말한다.

(2) 이 말씀은 '태초부터 그 어느 것도 하나님의 명령을 거역한 것이 없으니, 앞으로도 그 어느 것 하나라도 하나님의 명령을 거역하는 것이

있을 수 없다' 는 것에 대한 선포이기도 하다.

⑶ 이 말씀은 '하나님의 말씀 속에는 언제나 형용할 수 없는 위대한 권위가 있다' 는 사실을 알게 해주고 있다. 하나님께서 원하시는 것이라면 그 누구도 거역할 수 없다.

⑷ 이 말씀은 '하나님의 원하시는 일이라면 그 어느 것 하나라도 지체가 있을 수 없고, 또한 연기될 수도 없다' 는 것을 말해준다.

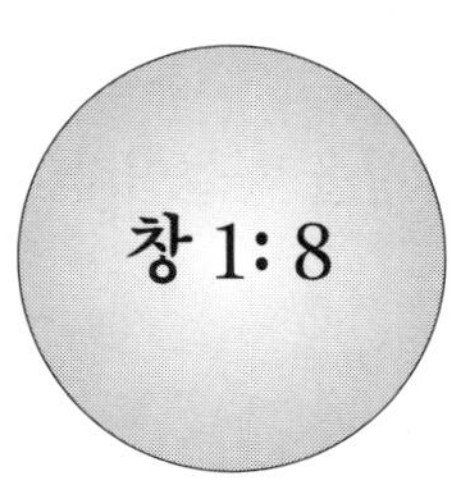

하나님이 궁창을 하늘이라 칭하시니라. 저녁이 되며 아침이 되니 이는 둘째 날이니라.

KJV; And God called the firmament Heaven. And the evening and the morning were the second day.

NIV; God called the expanse sky. And there was evening, and there was morning-the second day.

LB; This all happened on the second day.

RSV; And God called the firmament Heaven. And there was evening and there was morning, a second day.

שָׁמַיִם	וַיְהִי־	עֶרֶב	וַיְהִי־	בֹקֶר	יוֹם	שֵׁנִי:
sky	and-he-was	evening	and-he-was	morning	day	second

וַיִּקְרָא	אֱלֹהִים	לָרָקִיעַ
and-he-called	God	to-the-expanse

하나님이 궁창을 하늘이라 칭하시니라

1. 궁창과 하늘

궁창(רָקִיעַ /라키아)은 지표의 물과 공중의 물 사이의 공간을 의미한다. 하나님께서는 궁창 위의 물과 궁창 아래의 물로 창조 제 2일째 되는 날에 완전히 나누셨다. 그러나 현재는 그 궁창은 아예 없어졌다. 그것은 노아의 홍수 때 완전히 파괴되어버리고 말았기 때문이다.

그 '궁창' 을 하나님께서는 '하늘(שָׁמַיִם /쇠마임)' 이라 부르도록 하셨다. 이 단어는 아라비아어의 ' שָׁמַם (쇠맘)' 으로부터 유래되었는데, '높다(hight)' 는 의미의 말이다. ' שָׁמַיִם (쇠마임)' 은 남성 명사 복수 절대형으로 '높은 곳' , '하늘' 이라는 의미를 갖고 있다. 그러면 이 하늘은 어떤 곳일까? 지구에서 볼 때 푸르게 보이는 곳이 곧 '하늘' 이다. 그리고 그 '하늘' 은 지구를 둥글게 둘러싸고 있으므로 구형이라고 할 수도 있다.

2. 인간만이 가질 수 있는 개념

이 세상에 존재하고 있는 모든 것들은 '개념' 으로부터 비롯된다고 할 수 있다. 즉, '빛' 이라는 개념, '어두움' 이라는 개념, '물' 이라는 개념, '궁창' 이라는 개념 등, 그 모든 것들은 '개념' 들이라고 할 수 있기 때문이다. '개념' 은 '존재 그 자체' 를 말하는 것이고, 모든 존재물들 역시 '존재 개념' 으로부터 비롯되고 있다.

'미움' 이나 '사랑' 같은 형이상학적인 것들도 물론 '개념' 들인 것이며, 모든 '과학적 법칙들' 도 당연히 '개념' 들이다. '개념' 은 인간만이 가질 수 있는 형이상학적이기도 하고 철학적이기도 한 '정의' 들이다. 그 '개념' 들은 인간들에게 '가치'를 부여해주고, 그 가치들은 또한 인간들의 '사고'를 지배하게 된다.

3. 개념과 정의에 대한 철학적 관계

존재는 개념에 선행(先行)하고, 개념은 또한 가치에 선행하게 된다. 가치 이전에 개념이 먼저이고, 개념 이전에 존재가 먼저라는 말이다. 짐승들도 존재는 인식한다. 그렇다고 해서 짐승들에게 개념이 있는 것은 아니다. 따라서, 짐승들은 개념을 모르기 때문에 가치 기준도 없기 마련이다.

개념은 정의(定義)를 내릴 수 있게 해준다. 정의를 내리지 않는 한 개념이 성립되어질 수 없기 때문이다. 또한, 개념에 대한 정의는 존재가 있어야만 가능할 수도 있다. 존재가 없다면 정의를 내릴 수 없고, 정의를 내릴 수 없다면 개념 또한 있을 수 없다. 따라서, 개념이 없다면 가치 또한 부여할 수 없는 것이다.

4. 인간이 신이 될 수 없는 이유

인간은 창조주가 될 수 없다. 그러므로 인간은 신이 될 수도 없다. 어떤 사람이 만일 자기가 곧 신이라고 한다면 그것은 자기를 속이는 것이고, 타인을 속이는 것이며, 자연을 속이는 것이고, 그리고 존재 그 자체까지도 기만하는 것이라고 볼 수 있다. 왜냐하면, 모든 존재는 자연 그 자체이기는 하지만, 그렇다고 해서 그것이 우연을 의미하는 것은 아니기 때문이다.

자연 그 자체는 곧 존재이며, 존재 그 자체는 곧 목적이고, 목적 그 자체는 곧 원인이라고 할 수 있다. 그리고 원인은 원인의 제공자에 의해서만 존재할 수도 있는 것이다. 이것을 소위 인과응보의 법칙이라고 한다.

우주상의 모든 것들은 스스로 창조되거나 스스로 소멸되는 법이 없고,

오로지 원인의 제공자에 의해서만 운행되고 있는 것이다. 그러므로 원인의 제공자이신 창조주 하나님만이 신이며, 인간은 창조주가 아니므로 절대로 신이 될 수 없는 것이다.

5. 자연이 신이 될 수 없는 이유

자연이 신이 될 수 있는 것인가? 모든 자연현상은 설사 그것이 인간보다 더 힘이 세고, 그리고 인간보다 비록 더 큰 능력을 소유하고 있다고 할지라도, 가치 면에서 볼 때 인간보다 더 우위일 수는 없다. 자연은 절대로 인간에게 신이 될 수 없다는 논리가 성립하게 되는 것이다. 그러므로 모든 자연현상들이나 자연 속의 존재물들은 그것들이 인간에게 있어서 절대로 섬김의 대상이 될 수 없는 것이다.

6. 우상과 하나님

창조주 하나님이 아닌 것에 대해 인간들이 신(神)으로 여기며 섬기고 경배하는 것을 '우상(偶像 : Idol)'이라고 한다. 창조주는 우주와 더불어 인간도 만들었다. 그러나 지구상의 수도 없이 많은 인간들은 어리석기 짝이 없게도 스스로 자기의 창조주를 마치 천한 헌신짝처럼 버리고 난 후에 신도 아닌 각종 우상같은 것들을 만들어 섬기며 절하고 있다.

창조주는 존재자이지만, 우상은 존재자가 아니라 개념일 뿐이다. 우상은 존재가 없는 개념인 것이므로, 거짓된 것이요, 모순된 것이기에 인간이 그런 것들을 섬긴다는 그 자체가 이미 위선인 것이요, 자기 기만적 행동인 것이다. 그러하기에 더 더구나 그것은 진실일 수 없다.

하나님만이 원인을 만드신 자이시고, 존재를 가능케 하신 분이시며, 개념을 부여하신 분이시고, 그리고 가치를 확립하신 분이시다. 그러므로 그분만이 우리의 유일한 신이시고, 섬김의 대상이시며, 영광을 받으시기에 합당하신 분이라고 할 수 있는 것이다.

7. 개념의 창시자이신 하나님

창조주 하나님께서 '빛' 을 만드심으로 인해서 '어두움' 의 개념은 더욱 더 확실하게 되었다. 즉, '어두움' 이라는 개념이 없는 것은 아니었지만 '빛' 의 개념이 없는 한 '어두움' 의 개념은 매우 모호해지고 만다. 그러므로 빛의 개념은 어두움의 개념을 확실하게 해주고, 어두움의 개념은 또 다시 빛의 개념을 더욱 확실하게 해주는 것임을 부인할 수 없다.

'밤' 도 역시 그 개념이 없는 것은 아니지만, '낮' 의 개념이 없는 한 '밤' 의 개념 역시 매우 모호해지고 만다. 그러므로 낮의 개념은 밤의 개념을 확실하게 해주고, 밤의 개념은 역시 낮의 개념을 더욱 더 확실하게 해주는 것이다.

8. 선과 악의 개념

상반된 개념에서 좀 더 나아가 '선' 과 '악' 에 대해서 논의를 해보기로 하자. 이 세상에 만일 '악' 의 개념이 없다면 '선' 의 존재나 그것의 가치에 대해서 확실하게 알지 못하게 되고 말 것이다. '악' 과 '선' 은 상반된 것이기는 하지만, 그러나 그것들은 사실 서로 한 짝을 이루고 있기도 하다. 신학적으로 볼 때 '악' 은 존재 개념이고 '선' 은 창조 개념이다.

사람은 가만히 두면 악한 쪽으로 가게 된다. 악으로 가는 것은 그러므로 선택이 될 수가 없다. 이는 마치 물고기가 물을 따라 떠내려가는 것은 선택이라고 할 수 없는 것과 같은 이치이다. 사람이 악하게 살려면 아무렇게나 살아도 되지만, 그러나 선하게 살고자 한다면 부단한 노력을 해야 한다. 이는 마치 '열은 저절로는 절대로 저온부에서 고온부로 가지 못하고, 오직 고온부의 열이 저절로 저온부로 갈 뿐' 이라고 하는 열역학 제 2법칙과 같다고 볼 수 있다.

하나님께서는 존재하고 있는 '악' 의 개념과 대조시키기 위해서 '선' 의 개념을 창조하셨다고 보여진다. 즉, 하나님을 떠나 사는 순간 그것은 악이 된다. 그러나 하나님을 떠나 살지 않고 하나님 안에서 하나님과 함께 하는 것은 영원한 선이 된다.

9. 궁창 위의 물이 필요했던 까닭

궁창의 이야기로 들어가기 위해서는 물에 대한 논의부터 다시 해야 한다. 하나님께서 지구와 더불어 물을 가장 먼저 창조하셔야만 했던 이유는 무엇이었을까? 창조의 확대와 더불어 존재의 개념을 넓혀 나가기 위해서는 우선 물부터 창조를 하셔야만 했다. 아기에게 필요한 것이 어머니의 젖줄이라면, 인간 개개인에게 필요한 것은 혈관이고, 인간 공동체에게 필요한 것도 또한 물줄기라고 할 수도 있기 때문이다. 사실, 자세히 들여다보면 젖도 물이요, 혈관도 물이요, 도심을 끼고 유유히 흐르고 있는 강물도 물이다.

그러나 그 물은 어느 한 곳에 머물러 있으면 안 된다. 고인 물은 썩을 뿐이기 때문이다. 그래서 창조주 하나님께서는 태초부터 그 물들이 적당하게 순환하도록 만드셨다. 그러므로 물의 순환 역시 하나님의 창조 섭리의 하나였을 것이다. 물은 순환하면서 정화가 되고, 대기 중의 오염물질들을 말끔히 씻어 주며, 모든 식물들에게 수분을 공급해 주고, 호수의 물들이 마르지 않게 해주며, 적당한 지하수를 공급해주고, 심지어 식물들이나 모든 동물들에게까지도 먹고 살 수 있게 해주고 있다.

10. '궁창' 을 '하늘' 이라 하신 하나님

하나님께서는 맨 처음부터 지표상의 물들을 궁창 위로 끌어올리고자 하셨고, 궁창 아래의 물들을 잘 정리해두고자 하셨다. 그런데, 하나님께서는 이미 궁창을 만드셨지만, 그 이름을 아직 만들지 않으셨다. 이름은 곧 그 개념이기도 하다. 하나님께서는 만물을 창조하는 것으로 그치지 않으셨고, 그 모든 것들에 대해 정의를 내려두시는 것도 물론 잊지 않으셨다.

하나님께서는 궁창을 만드신 후에도 예외없이 그 이름을 짓고자 하셨다. 즉, 그것의 개념을 정의해 두시려고 했다. 본문은 '하나님이 '궁창' 을 '하늘' 이라 칭하시니라' 고 기록하고 있다. 이 말씀을 분해하면 다음과 같다.

하나님이　궁창을　　하늘이라　　칭하시니라

이 말씀은 궁창을 지으신 이는 하나님이며, 그것을 하늘이라 칭하신 이도 하나님이시고, 그렇게 부르도록 하신 이도 하나님이시라는 것을 말해준다.

11. '하늘' 의 신학적 의미

'하늘(שָׁמַיִם/쇠마임)' 에 대한 개념을 살펴보도록 하자. 이 단어의 히브리어의 의미는 '높음' 또는 '하늘' 이다. 하나님께서 하늘을 통해서 인간들에게 '높음' 의 개념을 의도적으로 가르치고자 했다는 것을 알 수 있다.

'높음' 의 반대 개념은 '낮음' 이다. 하나님께서는 태초 6일 동안에 차례대로 하나 하나 창조하셨다. 창조 당시 인간들을 위시해서 그 모든 창조물들이 결코 높은 존재로 창조되지는 않았다. '높은 것'은 오직 '하늘일 뿐'이라고 하나님께서 정의를 내려두셨기 때문이다. 그러므로, 하나님께서 창조하신 것 중에서 사실 상 하늘보다 더 높은 것은 있을 수조차 없다고 해야 옳다.

12. 인간이 하늘일 수 없는 이유

하나님께서 인간을 정신적으로나 영적으로 하늘보다 더 높은 존재로 만들고 싶으셨다면, '궁창'을 '하늘(שָׁמַיִם/쇠마임)'이라고 하지 않으시고 인간을 '하늘(שָׁמַיִם/쇠마임)'이라고 하셨을 것이다. 왜냐하면, 하늘은 이미 '높다'는 의미를 가지고 있기 때문이다. 하나님께서는 인간이 '하늘(שָׁמַיִם/쇠마임)'이기를 바라지도 않으셨고, 하늘처럼 높기를 바라지도 않으셨기 때문에 인간을 하늘이라고 하지 않으셨다. 그런데 역사적으로 돌이켜보면 간혹 자신이 마치 하늘이라도 되는 것처럼 착각을 하기도 했던 우매하기 짝이 없는 인간들도 없지 않았다. 또한 지금도 노력만 한다면 자신이 하늘이 될 수도 있는 것처럼 여기는 자들이 없지 않다.

그뿐만 아니라, 그런 착각에 빠진 자들을 믿고 섬기는 한심하기 짝이 없는 인간들이 세계 도처에는 아직도 많이 도사리고 있다. 인간은 인간일 뿐이지 하늘일 수 없다. 그러므로 인내천(人乃天) 사상 역시 오류일 뿐이다. 그러나 민심이 곧 천심이라는 말은 맞다. 왜냐하면, 민심을 다스리는 분은 곧 하나님이기 때문이다. 그렇다고 이 말이 모순되는 것은 아니다. 왜냐하면, 민심은 곧 천심이라는 말은 곧 인간이 하늘이라는 뜻이 아니라, 하나님께서는 민심의 지배자라는 의미를 담고 있기 때문이다.

저녁이 되며 아침이 되니, 이는 둘째 날이니라

1. 둘째 날 사역의 요약

하나님께서는 첫째 날 수면 위를 줄곧 운행하셨다. 즉, 지구를 둘러보셨다. 그리고 둘째 날 궁창 위의 물과 궁창 아래의 물로 나누셨다. 이는 육지 위의 일부의 물이 공중 위로 올리워졌거나, 또는 궁창 위의 일부의 물이 지상으로 내려오게 되었음을 의미한다. 하나님의 의도하신 대로 적당한 분량의 물이 공중으로 올라가게 되었거나, 또는 아래로 내려오게 되었다는 말이다. 이어서 하늘도 만드셨다. 즉, 지표와 수권 사이에 대기가 존재하도록 했던 것이다. 그러므로 하늘의 창조는 곧 대기권의 창조를 의미한다고 할 수 있다. 이렇게 해서 또 하루가 구별되게 되었다.

2. 하루라는 단위

그 당시의 하루는 시간의 흐름 속에서의 하루가 아니었다. 하나님의 하루라는 개념은 하나님께서 일을 시작하시는 순간부터 일을 마치시는 순간까지였기 때문이다. 하나님의 하루라는 개념은 24시간의 틀 속에 묶여있는 상태개념으로 볼 수 없다.

하나님께서는 둘째 날 같은 경우에는 일을 다 마치시지 않은 채 휴식 상태에 들어가셨다. 그러므로 하루라는 개념이 일을 마치신 상태가 아니라 휴식에 들어가신 상태를 기준으로 구별되어지고 있다.

3. 둘째 날의 사역

하나님은 전지전능하시다. 그럼에도 불구하고 하루동안 일의 완성을 이루시지는 않으셨다. 이와 같은 사실로서 우리는 다음과 같은 세 가지 결론을 얻어낼 수 있다.

(1) 궁창 위의 물과 궁창 아래의 물로 나눈 후, 곧 바로 이어서 지표와 바다를 나눠서는 안 되어서였을 수도 있다. 궁창 아래의 물은 적어도 하루 이상의 시간을 둔 이후에 다시 정리하는 것이 필요해서였는지도 모른다. 만일 이것이 사실이라면, 오늘날에도 무조건 실적 올리기 식의 적당주의나, 또는 빠른 해결주의 등은 반드시 옳다고 볼 수만은 없다.

(2) 일을 하는 과정이 아무리 다급하다 할지라도 시간을 요하는 일이라면 충분한 시간적 여유를 가지고 일을 하는 것이 옳다. 만일, 이것이 사실이라면, 지금 당장에 다급하게 일을 처리하기보다는, 조금 더 시간적 여유를 가지고 신중하게 처리하는 것이 더 옳다.

(3) 아무리 전지전능하신 하나님이라 할지라도 단번에 모든 것들을 한꺼번에 처리하셨던 것은 아니었음을 알 수 있게 해준다. 즉, 순서가 있으셨고, 절차가 있으셨으며, 일이 완성될 때까지 때로는 기다리시기도 하셨음을 알 수 있다. 우리도 매사를 조급하게 처리하려고만 하지 말고, 아무리 급한 일이라 할지라도 시간적으로나 정신적으로 여유를 조금 가지고 주어진 일들을 조심스럽게 처리해 나가는 것에 대해 창조주 하나님으로부터 교훈을 얻어야만 한다.

4. 행동으로 설교하셨던 하나님

많은 사람들은 설교가 곧 말이라고 생각한다. 그러나 설교는 결코 말이 아니다. 설교는 말이라기보다는 엄숙하고도 진지한 행동이기 때문이다. 하나님께서는 인간에게 직접적으로 설교하신 적은 없으셨다. 그러나 그것은 인간의 차원에서 볼 때 설교가 아니었던 것이지, 하나님께서는 사실 창세기 제 1장에서부터 이미 행동으로 설교를 하시고 계셨다.

인간의 설교는 하나님의 설교에 비하자면 하나의 '울리는 소리'에 불과하다. 즉, 인간의 설교는 하나님의 설교에 비하자면, 산과 들판과 바다 등의 허공을 치고 있을 뿐이고, 교회의 천장과 벽을 때리고 있을 뿐이다. 그것은, 인간의 설교는 행동으로 나타나지 못하고 있고 말만 무성하기 때문이다. 그러나 하나님의 설교는 인간의 설교와 비교할 때 진지한 행동이요, 엄숙한 침묵이며, 진실한 사랑이요, 위엄과 기풍과 장엄함이 있는 무언의 외침이라고 할 수 있다.

사람들이 성경을 읽는 이유 중의 하나도 사실 하나님의 설교를 듣기 위함이다. 성경 속에 나오는 인물들은 하나님의 설교 예화에 인용되고 있는 인물들이고, 성경 속에 나타나는 사건들은 하나님의 설교 예화에 인용되고 있는 사건들이기 때문이다. 성경 속에는 하나님의 속성과 섭리 등이 오묘하게 드러나 있으며, 하나님의 의도하시는 것들이 잘 묘사되어 있다. 그러나 성경을 볼 때 누구나 그러한 것을 쉽게 알아내거나, 또는 그것을 쉽게 깨닫지는 못한다. 성경은 매우 오묘하게 진리를 숨겨두고 있기 때문이다.

5. 창조의 원리

하나님께서는 매우 신중하게 천지를 창조하셨다. 그야말로 최선을 다하셨고, 또한 매우 최상의 것들이 되도록 하셨다. 그리고 시간의 밖에서 창조하신 것이 아니라, 자신이 정하신 시간의 틀 속에서 창조하시고자 하셨다. 하나님께서는 시간에 구애됨이 없이 일을 하셨던 것이 아니라, 시간의 흐름 속에서 일을 하셨던 것이다.

이로써 하나님께서는 자신이 만드신 틀을 깨지 않고 일을 하셨음을 알 수 있게 된다. 하나님께서는 사실 초자연적으로 일을 하셨을 수도 있으셨고, 또한 초능력적으로 일을 하셨을 수도 있으셨을 것이다. 하나님께서는 그 어느 것에도 제약을 받지 않으실 수 있으시기 때문이다. 그럼에도 불구하고 하나님께서는 스스로 자기 자신을 자연에 구속시키시고 그 틀을 유지하셨다. 비록 자기의 창조물이라 할지라도 그것들을 인정하셨다. 하나님께서는 얼마든지 초자연적이실 수도 있으시지만, 자연에 스스로 자기를 구속시키셨던 것이다.

천지창조의 사역에서도 시간의 흐름 속에서 일을 하고 계셨다. 이 사실을 볼 때, 하나님께서는 막무가내로나, 무질서하게 일을 처리하시지 않고, 질서와 체계 속에서 일을 처리해나가셨음을 알 수 있다. 하나님께서 창조 제 2일에 일을 모두 마치시지 않은 채 쉬시면서 밤을 맞이했다는 것이 이를 잘 증명해주고 있기 때문이다.

6. 질서의 하나님

하나님은 시간의 창조자이시고, 시간의 지배자이시다. 그럼에도 불구하고 자신의 과업을 신속히 이루셔야만 한다는 것을 구실 삼아 시간의 흐름을 저지시키려고 하시거나, 파괴하려고 하시지 않으셨다. 그런 반면에, 인간들은 자기 목적을 달성하기 위해서라면 질서고, 체계고 할 것 없이 모두 무시하려고 든다. 즉, 자기의 목적 달성을 위해서라면 물도 불도 가리지 않으려고 한다. 그러나 아무리 중요하고 급하다고 할지라도, 하나님께서는 질서와 체계를 중요시 여기셨다는 것을 간과해서는 안 된다.

하나님께서는 창조 제 2일의 대 과업을 수행하시고자 하셨다. 그러나 그때 상황이 시간적으로 볼때, 더 이상 일을 하지 못하도록 막으려고 했다. 인간이라면 그럴 때 어떻게 할 것이겠는가? 당장 시간의 흐름을 멈추게 하고 나서 일을 마무리 하고자 했을 것이다. 그러나 하나님께서는 그런 방법을 사용하지 않으셨다. 즉, 시간의 흐름 속에 도리어 자신을 내어 맡기신 후 하루를 그냥 보내시고 밤을 맞아 하루를 쉬셨기 때문이다.

7. 무질서를 부추기는 마귀의 세계

마귀에게는 '질서' 나 '체계' 라는 것이 존재하지 않는다. 질서와 체계를 싫어하는 자가 곧 마귀라고 해야 옳다. 그러나 반면에 하나님은 질서와 체계를 세우신 분이시다. 그리고 그 질서 속에 자기부터 오히려 예속되기를 바라셨고, 그 질서 속에 친히 자신을 구속시키려고까지 하셨다.

인간들은 탐욕과 교만으로 가득 차게 되고, 하나님을 무시하게 되는 경지에 이르게 될 때에 한해서 질서가 파괴되기도 한다. 이 세상이 마귀에게 주어진 세상이라고 할 수도 있는 이유 중의 하나는, 인간들 사이에 질서와 체계가 사라진지가 이미 오래이기 때문이다. 질서와 체계는 태초에 하나님께서 만드신 것이었다. 그리고 모든 인간들은 그것을 지켜야만 할 의무가 있었다. 무질서와 비체계적인 것들이 모두 마귀에게 속한 것이고, 질서와 체계는 모두 하나님께 속한 것들이기 때문이다.

8. 실제로 질서를 초월하시기도 하셨던 역사적 사건

'죄' 는 '무질서한 것' 이고 '악' 은 '비체계적인 것' 이며, '거짓' 역시 '무질서한 것' 이고 '모순' 도 '비체계적인 것' 이다. 이 모든 것들은 '마귀에게 속한 것들' 이라고 볼 수 있다.

그러나 반면에 '성실' 은 '질서적인 것' 이고 '선' 은 '체계적인 것' 이며, '진실' 역시 '질서적인 것' 이고 '사랑이나 용서' 등도 또한 '체계적인 것' 이다. 따라서 이 모든 것들은 '하나님께 속한 것들' 이라고 할 수 있다.

하나님께서는 수 10:12-14에서 이스라엘 백성들의 아이성 전투에 관여하시게 되었을 때, 태양이 머무르고 달이 머무르게 했던 일도 있었다. 하나님께서는 그 전투 때 시간에 구애받지 않으실 수 있으시고, 시간을 능히 다스리실 수도 있으시다는 것을 친히 입증해 주셨다. 그럼에도 불구하고 창조 당시에 정작 하나님 자신의 문제에 대해서는 시간의 흐름에 저항하지 않으셨다.

9. 둘째 날의 '하나님 보시기에 좋았다' 는 언급이 없는 이유

이 절에서 마지막으로 고찰을 해야만 하는 것은, 왜 둘째 날의 창조 사역에서 '하나님 보시기에 좋았다' 는 말이 없는가 하는 점이다. 몇몇 신학자들은 둘째 날에 천사들이 하나님을 배반하고 마귀가 되는 불미스런 사건이 있었다고 주장하기도 한다. 그렇기에 하나님 보시기에 좋을 수 없었다고 한다. 그러나 이것은 솔직히 말해서 인간들의 지나친 유추일 뿐이다. 이것은 하나님의 계시에 의한 것이 아니라, 인간들이 추리해낸 산물이기 때문이다.

천사는 물론 하나님의 창조물들임이 분명하다. 그리고 하나님께서 창조하신 천사들 중에는 선한 천사들이 있었는가 하면, 그들 중에는 악한 천사들도 있었다고 한다. 그러면 하나님께서 악한 천사를 처음부터 창조하신 것인가, 아니면 선한 천사가 훗날 하나님을 배반하고 악한 천사가 되었는가에 대해 우리로서는 알 길이 없다. 그리고 천사들이 창조 제 며칠에 창조되었는가에 대해서도 전혀 알 수가 없다.

물론, 그런 기사는 성경 66권에 기록되어 있지도 않다. 그런 점에 대하여 우리가 그것을 마음대로 추정을 해도 된다거나, 아니면 우리가 적당히 끼워 넣어도 되기 때문에 하나님께서 굳이 언급을 하지 않으신 것은 아니다.

그보다는 오히려 성경책은 천사들의 창조나, 또는 천사들의 사적(史蹟)에 대한 기록을 위한 책이 아니라, 하나님을 믿는 인간들을 위한 기록이기 때문에 천사 이야기를 굳이 거론하지 않았다고 해야 옳다.

10. 성경 해석상 자주 나타나는 오류들

성경해석상 가장 주의를 하지 않으면 안 되는 것 중에서 다음과 같은 두 가지 사항이 있다.

(1) 유추해석을 하고자 할 때, 매우 주의하지 않으면 안 된다. 물론 성경을 문자적으로만 볼 수는 없는 노릇이기 때문에 때로 유추가 불가피한 경우도 없지 않다. 그렇다고 해서 지나친 유추나, 지나친 주관적인 해석은 삼가야만 할 것이다.

(2) 하나님께서 아시는 영역이라고 해서 인간도 그에 대해 반드시 알아야만 한다는 법칙이나 규정 같은 것은 없다. 반드시 하나님과 인간이 지식을 공유해야만 할 이유는 전혀 없다는 것이다. 인간이 하나님의 영역을 모른다는 것이 오히려 더 당연한 것일지도 모른다. 왜냐하면, 그래야만 인간과 하나님의 경계가 더욱 더 확실하게 되어지는 경우가 많을 것이기 때문이다. 인간은 절대로 신의 영역에 도전할 수 없다. 그러므로 신만이 아시는 영역들에 대해 인간이 알 수 없는 경우도 많다는 것을 인정해야만 한다. 인간이 매우 어설프게 알게 되는 신의 영역에 대해서까지도 하나님의 은총 속에서만 가능한 일이라고 봐야 옳을 것이기 때문이다.

11. 천사에 대한 이야기

천사에 대해서도 우리들로서는 하나님의 창조물이라는 사실 외에 더 이상 알 길이 없다고 해야 옳다. 즉, 악마나 마귀나 사탄 등에 대해서도 그것들이 하나님의 창조물인지, 아니면 천사가 타락한 것인지, 그것도 아니면 인간들이 죽은 후 하늘 나라에 올라가지 못해서 만들어지게 된 악령들인지에 대해서도 알 길이 없다고 해야 옳다.

그것들은 단지 인간들의 추정이거나, 조작되어진 가설들일 뿐인 것이지, 사실 인간이 이에 대해 하나님으로부터 직접적으로 계시를 받은 적은 없었다. 사두개인들은 천사가 없다고 믿고 있지만(행 23:8 참조), 그러나 '천사'라는 단어는 구약에만 29회, 신약에만 148회가 나옴으로써, 성경에 총 177회가 언급되고 있다.

12. 인간과 천사의 관계

우리가 천사에 대해 성경으로부터 얻을 수 있는 정보는, 천사는 하나님을 찬양하고, 하나님을 돕기 위한 존재로 창조되었고(사 6:1-4 참조), 인간의 입장에서 볼 때 부리는 영이기는 했지만(히 1:14 참조), 그러나 인간들의 범죄와 타락으로 말미암아 인간들이 오히려 천사보다 조금 못한 존재로 전락해 버리고 말았다(히 2:7, 9 참조)는 것 등이다.

천사가 인간과 다른 점이 있다면, 인간은 '육체'와 '영' 뿐만이 아니라 '혼'도 가지고 있지만, 그러나 천사들은 인간들이 가지고 있는 '육체'와 '영'과 '혼' 중에서, '육체'와 '혼'은 없고 오로지 '영'만을 가지고 있다는 점이다. 인간은 천사와는 달리 육체도 있기 때문에 육체의 제약과 구속을 받고 있고, 천사는 육체가 없기에 인간들과는 달리 육체에 의한 구속을 전혀 받지 않고 있다.

13. 천사가 창조된 시점을 인간이 알 수도 있는가?

인간은 창조 제 6일에 이르러서 창조되게 된다. 그리고 그 인간을 타락시키기 위해 뱀에게 마귀가 들어가게 되었다고 성경은 기록하고 있다. 이 때 인간이 창조 제 6일째 만들어졌다면, 천사는 그 이전에 만들어졌어야만 한다는 논리가 성립하게 된다. 이 점에 대해서도 매우 주의를 하지 않으면 안된다. 천지창조에 들어가기 훨씬 이전에 그러한 천사들과 악마들이 창조되었을 수도 있고, 창조과정에서 창조되었을 수도 있었기 때문이다. 즉, 그 시점에 대해서는 성경에 분명한 언급이 없기 때문에 지나친 유추는 삼가야만 한다.

14. 영원한 수수께끼이어야만 하는 천사 창조에 관한 기사

다수의 권위있는 성경학자들 중에는 천사와 마귀가 창조 제 2일에 창조되었을 것이라고는 하면서도, '하나님의 보시기에 좋았다' 는 표현이 없다는 그 이유 하나만으로 그 날에 천사들이 창조되었고, 또한 천사들 중의 일부가 반역하기도 했다고 하는 유추를 하는 데, 이는 조금 지나쳤다고 본다.

그럴 가능성도 물론 없지는 않겠지만, 그러나 그렇지 않을 수도 있다. 그리고 사실 천사의 창조 시점이 성경 해석상 중요한 의미를 갖는 것도 아니다. 더더구나 그것이 인간사에 있어서 중요한 일 중의 하나이지도 않다. 다만, 그것은 인간이 영원히 알 수 없는 영역으로서 풀 수 없는 수수께끼로 놓아두어야 옳다.

책의 권위는 자기의 상상력을 십분 발휘해서 유추와 거짓으로 뒤범벅 해 놓은 데 있는 것이 아니라, 아는 것은 안다고 말하고, 모르는 것은 모른다고 진술하게 기록해 놓는 데 있다. 그러므로 천사론은 여기서 더 이상 무리하게 거론하지 않는 게 현명한 일이다.

15. 미완성의 날이었던 창조 제 2일

성경을 매우 주의 깊게 읽다보면, 사실 창조 제 2일은 완성의 날이 아니었음에 대해 착안할 수 있게 된다. 사실, 완성이 없다면 만족 또한 있을 수 없다는 논리가 성립된다. 이제, 구체적으로 살펴보도록 하자.

* 어두움이 있었다.

→ 그 어두움을 이길 빛을 만드셨다.

→ 그것은 하나님이 보실 때 지극히 만족스러운 일이었고, 그렇기에 하나님은 자기 스스로 만족을 얻을 수도 있었다.

→ 그래서 하나님의 보시기에 좋았다고 하셨다.

⇒ '빛을 만드시는 과정에서는 좋다는 말씀을 하시지 않으셨음' 에 대해 착안하기 바란다.

* 하나님께서는 지구를 물이 있는 상태로 창조하셨다.

→ 그리고 그 물을 궁창 위의 물과 궁창 아래의 물로 나누셨다.

→ 궁창을 하늘이라 칭하셨다.

→ 아직 궁창 아래의 물, 즉 육지의 물들을 한 곳으로 모이게 하고, 또 바다와 육지를 만들어야만 했다. 다시 말해서 일이 아직 완성되지 않았다. 그리고 밤이 오게 되었다.

→ 결과가 아직 드러나지 않았기 때문에 하나님의 보시기에 아름다울 수 없었다.

⇒ '아름답다거나, 또는 만족한 상태라고 하는 것은 오직 결과에 대해서

만 말 할 수도 있다' 는 점에 착안하기 바란다.

사실 위와 같은 논리는 나의 개인적인 주장인 것만은 아니다. 유대 전통주의자들과, 몇몇 논리적인 신학자들도 나와 동일한 입장을 취하고 있다는 것에 대해 밝혀두는 바이다.

16. 누락이나 조작이 아닌 이 기록으로부터 알 수 있는 것

여기의 표현이야말로 우연이 아니요, 조작도 아니며, 진실에 대한 기록이었을 뿐이라는 것을 더 명확히 해주는 곳이라고 할 수 있다고 본다. 왜냐하면, 모세가 만일 하나님으로부터 계시를 받아 기록하지 아니하고, 이 모든 하나님의 천지창조의 사적(史蹟)들에 대해 소설가의 입장이나, 또는 문학가의 입장에서 기록하고자 했다면 여기서도 의례적으로 하나님의 보시기에 좋았다는 말을 삽입할 수도 있었을 것이기 때문이다.

'하나님의 보시기에 좋았다' 는 말씀이 삽입되지 않았다고 하는 사실로부터 우리가 확실하게 알 수 있는 것은, 의도적으로가 아니라 사실을 그대로 기록해야만 했던 기록자 모세의 입장이 분명하게 드러나 있다고 볼 수 있다는 것이다.

17. 미완성에 대한 자기 만족은 기만일 뿐이라는 사실

완성된 후에만이 만족이나 불만족이 있을 수 있다. 이는 마지막 결과를 보기 전에는 그 모든 것을 판단하기에는 시기상조라는 말과 일치한다. 이 세상 만물의 움직임에는 시작이 있고, 과정이 있고, 끝맺음이라는 것도 있다. 물론 세상사에는 시작이 그럴싸하고 좋을 수도 있다. 그러나 결과가 좋지 않다면 그 시작은 결코 좋은 것이라고 말 할 수 없다. 그리고 과정도 명분이 있어서 매우 좋을 수도 있다. 그러나 만일, 결과가 나쁘다면 그 과정도 좋았다고 할 수가 없다. 시작이나 과정도 매우 중요하지만, 결과가 좋아야만 다 좋은 것이기 때문이다.

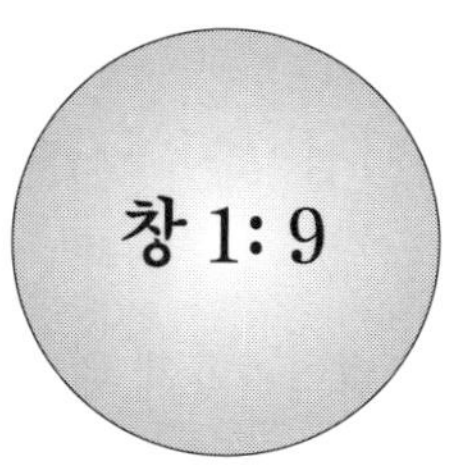

하나님이 가라사대 '천하의 물이 한곳으로 모이고, 뭍이 드러나라' 하시매 그대로 되니라.

KJV; Let the waters under the heaven be gathered together unto one place,
and let the dry land appear:

NIV; Let the water under the sky be gathered to one place, and let the dry
ground appear.

LB; Let the water beneath the sky be gathered into oceans so that the dry
land will emerge.
☞ emerge ; 떠오르다, 드러나다, 일어서다

RSV; Let the waters under the heavens be gathered together into one place,
and let the dry land appear.

אֶל־	מָקֹום	אֶחָד	וְתֵרָאֶה	הַיַּבָּשָׁה	וַיְהִי־	כֵן:
to	place	one	and-let-her-appear	the-dry-ground	and-he-was	so

וַיֹּאמֶר	אֱלֹהִים	יִקָּווּ	הַמַּיִם	מִתַּחַת	הַשָּׁמַיִם
and-he-said	God	let-them-be-gathered	the-waters	from-under	the-sky

하나님이 가라사대

제 3일의 창조 사역에 대한 막이 오르게 되었다. 3일이 시작되자 하나님께서는 위엄있는 어조로 창조의 대업을 이룩해 나가기 시작하셨다.

천하의 물이 한곳으로 모이고, 뭍이 드러나라.

1. 천하의 물

천하의 물이란 어떤 물을 두고 하는 말이었을까? 그 물은 바로 궁창 아래의 물들로서 지표상의 물을 두고 하는 말이었다. 지구 초기의 상태는 물이 지표 전체를 덮고 있었다. 현재의 경우로 보자면, 지표 전체의 약 3분의 2가 바다이고, 3분의 1은 육지이다. 이 물들이 만일 지표를 덮고 있었고, 땅이 평평했다고 가정을 하면, 이론적으로 볼 때 지구는 물에 덮여 있었어야만 한다.

2. 태초의 지구 표면

한동안 지구는 태초부터 지금까지 현재의 모습과 동일했을 뿐이라는 식으로 신학자들과 과학자들은 애써 주장들을 하려고 했었다. 대부분의 신학자들이나 종교지도자들은 태초의 지구의 모습이 만일 현재와 같지 않다면 성경은 현대 과학과 크게 상충이나 되는 것으로 착각을 하고 있는 것이다. 그러나 그런 사고와 논리는 신학자들의 무지(無知)에서 비롯된 것들일 뿐이었다. 성경은 태초부터 지금까지 지각변동이 단 한번도 없었다고 말한 적이 없기 때문이다.

과학은 아직도 제대로 알려지지 않은 많은 사실들에 이르기까지 끊임없이 연구를 거듭하고 있고, 많은 것들에 대해 밝혀내고 있다. 그리고 그러한 사실들이 성경에 기록이 되어 있건, 또는 전혀 기록이 되어 있지 않건 그건 전혀 개의치 않고 있다. 그런데 성경에 기록되지 않은 새로운 과학적 사실들을 밝혀냈다고 해서 그것이 성경의 오류를 의미하게 된다거나, 또는 성경의 유한성을 의미하게 된다고 볼 수 없다. 성경은 그런 과학적 사실들을 기록해두고, 나열해 두기 위해서 기록되어진 책이 아니기 때문이다.

3. 과학과 신학

과학은 모든 자연 현상들이 하나님의 업적이 아니라는 주장을 하기 위한 학문이 아니다. 도리어 과학은 모든 자연 현상들이 하나님의 업적일 뿐이라는 사실을 드러내고 밝혀내기 위한 학문이다. 존재는 우위이고, 과학은 그러한 선 존재에 대해 탐구하는 학문의 한 분야일 뿐이다.

새로운 것을 창조하는 것이 곧 과학이 하는 일이 아니다. 이미 하나님께서 창조해 놓으신 것들에 대해 그것들 상호간의 운행 원리들과 작용 법칙들에 대해 알아내며, 그것들을 수식화 하고 모델화 하는 것이 곧 과학이 하는 일이다. 그런 측면에서 보자면, 과학과 신학은 사실상 충돌해야만 할 이유가 조금도 없다.

4. 과학과 신학의 경계

신학과 과학의 경계는 사실상 존재할 수 없다. 신학과 과학은 별개의 학문이 아니라, 과학은 다만 신학에 예속되어 있는 한 분야일 뿐이기 때문이다. 그러므로 신학과 과학은 상호공존적인 것이어야만 하고, 또한 상호 보완적인 것이기도 해야 한다. 그러한 사실을 까마득히 모르고 어느 한쪽에서 배척의 입장을 취하려고 하면, 이는 사람으로 비유할 때 머리 없는 몸통과 같은 꼴이 되어버리거나, 아니면 몸통 없는 머리와도 같은 꼴이 되어버리고 마는 것이다.

5. 천하의 물

한글 성경에는 '천하(天下)의 물이 한 곳으로 모였다' 고 기록하고 있고, 영어 성경에서는 '하늘(heaven or sky) 아래의 물이 한곳으로 모였다' 고 기록하고 있다. 그러나 이 말은 모두 같은 뜻의 말이다. '천하의 물' 또는 '하늘 아래의 물' 이란 어떤 물을 두고 하는 말일까? 그것은 곧 '궁창 아래의 물' 이라는 의미였다.

그러나 궁창 위의 물을 이용하여 지각변동을 일으켰다고 보기는 힘들다. 궁창 위의 물들은 지구의 쾌적한 환경을 위해서 태초의 천지창조 때 이미 계획된 물이었으므로, 지각 변동을 일으키기 위해서 굳이 그 물을 사용할 필요까지는 없었을 것이기 때문이다. 궁창 위의 물들은 인간들을 위시해서 지구상에 존재하게 될 모든 생태계들의 보전과 유지를 위해서 사실상 절대적으로 필요한 것들이었다.

6. 셋째 날의 지각변동

셋째 날은 대 지각변동이 있었던 날이었다. 왜냐하면, 천하의 물이 한곳으로 모이고 뭍이 드러나기 위해서는 지각변동이 필수적으로 일어날 수밖에 없었을 것이기 때문이다. 하나님을 염두에 두지 않고 지구상 곳곳에 나타난 흔적만을 보면, 모든 지각변동들은 마치 우연히 나타났던 것처럼 보인다. 그러나 이것들은 모두 하나님의 작품들일 뿐이다. 그럼에도 불구하고, 성경학자들은 그 모든 지각변동들이 하나님으로 말미암은 것임에 대하여 '어떻게 증명해낼 것인가' 하고 난색을 표명하려고 한다.

사실 지각변동들은 그 규모면에서나 형태면에서 볼 때 매우 대규모적이고, 다양하며, 복잡하기만 하다. 이러한 사실들을 정확하게 규명해내기 위해서는 매우 높은 과학 지식이 요구되는 것은 지극히 당연한 일이다. 지각변동의 흔적들을 논리적이고도 체계적으로 연구하는 분야가 곧 '지구과학(Earth Science)' 이다. 지구과학 중에서 특히 '지질학' 분야는 이에 대해서 전문적으로 연구하는 분야라고 할 수 있다. 참고적으로 알아둘 것은, 현대 지질학에서는 지각변동이 하나님에 의해 어느 한 순간에 일어난 것이 아니라, 자연적으로 매우 서서히 일어났다고 주장하고 있다.

7. 과학에 대한 신학적 의문

현대 지질학적 주장에 대해 다음과 같은 의문을 제기해볼 수도 있다고 본다.

(1) 과연, 그 과학적 추론들이 재론의 여지가 전혀 없이 무조건 받아들여도 좋을 만큼 완벽한 것인가? 과학자들의 견해에는 전혀 모순이 없다는 것인가?

(2) 성경의 하루라는 개념은 적게는 수천 만 년, 또는 수 억 년이나 수십 억 년이라고 하는 개념으로 다시 되돌아가야만 하는가?

과학과 성경 사이에는 중간이 존재할 수 없다. 왜냐하면, 성경도 매우 논리적이기는 하지만, 과학도 그에 못지 않게 논리적이기 때문이다. 성경이나 과학은 둘 다 진실을 규명하고자 하는 데 공통분모를 가지고 있고, 진실을 향해 나가는 것에 공동의 목표를 두고 있다.

또한, 진실이나 사실을 밝혀 나가는 데 있어서는 타협이나 양보가 존재할 수 없다. 아직 밝혀지지 않은 어떤 사실 때문에 어정쩡하게 서로에게서 타협점을 찾아내는 것으로 만족해 버리고 만다면, 그것은 진실에 대한 최종적인 규명이 아니라, 진실에 대한 가식적 포장(包裝)이라고 볼 수밖에 없을 것이다.

8. 성경과 과학

과학은 사실에 근거하려고 하고, 성경은 믿음에 근거하려고 한다. 그러나 믿음과 사실이 서로 괴리감을 보여서는 안 된다. 또한, 어느 한쪽을 무시하며 이야기를 전개해 나가려고 해서도 안 된다. 만일 사실과 믿음에는 무언가 이견이 뒤따를 수도 있다고 전제한다면, 성경은 과학에 비해 비사실적이라는 오명을 벗기가 결코 쉽지 않다. 성경은 과학에 비해 사실에 근거한 책이라고 보기에는 매우 어렵다. 성경은 사실에 근거한 책이라기보다는 진실에 근거한 책이라고 해야 더 옳을 것이기 때문이다. 그러면 사실과 진실은 서로 다른 것인가? 아니다. 진실을 저버리고 사실을 말할 수 없고, 그렇다고 사실을 저버리고 진실을 말할 수도 없다. 왜냐하면, 진실이 반드시 사실 속에 포함되는 것은 아니지만, 진실은 반드시 사실에 기초하고 있어야만 하기 때문이다. 성경에 사실성이 결여되어 있을 뿐이라고 전제한다면, 성경 역시 세상 사람들이 꾸며낸 신화나 전설과 조금도 다를 바 없는, 한낱 별 볼일 없는 책으로 전락되어버리고 만다. 성경은 사실에 기초하고는 있으되, 진실을 더욱 더 생명으로 여기는 책이라고 해야 옳다. 그러나 과학은 진실에 근거하고는 있으되, 사실에 더 기초하려고 할 뿐이다.

9. 지각변동에 대한 성경과 과학의 견해 차이

지각 변동이 일어난 것은 성경적으로나 과학적으로 사실인 것만은 분명하다. 그렇지만 이에 대해서 기간이 문제가 되고 있고, 시기가 문제가 되고 있을 뿐이다. 왜냐하면, 성경은 매우 짧은 기간에 이루어졌다는 식으로 기록하고 있고, 과학은 매우 긴 기간 동안에 이루어진 것으로 조사 및 연구되어져 있기 때문이다.

지각변동은 지층에 그 기록을 거의 정확하게 남겨두면서 일어나게 된다. 일시에 일어났건, 아니면 오랜 기간에 걸쳐서 일어났건 간에 그 기록은 지층에 자세하게 남게 되므로, 이 사실에 대하여는 숨길 재간이 없다.

지층에 남겨지는 것들을 과학적으로 살펴보면 다음과 같다.

(1) 지층은 화석(化石: fossil)을 남긴다. 화석은 지각이 매몰될 당시에 고스란히 남게 되는 것으로서 이는 가장 정확한 지질학적 자료가 된다.

(2) 이 화석들은 절대연령을 지시해주는 척도가 되고 있다. 이 화석들의 절대연령을 측정해보면 그 퇴적물들이 쌓일 당시의 시간을 추정할 수 있게 해준다. 즉, 지금으로부터 그 지층이 대략 몇 년이 되었는가를 정확하게 알 수 있게 해준다. 화석은 그 퇴적물의 연령을 알게 해주는 귀중한 지질학적 자료로 사용되고 있다.

(3) 화석들 중에서 시상화석은, 특히 퇴적 당시의 환경과 기후 등을 자세하게 알려주는 자료로 이용되고 있다. 모든 화석들이 동시대에 걸쳐, 동시대의 환경에 의해 퇴적된 것이 아니라는 사실을 입증해주는 자료로 사용되고 있다.

(4) 부정합, 단층, 습곡, 화성암의 관입 등은 그 당시 지각 변동이 어떤 방식에 의해 일어나게 되었던가에 대한 상황을 매우 상세하게 알려주는 지질학적 자료가 되고 있다.

(5) 위의 사실에 대하여 의문을 제기해볼 수도 있다. 그러나 고 지구자기의 연구에 대해서는 의심을 품을 수 없을 정도로 지각 변동의 사실을 정확하게 말해 주는 자료가 되고 있다.

10. 대륙이동설에 대해

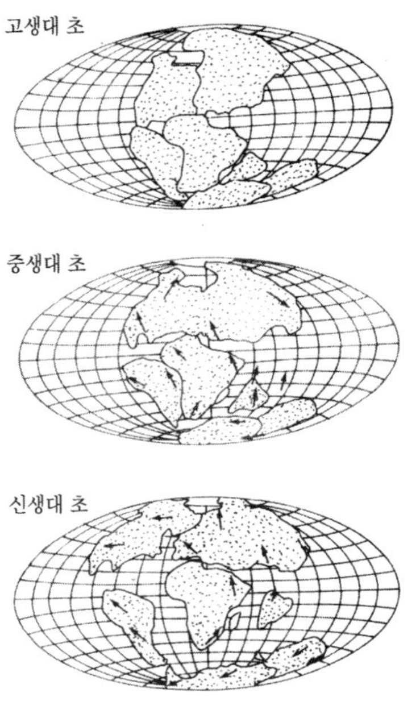

대륙은 최초에는 하나의 땅 덩어리였다. 이에 대해 반론을 제기하기에는 이미 늦었다. 과학에 대해 문외한인 사람들은 이해하기 힘든 말일 것이다.

그러나 이는 전혀 헛소리가 아니다. 이 사실을 최초로 주장했던 사람 중의 한 사람으로서 독일의 베게너(A.Wegener)라는 사람이 있다.

그는 1929년에 대서양 연안의 육지 모양을 보고 이들 육지를 서로 짜 맞추어보면 잘 들어맞게 된다는 것에 착안하여, 현재의 모든 대륙들은 최초에는 한 덩어리였을 것이라는 소위 '대륙이동설'이라고도 하고 '대륙표이설(concept of continental drift)'이라고도 하는 이론을 발표하기에 이르렀다. 그는 또한, 이 최초의 대륙을 판게아(Pangaea)라고 명명하였는데, 우리말로 '초대륙(超大陸)'이라고 한다.

11. 대륙이동설의 성경적 문제점

대륙이동설에 대해 다음과 같은 몇 가지 점에 대하여서는 주의를 기울이지 않으면 안된다.

(1) 이 설은 지금으로부터 불과 70여 년 전에 밝혀진 가장 최근의 이론이라는 점이다. 즉, 이 설에 대하여는 일찍이 아는 사람도 없었을 뿐만

아니라, 물론 성경에까지도 그런 식으로 언급하고 있지 않았었다.

(2) 이 설이 발표될 당시에는 많은 사람들로부터 반박을 받았었다. 그도 그럴 것은, 이 사실을 뒷받침하는 이론이 이 세상 그 어느 곳에도 없었기 때문이었다. 이 설이 발표되었을 때 가장 강하게 반박했던 사람 중의 한 사람은 베게너의 장인이자 대 지리학자이기도 했던 쾨펜(Köppen)이었다. 그의 장인은 베게너가 지질학 교육을 제대로 받지 못해서 그런 망언을 했다고 꼬집었었다. 그러나 사실은 논리에 앞선다는 것을 명심하지 않으면 안 된다. 즉, 논리적으로는 그것이 불가능하게 보일지라도, 모든 과학적 탐구가 이를 사실로 입증하고 나선다면 그것은 어쩔 도리가 없는 것이기 때문이다.

12. 대륙이동설에 대한 과학적 근거들

베게너 및 그의 후배 과학자들은 다음과 같은 근거들을 제시하면서 대륙은 이동해 갔다고 주장한다.

(1) 대륙과 대륙들 사이의 해안선이 일치한다.

(2) 대륙의 주변에 있었던 고생물들의 화석이 서로 일치하고 있다.

(3) 고생물의 화석이 일치한다고 하는 것은 고기후가 일치했음을 말해주는 것이다.

(4) 대륙과 대륙의 주변에 나타나는 암질(巖質)이 일치하고 있다.

그렇지만 이러한 구체적 사실들과 가설들은 다행인지 불행인지는 몰라도 사실 대부분의 과학자들에게 수년 동안 거의 설득력 있게 받아들여지지 못하였다. 과학자들은 그런 것쯤은 얼마든지 우연으로라도 가능한 일일 것이라고 생각하고 있었기 때문이다.

13. 대륙이동설의 확실성 여부

일찍이 베게너가 대륙이동설을 주장했지만, 대중들은 물론이고 심지어 과학자들에게까지도 이 사실은 서서히 잊혀져가고 있었다. 그러다가 고 지구자기(paleomagnetism)의 연구가 시작되고, 이 연구에 의해 F.Vine, D.Matthew, J.Heirtzler 등이 대륙이동설에 관한 연구를 부활시키게 되었다. 현재 고 지구자기의 연구에 의해 대륙이동설은 거의 확실시되었다고 볼 수 있다.

베게너의 주장이 받아들여지지 않았던 이유는, 성경적이지 못하다는 것과, 대륙을 이동시킨 에너지의 근원이 무엇인가에 대해 밝혀내지 못한 데 있었다. 그러나 지질학자들의 꾸준한 연구와 조사 등에 의해 대륙을 이동하는 근본 원인은 지각 아래의 맨틀에 의한 대류 현상에 의해 일어나게 된다는 사실이 밝혀지게 되었다. 초기에는 이 맨틀이 무른 고체 상태라는 설이 강력하게 대두되었는데, 1995년에 미국의 뉴욕 주립대 등에서 플룸 구조론(Plume Theory)으로 설명을 명확하게 해내고 있다. 이 이론은 매우 최근에 밝혀진 이론으로서 학교에서 배우는 지질학 책에는 아직 인쇄도 되어 있지 않은 상태이고, 인터넷으로나 검색이 가능한 실정이다.

14. 대륙 이동설을 성경적으로 어떻게 볼 것인가?

창세기를 현 시대에 맞게 이해하고자 한다면, 심지어는 가장 최근의 과학적 사실에 근거한 대륙이동설까지도 수용해야만 한다. 대륙은 초기에 하나의 땅 덩어리였다고 하는 사실을 부인할 수 없게 되었기 때문이다.

하나님께서는 초기에 대륙을 한 덩어리로 만드셨을 수도 있었을 것이다. 그리고 그 이후에 계획적으로 대륙을 이동시키려는 의도는 없으셨을 것이다. 단지, 인간들이 하나님의 명령을 어기고 죄악을 일삼게 되므로, 그들이 뭉쳐 살아야만 할 이유가 더 이상 없어지게 되어서, 하나님께서 의도적으로 대륙이 서로 멀어지도록 하셨는지도 모른다.

15. 성경에 입각한 태초의 땅 덩어리

본문으로 돌아와서 보면, 하나님께서는 창조 둘째 날 궁창 위의 물과 궁창 아래의 물로 나누신 후, 창조 셋째 날에 이르러서야 비로소 궁창 아래의 물들 사이로 육지가 드러나게 하셨다고 한다. 이는 대 지각변동이 있었음을 암시해주는 것이라고 볼 수 있고, 그와 더불어 물 속에 있던 대륙이 수면 위로 올라오게 되었다고 볼 수 있다.

매우 유감스럽게 여겨지는 것은, 성경에 그 당시의 대륙의 상태에 대한 언급이 전혀 나타나고 있지 않다는 점이다. 성경을 통해서는 그 당시의 초기의 대륙이 과연 하나의 땅덩어리였는지, 아니면 그렇지 않았는지에 대해서는 전혀 알아낼 길이 없다. 그러한 기록이 성경에 전혀 없고, 과학이 그 사실을 최근에 밝혀냈다고 하더라도 그것이 곧 성경의 오류를 의미한다고 볼 수는 없다. 단지, 최초의 지표가 어떤 상태였는지 성경은 침묵을 지키고 있는 것이지, 거짓을 말하고 있는 것은 아니라고 해야 옳다.

16. 책임의 문제

모든 책임을 하나님에게서 찾고자 하는 것이 곧 신학이라고 할 수는 없다. 도리어 모든 책임을 인간에게서 찾고자 하는 것이 참 신학이요, 참 철학이라고 할 수 있다. 대부분의 사람들은 책임을 직시하려고 하지 않고, 도리어 책임을 전가하려는 경향들을 가지고 있다. 그러나 책임을 전가하고자 하는 것은 말장난쟁이들이나 하는 짓이요, 진실을 구하고자 하는 자들이 하는 짓이라고 볼 수 없다.

종교행위란, 경건한 마음으로 신의 뜻을 직시하는 것이고, 조용히 자기의 내면을 투시하는 것이며, 겸허하게 자연을 응시하는 것이라고 할 수 있다. 그러므로 자기의 고집을 내세워 하나님의 뜻을 거짓으로 포장하고, 자기의 얄팍한 지식을 내세워 진리를 왜곡하고자 하며, 자기의 탐욕을 은폐시켜가며 사실을 매도해버리는 것은 종교행위라고 할 수가 없다.

그런 차원에서 보자면, 지구가 초기에 하나의 땅덩어리였느냐, 아니면 그렇지 않았었느냐 하는 것에 대해, 이미 밝혀진 과학적 사실을 가지고 그것의 진위에 대해 굳이 신학적으로나 철학적으로 재정의를 내리려고 하지 말고, 하나님은 왜 초기에 하나의 땅덩어리로 만들었던가에 대해 고찰하려고 해야 한다. 또한, 그것을 나중에는 왜 나누지 않으면 안 되었던가에 대하여 철학적인 사고를 시도해보는 것이 곧 신학이 나갈 향방이다.

17. 자연과 하나님의 의지의 문제

겉으로 보기에는 그러한 대 지각변동들이 누군가에 의해서가 아니라 매우 자연스럽게 일어난 것처럼 보여지는데, 이를 어떻게 보아야 옳은가? 하나님께서 하신 일이라면 그러한 증거가 나타나야만 하는데, 겉으로 보기에는 누군가에 의해서 계획적으로 이루어진 일이라기보다는 우연 발생적인 것으로 보여지고 있기 때문이다. 일례로, 화석이 지층 속에 묻힌 것이나, 또는 조륙운동이나 조산운동이 일어나게 된 것들을 과학적으로 살펴보면, 그것들이 어느 날 하루 아침에 이루어진 것으로 보여지지 않고, 그야말로 오랜 기간에 걸쳐 일어난 것으로 보여지고 있다.

18. 태초의 지각에 대한 과학과 성경의 비교

태초의 지각에 대해서 현재 과학과 성경은 다음과 같은 견해를 가지고 있다.

(1) 최초의 지각은 바다 속에 있었고, 물 밖으로 노출된 지각은 없었다. 이에 대하여 성경은 '하나님께서 뭍이 드러나게 하셨다' 고 기록하고 있다.

(2) 창조 제 3일째 되는 날 하나님께서는 육지를 드러나게 하셨다. 그 당시에는 지금과 같이 5대양 6대주가 있었던 게 아니고, 육지는 하나의 땅덩어리였다. 이 땅덩어리를 '초대륙(Pangaea)' 이라고 하며, 그 대륙을 둘러싼 큰 바다를 '판달랏사' 라고 한다. 물론, 이 이름도 후세의 사람들이 지은 것에 불과하며, 그 당시에는 그러한 이름조차 없었다.

(3) 육지가 드러날 때 많은 조산운동과 조륙운동이 있었다. 그러나 그 당시의 산들은 지금과 같이 매우 높거나, 계곡 등이 지금과 같이 매우 깊거나 하지 않았을 것이며, 구릉 지대였거나, 오늘날의 용암 지대와 같이 약간 높은 지형들에 불과했을 것이다.

(4) 그 당시의 그 땅의 넓이와 형상 등은 노아의 홍수 등으로 인하여 그 흔적이 거의 사라졌을 것이므로 현재의 우리로서는 추정이 거의 불가능하다.

19. 불변의 성경, 변화하는 과학

성경은 진화할 수 없다. 그 이유는 성경에 오류가 있을 수 없기 때문이다. 그러나 과학은 끊임없이 발전하고 있고, 인간의 사고 역시 이에 발맞추어 시시각각으로 변하고 있으며, 새로운 과학적인 이론들은 날이 갈수록 새롭게 바뀌어져 가고 있다. 그러므로 신학자들의 성경을 보는 지식이나 시각도 이에 발맞추어 새로운 정보체계에 맞게 달라져야만 한다.

일찍이 중세의 종교지도자들이 과학과 신학 사이에서 억지를 부려가며 추태를 부렸던 쓰라린 경험들을 가지고 있다. 그럼에도 불구하고, 그러한 구태의연한 비과학적인 성경해석들을 오늘날까지 계속해서 고집을 피우려고 한다면, 참으로 그 얼마나 웃기는 일이겠는가? 그러므로 성경에 위배되지 않는 한 과학을 무조건 배척할 필요가 없는 것이며, 과학적으로 사실이라면 성경은 과학을 도리어 수용하려고 해야만 한다.

20. 태초의 지각에 대한 과학과 성경의 비교

신학이 과학을 무조건 무시하려고 드는 것은 어찌 보든 무식하고 무지한 짓이 될 뿐이다. 거듭 말하지만, 과학과 신학은 별개의 것이 절대로 아니며, 신학의 일부로서, 과학은 신학에 예속되어 있을 뿐이다. 그러므로 과학이 없는 신학은 비논리일 뿐이며, 과학을 무시한 신학은 절름발이 신학이 될 뿐이다.

진정한 신학자들이나 종교지도자라면, 중세의 교부들도 갈릴레이와 같은 지동설의 주장자들을 배교자나 이단자라고 매도하며 그들을 신학에서 추방하려고 하지만 말고, 도리어 그들에게 의도적으로라도 접근하여 겸허한 마음으로 성경과의 일치점을 찾아내기 위해 노력을 하려고 했어야 옳다. 돌이켜 보자면, 그 당시 그러한 교황청의 무례한 태도는 현대인들에게 있어서는 한 마디로 빈축을 사기에 알맞은 일이었을 뿐이었다. 다른 한편으로는 그 당시의 신학자들의 옹졸함과 오만방자함과 무지함에 대해서 엿볼 수 있게 해주고 있다. 왜냐하면, 성경은 지동설을 주장하고 있지도 않을 뿐만 아니라, 그렇다고 사실 천동설을 주장하는 구절이 단 한 구절도 나와 있지 않기 때문이다.

따라서, 지동설이 성경적 사실과 전혀 상충되는 것도 아니므로, 지동설이 확연하게 드러나고, 인공위성을 발사하여 지구 주위를 돌고 있기도 하며, 초대형 망원경으로 우주 곳곳을 들여다 보고 있는 현실이라고 할지라도, 성경은 진리로서 오늘날에도 우리 가슴속에 버젓이 파고 들어오고 있다는 사실을 간과해서는 안 된다.

21. 현대 과학의 규모

신학자들이나 종교지도자들이 과학을 받아들이게 되는 것을 초등 학문과의 타협이라고 할 수만은 없다. 왜냐하면, 다른 성경학자들이 연구해둔 것들을 이리 저리 짜맞추기나 하고 있고, 열심히 모방이나 하고 있는 현대 신학에 비하면, 현대의 과학은 규모 면에서나 또는 투자 면에서 보통 사람으로서는 상상을 초월할 수 없을 정도로 방대하고 치밀한 면이 있기 때문이며, 그 장비 면에서도 참으로 막중하기만 하기 때문이다.

22. 과학과 하나님

하나님은 성경학자이시면서 동시에 언어학자이시고, 철학자이시면서 동시에 논리학자이시며, 수학자이시면서 동시에 위대한 과학자이시라는 사실을 잊어서는 안 된다. 인간이 아무리 지혜롭다고 할지라도 하나님의 지혜를 능가할 수는 없는 법이며(고전 1:25 참조), 아무리 과학적이라고 할지라도 하나님의 과학을 능가할 수 없는 법이고, 그와 동시에 제아무리 논리적이라고 할지라도 하나님의 논리를 따를 수 없는 법이다. 그러므로 설사 매우 뛰어난 희대(稀代)의 과학자라 할지라도 하나님을 비웃을 수 없음은 물론이고, 하나님을 절대로 경홀히 여길 수도 없다.

23. 과학과 종교

과학자들은 신학자들을 비웃어서도 안 된다. 그리고 신학자들 역시 절대로 과학자들을 무시해서는 안 된다. 만일, 신학자가 현대의 과학자들을 비웃으려고 시도한다면, 현대의 과학자들은 신학자들을 향해 오히려 더 무식하다고 일축해 버리고 말 것이다.

현대의 신학자들이 과학을 수용하려고 든다면, 과학자들 역시 현대의 신학자들을 매우 지혜롭고 현명한 자들이라고 여길 것이며, 과학자 자신들에게 있어서의 과학적 탐구는 곧 하나님의 업적을 연구하는 신학의 또 다른 한 분야일 뿐이라고 주장하게 될 것이다. 과학적 지식이 깊어지면 깊어질수록, 도리어 성경은 과학적으로 이해되는 법이다. 그러므로 신학자가 과학을 비방하고 나서는 것은 무식한 짓이 될 뿐인 것이요, 과학자가 성경을 비방하고 나서는 것도 역시 무식한 짓이 될 뿐이다. 신학은 철학이며, 논리학이요, 언어학이며, 사학(史學)이요, 고고학이기도 하지만, 또한 과학이기도 하다.

24. 과학과 교회

현대의 고등교육을 받은 교인들은 과학 지식이 대단히 해박한 편이다. 그러나 대단히 유감스럽게도 중세로부터 현대에 이르기까지 신학과 과학은 상호 충돌을 일으켜 왔다. 즉, 과학에 무지한 신학자들이나 설교가들은 과학을 형이하학이라고 일축하고 비하시키곤 했다. 그런가 하면 하찮은 과학적 지식들을 가지고 있는 교인들 중에는 심한 경우에 성경을 부인하는 것도 서슴지 않기도 했다. 어떤 교인들은 심지어 얄팍한 과학 지식을 동원하여 성경에 오류가 있다는 식으로 주장을 하기도 했다. 문제는 교회 내에서 과학과 신학이 알게 모르게 끊임없이 충돌을 일으키고 있었다는 것을 알 수 있다. 특히, 교인들 대다수는 종교지도자들은 과학에 대해 모를 수도 있다고 아예 포기하고 있는 경우도 많다.

25. 과학과 신앙 및 신학

현재 이 책을 읽으면서도 성경을 이해하기 위하여 '그토록 많은 과학적 지식들이 과연 필요한 것인가?' 하고 몇 번이고 반문하며 이 책을 읽기를 포기하고 싶다는 생각을 적지 않게 하게 될 지도 모른다. 사람들 중에는 임신의 과학적 이론을 모르고도 얼마든지 임신을 하기도 한다. 그리고 광합성의 과정을 과학적으로 전혀 모르고도 식물로 이루어진 음식을 잘 먹기고 하고 소화도 잘해내기도 한다. 즉, 과학적 사실들에 대한 지식을 가지고 있지 않더라도 생활을 해나가는 데 있어서 아무런 불편도 느끼지 않을 수도 있고, 그리고 그 어떤 지장도 받지 않을 수도 있다.

과학을 모르고도 아무런 지장을 받지 않고 신앙생활을 할 수도 있고, 또한 신학자나 종교가나 설교가가 될 수도 있다고도 할 것이다. 그 말은 틀린 말이 아니다. 그러나 과학자들은 과연 임신의 과정을 규명해야만 임신을 할 수도 있었을 것이기에 유전이나 생식을 연구하려고 했던 것일까? 아니면, 성경에 나와있지 않은 것들을 밝혀내 성경학자들의 코를 납작하게 만들어주기 위해서 과학을 연구하려고 했던 것이었을까? 아니다. 임신에 대한 연구만 하더라도 난산, 불임, 피임 등에 대해 엄청난 발전을 하게 하였고, 인류사에도 매우 크게 기여하지 않았던가? 즉, 임신에 대한 과학적 상식들이 인류사를 바꿔놓았는데도 불구하고, 그것들이 불필요한 지식들이요, 형이하학적인 철학에 불과하며, 오로지 초등학문에 불과한 것이라고 비웃고만 있을 것인가? 물론 산부인과의 발달이 가져온 병폐까지 논하고자 하는 것은 아니다. 그러나 과학적 이론이나 지식이 얼마나 성경 해석에 크게 기여할 수 있는 것인가에 대해서는 크게 수긍할 일이다.

하시매, 그대로 되니라

아직까지도 많은 사람들 중에는 하나님께서 말씀으로 천지를 창조하셨다는 사실에 대해 마음으로 받아들이려고 하지 않고 있다. 하기는, 믿지 못하는 자들에게는 어느 것 하나 이해되는 게 없을 것이다. 그리고 하나님과 인연이 멀수록 더욱 더 이해되는 게 없을 것이다. 그러나 성경은 모든 것들이 하나님의 명령으로 시작되었고, 또한 그대로 이루어지지 않은 게 단 하나도 없다고 거듭 주장하고 있다.

하나님이 뭍을 땅이라 칭하시고, 모인 물을 바다라 칭하시니라. 하나님의 보시기에 좋았더라.

KJV; And God called the dry [land] Earth; and the gathering together of the waters called he Seas:and God saw that [it was] good.

NIV; God called the dry ground "land" and the gathered waters he called "seas". And God saw that it was good.

LB; And so it was, then God named the dry land "earth", Land the water "seas". And God was pleased.

RSV; God called the dry land Earth, and the waters that were gathered together he called Seas.And God saw that it was good.

הַמַּיִם	קָרָא	יַמִּים	וַיַּרְא	אֱלֹהִים	כִּי־	טוֹב:
the-waters	he-called	seas	and-he-saw	God	that	good

וַיִּקְרָא	אֱלֹהִים	לַיַּבָּשָׁה	אֶרֶץ	וּלְמִקְוֵה		
and-he-called	God	to-the-dry-ground	land	and-to-gathering-of		

하나님이 물을 땅이라 칭하시고

1. 물과 땅에 대한 원어적 의미

태초에 하나님(אֱלֹהִים ;엘로힘)께서 모든 것들을 무로부터 창조하셨고, 아울러서 이름까지도 직접 지으셨다는 것에 대해서는 더 이상의 재론의 여지가 없다. 본문의 '뭍' 과 '땅' 에 대해서도 각각 다른 개념으로 사용되어지고 있음을 볼 수 있다. 원어적으로 살펴볼 때 '뭍(dry land or dry ground)' 은 히브리어 '마르다', '말라붙다' 등의 의미를 가진 동사의 יָבֵשׁ (야베쉬)에서 파생된 יַבָּשָׁה (야바사)라는 단어이다. 그러므로 '뭍' 은 곧 '바다로부터 융기되어 만들어진 건조한 땅' 즉, '지각' 을 의미하고 있다고 보아야 옳다. 또한, '땅(Earth or land)' 은 히브리어로는 אֶרֶץ (에레츠)라는 단어인데, '천지' 즉, 하늘과 땅을 구분할 때의 '지(地)' 로서 '하늘이 아닌 지표' 를 의미한다.

2. 흙과 물과 땅에 대한 실제적 비교

'흙' 의 의미를 가지는 비슷한 표현들은 아래와 같이 세 가지가 있다.

(1) '흙(土: soil)' ; 흙은 헬라어로는 χοικός (코이코스)라고 한다. '흙' 을 한자로는 '토양(土壤)' 이라고도 하며, '흙' 이나 '토양' 이라는 단어는 '뭍' 을 이루는 재료 중의 하나가 된다. 뭍은 흙(토양)과 돌(암석)로 이뤄져 있다.

(2) '뭍(陸: land)' ; '뭍' 은 '육지' 와 같은 개념이며, 바다가 아닌 것을 '육지' 라고 한다. 그리고 위에서 말한 것과 같이 '뭍' 은 '암석' 과 '토양' 으로 되어 있다.

(3) '땅(地: earth)' ; 헬라어로는 '뭍' 과 '땅' 을 모두 γῆ(게)로 나타낸다. 하나님께서는 '뭍' 을 만드신 것이 아니라 뭍이 드러나게 하셨다. 이 말은 바다 속에 있던, 즉 물에 잠겨 있던 지각을 해양으로부터 분리해 냈음을 말한다. 히브리어로 '뭍(יַבָּשָׁה : 야바샤: dry land)' 은 '잠겼던 해양으로부터 드러난 지각' 이라는 의미를 담고 있다. '뭍' 은 드러난 지각을 의미하기 때문에 '땅' 과는 그 의미가 다르다. 즉, '뭍' 의 이름이 곧 '땅' 이다. 여기서의 '땅' 은 '형태를 갖춘 지구의 육지를 나타낸 이름' 으로서, '하늘' 이라는 단어의 대조어로서 하나님이 그렇게 명명해 두셨다.

3. 태초의 지구의 형태

전술한 바 있듯이, 하나님께서 태초에 지으신 지구(땅)의 형태에 대해 현대의 과학자들은 물론 성경학자들까지도 이에 대해 전혀 정보를 갖고 있지 않다고 했다. 단지, 현대의 지질학에서만 최초의 지구는 하나의 땅덩어리로 시작되었다고 주장하고 있을 뿐이다. 그리고 그 당시 곧바로 아담이 창조되었는지, 아니면 땅이 갈라진 후에 아담이 창조되었는지에 대해서도 알 수가 없다. 그러므로 이 문제에 대하여 지금 그러한 사실 모두를 한꺼번에 다룬다고 하는 것은 적잖게 무리가 따를 것으로 보인다. 뒤의 '에덴 동산' 과 '바벨탑' 과 '노아의 홍수' 부분 등에서 점차 더욱 더 심도 있게 다루어 나가기로 하자.

4. 지구는 창조물 중의 하나

하나님께서 뭍을 드러나게 하시고, 그것을 땅이라 명명도 하셨다. 땅은 진화론자들이나 또는 이방 종교인들이 주장하는 것처럼 저절로 생겨난 존재라든지, 또는 거대한 암석이 서서히 풍화와 침식을 거쳐 오늘날에 이르게 되었다는 것이 아니라, 오직 창조주이신 하나님께서 처음부터 뭍을 드러나게 하시고 땅(אֶרֶץ : 에레츠: earth)이라고 명명도 하셨다.

모인 물을 바다라 칭하시니라.

1. 물에 대한 철학자들의 주장

기원전 약 600년 전에 그리스의 철학자 탈레스(Thales: B.C. 640~546)는 '모양을 자유롭게 바꿀 수 있고, 열에 의하여 눈에 보이지 않는 기체(수증기)나 단단한 고체(얼음)로 쉽게 변하기도 하는 물은 아마 지구상의 모든 것들을 이루는 기본이 되는 물질일 것' 이라는 주장을 했다.

기원전 약 450년 전에는 엠페도클레스(Empedocles:B.C. 490~435)가 '공기(氣), 물(水), 불(火), 흙(土)이 모든 것들을 이루는 기본 물질일 것' 이라고 주장하기도 했다.

기원전 약 350년 전에는 아리스토텔레스(Aristoteles: B.C. 384~322)가 '모든 물질은 氣(공기), 水(물), 火(불), 土(흙)으로 이루어져 있으되, 그것들이 영원불변한 것이 아니라, 차갑고(冷), 따뜻하고(溫), 건조하고(乾), 습함(濕) 등의 작용에 의하여 혼합이 되기도 하며, 그것들의 그러한 속성들에 의하여 상태가 변하고, 더해지며, 나눠지기도 하면서 또 다른 물질들을 생성해 나갔을 것' 이라고 주장했다.

고대 중국인들 역시 금, 목, 수, 화, 토를 오행이라 하여, 이것들이 천지를 돌아다니며 모든 물질을 구성한다고 생각하였다.

2. 물은 하나님의 계획된 창조물 중의 하나

물에 대한 고대 철학자들의 견해에 대하여 굳이 언급한 이유는, 물이 고대로부터 지금까지 이 세상에 생물체가 존재하기 위해서 가장 소중한 것으로 누구나 여겼다고 하는 사실을 확인코자 함이었다. 이로써 우리는 진화론자들이나, 또는 이방 종교인들이 주장하는 것처럼 지구의 존재는 결코 우연일 수가 없는 것이며, 철저하고도 치밀한 계획 하에 창조된 것일 뿐이라는 사실을 알 수 있게 된다.

3. 진화론자들의 가정(假定)

과학적으로 볼 때, 지구는 생물체가 존재하도록 처음부터 계획적으로 고안된 것이 분명하다. 왜냐하면 지구의 환경이 현재 상태에서 만일 조금이라도 빗나가게 되면 생물체는 존재할 수 없게 되고 말기 때문이다. 그러나 진화론자들은 근본적으로 하나님을 마음에 두기 싫어하므로 이렇게 가정하고 있다.

"태초에 지구가 있었다. 그런데 그 지구는 태양계에 속해 있었다. 초기의 지구는 다만 돌덩이에 불과했다. 대기는 이산화탄소, 메탄, 수소, 질소 등이었다. 태초의 대기에는 산소가 없었고, 또한 지각 위에는 물도 없었으므로 생물체는 출현하지 않았다. 오랜 세월이 흐르자 지표 상 여기 저기서 화산이 폭발하게 되었고, 화산은 화산재와 더불어 수증기를 분출해 내기 시작했다. 화산 폭발이 계속 일어나는 동안 엄청난 수증기와 지하수가 땅 속으로부터 쏟아져 나오게 되었고, 그것이 증발되어 비나 눈이 되더니 물이 만들어지게 되었으며 그것들은 지대가 낮은 곳으로 모이게 되었다… 비나 눈이 오는 사이에 지각은 여기 저기서 침식이 되기 시작했고, 그것들은 낮은 지대로 운반이 되어 들판을 형성하게 되었으며, 또한 모인 물들은 바다를 이루게 되었다. 침식과 운반과 퇴적이 계속되면서 지각은 변동을 일으키기도 했다… 그리고 그 바다 속에서는 서서히 생물체들이 출현하게 되었으며, 그것들이 진화하여 육상 식물이나 육상 동물이 되었고, 진화를 거듭하여 오늘에 이르게 되었다…"

현재 진화론자들은 위와 같이 주장하고 있다. 그러나 성경은 매우 단호하게 태초에 하나님께서 지구를 만드실 때 지구에 적당한 물을 같이 만드셨다고 주장하고 있다. 그 물은 초기에 아무렇게나, 또는 무질서하게 지상과 공중에 떠있었는데, 하나님께서 그것들을 궁창 위의 물과 궁창 아래의 물로 나누셨다고 한다. 그리고 하나님께서 손수 지각 변동을 일으키셨고, 그렇게 하여 바다와 육지를 생물체가 존재하고 인간이 살 수 있도록 나누셨다고 한다.

4. 지각변동도 하나님이 하신 일일 뿐

성경은 창조주 하나님께서 지각변동을 친히 일으키셨고, 뭍이 드러나라 하시니 뭍이 드러나기도 했다고 기록하고 있다. 뭍이 드러나게 하셨다는 말은, 지각을 높게도 하시고 낮게도 하셨다는 말이다. 즉, 대 지각변동을 의도적으로 일으키셨다는 것을 알 수 있다. 그 지각변동을 일으키신 이유는 여러 가지가 있었지만, 특히 그 중의 하나는 '모든 물들을 한 곳으로 모이게 하기 위함(the gathering together of the waters)' 이었다고 성경은 말하고 있다.

5. 창조론에 관한 흑백 논리

세상을 살아가면서 모든 것을 의심하고자 하면 그 의심은 끝이 없게 되고, 모든 것들을 헐뜯고자 하면 이 세상 그 어느 것도 헐뜯을 수도 있으며, 또한 모든 것을 거짓과 위선으로 포장하고자 하면 이 세상 그 어느 것들에 대해서도 거짓이라고 뒤집어씌울 수도 있다.

이 세상의 모든 것들의 존재 그 자체가 우연일 뿐이고, 그리고 진화되었을 뿐이라고 한다면, 성경과 하나님은 졸지에 이 세상에서 가장 큰 거짓말쟁이가 되어버리고 만다. 그리고 성경의 다른 기록들에 대해서도 신뢰하기 힘들어지게 될 것이다. 그러나 이와는 달리, 하나님이 이 세상의 모든 것들을 창조하신 것이 분명한 사실이라면, 도리어 진화론이나 우연론 등이 모두 새빨간 거짓말이 되어버린다.

창조가 역사적 사실이라면, 진화론은 신학적으로, 종교적으로, 철학적으로 중대한 과오를 저지른 것이요, 죄와 악이 되어버리고 말 것이다. 왜냐하면, 그것은 존재와 실상에 대한 사실성과 진실성을 근본적으로 왜곡해 놓고 있는 것이 되기 때문이다. 어느 편이 보다 더 진실한가에 대한 분별력은 그야말로 매우 중요한 일이 아닐 수 없다. 창조와 진화 사이에는 중간이 존재하지 않는 법이기 때문이다.

6. 완악한 인간

인간은 근본적으로 그들 마음속에 하나님 두기를 싫어하고 있다(롬 1:28 참조). 하나님을 아는 것도 싫어하고, 또한 믿는 것도 싫어하고 있다. 인간들은 하나님의 존재성을 고의로 부정하려고 하고, 억지로라도 거스르고자 한다.

근본적으로 누가 그렇게 하도록 만든 것일까? 성경을 제대로 모르는 칼빈주의자들의 소행으로 보아야 할 것인가? 아니면 이단자들의 소행으로 여겨야 할 것인가? 그것도 아니라면 적그리스도들의 소행으로 여겨야 할 것인가? 그러나 그들의 소행이 아니라, 그들 마음속에서 움직이고 있는 마귀의 소행임이 분명하다. 완악한 인간이 뭐라고 하건, 아니면 마귀가 어떤 식으로든 장난질을 하건 간에, 창세기를 보면 볼수록 창조는 과학적 사실이었음을 실감케 해주고 있다.

7. 물과 바다에 대한 결론

하나님께서는 모인 '물(‎מַיִם: 마임: water)' 을 '바다(‎יָם : 얌: seas)' 라고 하셨다. 히브리어의 (‎יָם : 얌)은 어원이 사실 불분명하다. 그러나 화학적으로 보자면 '물(‎מַיִם :마임: water)' 은 H_2O로서 물 분자를 의미한다고 할 수 있다. 그리고 '바다(‎יָם :얌: seas)' 는 육지의 물이 강이나 하천을 통해 한곳으로 유입되어 고이게 된 물을 의미한다.

여기서 우리가 알 수 있는 사실도, 창조주이신 하나님께서 직접 물을 창조하셨고, 의도적으로 육지를 낮추어서 물이 한 곳으로 모이게 하셨으며, 그 모인 물들을 직접 바다라고 명명도 하셨다는 것이다. 그 이유는 생물체들이 살 수 있게 하기 위함이었을 것이다.

하나님의 보시기에 좋았더라

1. 날과 시간의 개념

태초에 시간의 개념이 있었다고 해야 옳을까? 그러나 아니라고 생각한다. 왜냐하면, 시간의 개념은 둘째 날이 지나고 셋째 날이 왔어도 아직 있지 않았기 때문이다. 시간이라고 하는 것은 창조 제 4일에 만들어지게 되는 개념이다. 그러나 단지 개념이 없었을 뿐이지 시간이 아직 없었던 것은 아니었을 것이다. 창조가 시작되는 그 시간부터 시간은 이미 흐르고 있었기 때문이다. 그 시간의 흐름 속에서 하나님께서는 첫째 날, 둘째 날, 그리고 셋째 날 등을 구분짓고 계셨다.

2. 하나님과 과학

하나님께서 천지를 창조하시기 이전에 이미 원자나, 분자나 순물질이나, 혼합물 및 화합물 등의 개념이 존재하고 있었을까? 현대 과학은 이미 오래 전부터 미시과학으로 접어들었고, 그것들 상호간에 작용하는 과학적인 많은 법칙들을 상당히 많이 발견해 냈다. 그렇다면 과학자들이 지난 수세기 동안 그런 법칙들을 모두 발명해낸 것이었던가? 과학자들이 그러한 법칙들을 발견해내기 이전에는 그런 법칙들이라든지, 개념 등이 존재하지 않았던가? 그건 아니지 않던가? 즉, 그것들 모두가 창조주께서 이미 만들어 놓은 법칙들일 뿐이었고, 과학자들은 수세기 동안 집요하게 연구하고 노력하여 그러한 규칙성을 발견해내게 되었으며, 개념에 대한 원리들을 정의했던 것이 아니었던가?

3. 창조설이 진화설에 비해 더 논리적인가?

모든 과학적 제 법칙들이나 원리 등은 근본적으로 누가 만들었다고 해야 옳을 것인가? 당연히 창조주이신 하나님이 그러한 법칙들을 만드셨다고 해야 옳을 것이다. 그러나 이방 종교인들이나 또는 진화론자들은 당연히 모든 것들이 우연일 뿐이라고 믿고 있다.

그렇지만 진화론은 창조론에 비해 논리적으로 해명을 하지 못하는 경우가 더 많다. 많은 사람들은 진화론만이 참 과학이고, 진화론은 창조론이 대답하지 못하는 영역들까지도 해명을 해주고 있는 것으로 착각하고 있다. 그러나 그렇게 말 할 수 있는 상황도 사실은 아니다. 사실, 진화론이 창조론에 비해 과학적인 해명을 하는 영역이 더러 있다고는 하더라도, 그것들의 존재 이유에 대해서는 창조론에 비하여 진화론이 해명할 수 없는 영역이 더 많기 때문이다.

4. 과학적 법칙들도 진화했는가?

모든 것이 진화된 것이 사실이라면, 모든 과학적 법칙들도 진화된 것으로 보아야 하는가? 그 법칙은 그러면 어떤 과정에 의해서 진화단계를 거쳐 왔는가? 그러나 법칙이란 바뀌고 진화를 거듭하게 되는 것이 아니라 - 진화를 하고 변화를 거쳐야만 한다면 사실은 법칙이라고 할 수도 없다 - 창조 이후부터 오늘날에 이르기까지 불변의 법칙으로 적용되어져 왔다고 해야 옳다. 그래야만 법칙이라고 할 수 있기 때문이다.

그러면 몇몇 불신자들이나 진화론자들이나 이방종교인들은 '하나님이 진정한 창조주시라면 어찌 그러한 규칙들에 갇혀 계시는가?' 라고 물으려고 할 것이다. 전술했듯이, 하나님께서는 하나님 자신이 만드신 법칙들이라고 할지라도 하나님 자신이 그것들을 헐어버리는 일은 절대로 하지 않으신다.

5. 창조 제 2일과 3일의 흐름도

이제, 아래에서 창조 제 2일로부터 3일의 중간에 이르기까지의 흐름도를 작성해보자.

궁창 위의 물과 궁창 아래의 물로 나누심

↓←둘째 날의 사역의 시작

궁창이 만들어 짐

↓←둘째 날의 사역이 끝남

밤이 됨

↓←궁창은 만들어졌으나 땅은 아직 무질서함

뭍이 드러나게 하심

↓←셋째 날의 사역이 이미 시작됨

바다가 만들어짐

←대 지각 변동과 더불어 육지가 정리되고
↓　　바다가 만들어짐

하나님의 보시기에 좋으심

위의 흐름도에서 볼 수 있듯이 하나님께서는 둘째 날은 아니고, 셋째 날 중간에 이르러서야 하나님의 보시기에 매우 좋았다고 하셨다. 이 말은 둘째 날에는 기분이 별로 좋지 않았다는 것을 말하는 것이 아니다. 둘째 날부터 셋째 날에 걸쳐서 되어진 과업들이 모두 만족스런 상태이기는 했으나, 이에 대하여 만족스런 상태를 셋째 날에 이르러서야 비로소 만끽할 수 있었다고 해야 옳다. 그러므로, 둘째 날 역시 불만족스러운 상태가 아니었다는 것을 알 수 있다.

즉, 둘째 날 사역은 만족함이 없었고, 셋째 날에 이루어진 것으로 비로소 만족함을 느끼실 수 있으셨던 게 아니라, 두 날에 걸쳐서 이루어진 창조 사역들이 일을 모두 마치고 난 후에야 양일간에 이루어졌던 일들에 대해 크게 만족하시게 되었다는 것을 말해주고 있다.

어제 한 일이 오늘에 이르러서야 비로소 끝이 나게 되었고, 그래서 모든 일을 마치고 난 후 오늘 기분이 좋았다고 말한다면, 어제는 기분이 좋지 않았다는 논리가 성립되어질 수 있는 것인가? 그러나 그런 논리는 맞지 않는다. 영어 성경은 이렇게 말하고 있다. And God saw that it was good. 하나님께서 좋게 생각하신 것(good)은 'it(그 모든 것)' 이었다. 이 'it' 은 당연히 셋째 날의 창조에 대해서 뿐만이 아니라 둘째 날의 창조 사역까지도 포함되게 되는 것은 두 말할 필요 없다.

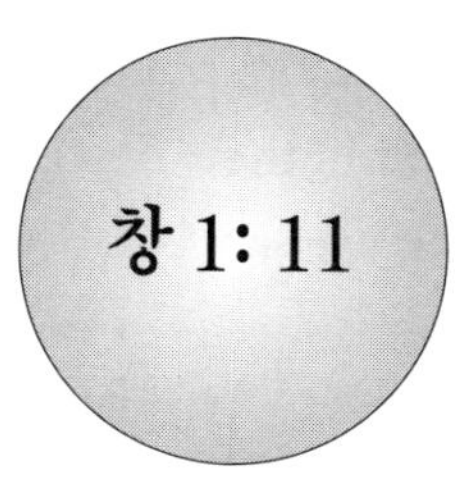

하나님이 가라사대 '땅은 풀과 씨 맺는 채소와 각기 종류대로 씨 가진 열매 맺는 과목을 내라' 하시매 그대로 되어.

KJV; Let the earth bring forth grass, the herb yielding seed, [and] the fruit tree yielding fruit after his kind, whose seed [is] in itself, upon the earth: And it was so.

☞ (1) herb; 풀, 초본, 양념용 식물

(2) yielding; 부드러운, 유순한, 잘 구부러지는

NIV; Let the land produce vegetation: seed-bearing plants and trees on the land that bear fruit with seed in it, according to their various kinds. And it was so.

☞ (1) vegetation; 식물, 초본, 식생

(2) seed-bearing plants; 씨 맺는 채소

LB; Let the earth burst forth with every sort of grass and seed-bearing plant and fruit trees with seeds inside the fruit, so that these seeds will produce the kinds of plants and fruits they came from. And so it was.

☞ burst ; 꽉 차다, 충만하다, 터지다, 흩어지다

RSV; Let the earth put forth vegetation, plants yielding seed, and fruit trees bearing fruit in which is their seed, each according to its kind, upon the earth. And it was so.

כֵּן: וַיְהִי־ הָאָרֶץ עַל־ בּוֹ זַרְעוֹ־ אֲשֶׁר לְמִינוֹ
so and-he-was the-land on in-him seed-of-him which to-kind-of-him

פְּרִי עֹשֶׂה פְּרִי עֵץ זֶרַע מַזְרִיעַ עֵשֶׂב דֶּשֶׁא הָאָרֶץ
fruit bearing fruit tree seed seed-bearing plant vegetation the-land

תַּדְשֵׁא אֱלֹהִים וַיֹּאמֶר
let-her-produce God then-he-said

하나님이 가라사대

성경은 하나님께서 다만 말씀하셨다고 기록하고 있다. 영어 성경의 KJV, RSV는 And God said로 번역이 되고, NIV는 Then God said로, LB은 And he said로 번역되었다.

하나님의 말씀 속에는 창조적 힘이 담겨 있다. 그분의 말씀은 언제나 위력적이며, 거역할 수 없고, 전능하신 능력이 내포되어 있다. 왜냐하면, 비존재에서 존재를 가능케 하고, 무에서 유를 가능케 하기 때문이다. 그러므로 그분의 말씀에 대한 불순종은 곧 죄가 되는 것이며, 그분의 권위에 대한 도전도 멸망을 자초하는 길이 될 뿐이다. 천하만물은 그분의 말씀으로 인해 태어나게 되었고, 그분의 명령으로 인해 운행되고 있다.

땅은 풀과 씨 맺는 채소와

1. '땅' 에 대하여

한글 성경은 '뭍' 이 아니라, '땅(אֶרֶץ : 에레츠: earth)' 에게 식물을 내라고 했다고 기록하고 있다. 그리고 영어 성경의 KJV, LB, RSV 등도 모두 그 땅을 earth라고 기록하고 있다. 단지 NIV 성경에서만 land라고 기록하고 있다. 히브리어 성경은 분명히 '에레츠' 라고 기록하고 있으므로 '뭍(land)' 이 아니라 '땅(earth)' 이 맞다.

2. '풀' 에 대하여

풀은 원어로 דֶּשֶׁא (떼쉐)이다. 이 단어는 '돋아나다', '싹이 트다' 는 뜻을 가진 דָּשָׁא (따솨)의 남성 명사 단수로서, '어리고 부드러운 풀' 을 의미한다. 이 식물은 생물학적으로는 양치류(羊齒類), 균류(菌類), 조류(藻類) 등의 민꽃 식물들이라고 해야 옳다. 영어로 grass나 vegetation등은 매우 번역이 잘된 것이다.

3. '씨 맺는 채소' 에 대하여

'씨 맺는 채소' 는 원어로 עֵשֶׂב (에쎄브)인데, 이 단어는 풀잎을 의미하기도 하고, 약이나 요리용으로 사용되는 향료 식물을 의미하기도 하며, 채소나 야채를 의미하기도 한다. 이 단어가 한글 성경에서는 '씨 맺는 채소' 로 번역되었고, 영어 성경에서는 herb yielding seed나 seed-bearing plant 등으로 번역이 되었다.

4. '땅', '풀', '씨 맺는 채소' 그리고 '인간'

풀도 흙으로, 씨 맺는 채소도 흙으로, 인간들도 모두 흙으로 만들어졌다. 인간들은 단지 정제된 흙으로 만들어졌다는 것만 다를 뿐, 신체의 모든 성분들은 흙의 조성 성분과 매우 같거나 거의 비슷하다.

그러므로 인간들의 모든 육체(신체) 역시 흙이라는 것을 부인할 수 없다. 결국 인간은 흙으로 만들어졌고, 땅의 소산을 먹고 살아가야만 할 운명이라는 것인데, 이는 곧 채식과 육식을 말한다.

5. 육체를 어떻게 볼 것인가?

육체는 형이하학적인 것이다. 하나님께서는 인간의 내면인 형이상학을 인간의 육체인 형이하학에 접목시켜 두셨다. 형이하학으로는 절대로 구원이 있을 수 없다. 성경에는 육(고전 2:14 참조)과 육신(고전 3:1 참조)을 구별하여 말한다. 후에 신약 주석을 집필할 때 자세히 언급하겠지만, 육신은 우리의 신체를 의미하지만, 육은 정신이나 영혼에 대한 반대 개념으로 사용된 단어다.

성경은 우리의 신체를 그리스도의 전(고전 6:15 참조)이요, 성령의 전(고전 6:19 참조)이며, 더 나아가서 그리스도의 지체(엡 5:30 참조)라고 하기도 한다. 그러나 이와는 달리 이방 종교에서는 육신을 죄와 악의 근원이 되는 것이요, 유혹과 저주의 뿌리가 되는 것으로 간주하고 있다. 그래서 그들은 육신은 학대를 받아 마땅하고, 고통과 고행을 자초해야만 구원에 이르게 될 것이라는 생각을 하고 있다.

그러나 그러한 것들은 모두 창조 사역에 어긋나는 발상들일 뿐이며, 성경적이라고 할 수도 없다. 사도 바울은 자기의 몸(육신)을 쳐서 복종케 했다(고전 9:27 참조)고 기록하고 있는데, 이 말도 역시 스스로 자기 학대를 했다고 하는 게 아니었고, 하나님을 섬기기 위해서 자기 자신의 욕망과 감정 등을 자제하고 오로지 복음 전파에만 힘을 썼다는 의미인 것이다.

6. 식물 창조의 당위성에 대해

육체는 계속해서 에너지를 공급받아야만 살아갈 수가 있다. 그러면 그 에너지의 공급원은 무엇인가? 그것은 당연히 음식물일 것이고, 그 음식물은 또한 식물들과 동물들일 것이다. 모든 것이 진화되었을 뿐이라면 모든 것에는 이유라는 것이 있을 수 없다. 모든 것들은 우연에 귀착되어버리고 말기 때문이다. 그러나 모든 것들이 창조되었을 뿐이라면, 우연은 사실 발붙일 틈이 없게 되고, 오직 모든 것들에는 존재의 이유가 있게 된다. 그리고 모든 것들이 진화된 것들이라면, 식물의 존재 역시 어디로부터 왔는가에 대해서 말할 수 있어야만 한다.

진화론자들은 그 모든 것들이 우연하게 만들어졌을 뿐이라고 얼버무리고 말 것이다. 그것들의 존재 이유도 알 수 없다고 할 것이다. 그러나 이에 반해서 성경은 하나님께서 식물들을 직접 창조하셨다고 말한다. 그리고 그것들을 만드신 데에 대한 당위성도 분명히 해두고 있다. 즉, 식물은 앞으로 창조되게 될 동물들과 인간들의 먹이(식량)로 미리 만들어두셨다는 것이다.

7. 식물 속에 숨겨진 하나님의 창조섭리

창조는 철저하게 계획된 것이었다. 하나님을 믿기를 싫어하거나, 또는 그분의 존재성을 고의적으로 부인하며 살아가는 사람들에게는 모든 것들이 우연으로 보이겠지만, 하나님을 마음속에 모시고 살아가는 사람들은 이름 모르는 들풀 하나만 보더라도 하나님의 창조 섭리를 생각하게 되는 법이다. 그 들풀 하나, 돌 하나에도 존재의 이유들이 모두 있을 것으로 믿기 때문이다.

식물에 대해 깊이 연구해보면, 모든 식물들은 단순히 인간들의 허기진 배를 채우기 위한 식용으로만 준 것은 아니라는 것을 알 수 있다. 왜냐하면, 하나님께서 육체에 필요한 영양 성분들을 보충하게 해두신 것은 물론이고, 심지어는 우리 몸에 걸릴 수도 있는 각종 질병들에 대한 자연 치료의 성분들까지도 함유시켜두었기 때문이다. 동양의 한약이나, 서양의 생약 등은 모두 식물들로부터 추출한 것들이다.

8. 편식을 금하신 하나님

식물들은 흙 속의 유기물들을 먹고 자란다. 그런데 하나님께서는 그 식물들은 모두 한가지 유기물들만 흡수하게 하지 않았다. 식물들은 그 종류에 따라 모든 유기물들을 선택 흡수하게 되어 있다는 것을 과학은 이미 밝혀냈다. 배추는 배추가 자라는데 필요한 성분들만을 흡수하고, 감자는 감자가 자라는데 필요한 성분들만 흡수하며, 기타 다른 채소들이나 풀들이나 나무들에 있어서도 예외는 아니다. 우리는 한 종류의 음식이나 한 종류의 채소만을 먹으면 안 된다. 비록 그것이 다량의 영양분을 함유하고 있다고 할지라도 다른 식물에 없는 성분들도 있을 수 있기 때문에, 여러 가지 음식을 골고루 먹지 않으면 안 된다.

인간은 모든 먹을 수 있는 식물들을 골고루 먹도록 처음부터 하나님께서 작정해두셨다는 것을 알 수 있다. 이것은 하나님의 창조섭리의 하나다. 그러나 사람들은 편식하기를 마다하지 않고 있으며, 호식가들이나 미식가들은 오로지 고급 음식, 값비싼 음식만을 먹으려고 한다. 선진국일수록 외식산업은 엄청나게 발달되어 있고, 현재 고급 레스토랑일수록 더욱 더 호황을 누리고 있다. 그런 호식가들은 나이가 들면 들수록 도리어 더 성인병에 시달리고 있으며, 다른 사람들보다 더 건강하기는커녕, 비만으로 고생을 하고 있거나, 오히려 노화현상이 더 빠르게 나타나고 있는 것을 흔히 볼 수 있다. 그것은 어쩌면 창조의 섭리에 크게 벗어나서 살았기 때문에 나타나는 현상일지도 모른다.

9. 체내의 항체 형성과 식물의 관계

우리 몸에 독소나 또는 세균 등의 항원이 침투해 들어오면 그것을 죽이거나 약화시키거나 또는 무력화(無力化)시키는 일을 해내는 것이 체내에 있는데, 이를 항체라고 한다. 그런데 한 가지 항원에는 반드시 한 가지 항체만이 작용하게 되어 있다. 이를 생물학에서는 항원-항체반응이라고 부르고 있다. 이것 역시 창조의 섭리이자, 동시에 창조의 질서 중의 하나이다. 즉, 임의의 항원이 체내에 침투해오면 그 항원에 대항하는 항체는 오직 한가지만이 있을 수 있다는 것이다. 그러므로 설사 다른 항체들이 체내에 아무리 많다고 할지라도 그 항원에 대항할 항체가 체내에 만일 없다면, 그 사람은 결국 병에 걸리고 만다.

우리의 체내에는 여러 종류의 다양한 항체가 많이 있어야만 어떤 질병에라도 대비할 수 있게 된다. 하나님께서는 그 항체들이 음식물을 섭취할 때 만들어지게 해두셨다. 그러나 어떤 특정한 항체들은 한가지 음식만을 섭취할 때 만들어지는 게 아니다. 가급적 많은 종류의 항체들을 몸에 지니기를 원한다면, 골고루 음식을 섭취해야만 한다. 식물에 대해 연구를 하다 보면, 우리가 일상적으로 섭취하는 모든 식물에 이르기까지 치유의 성분이 함유되어 있다는 것을 알 수 있다. 그것까지도 인간을 향한 하나님의 세심한 배려였음을 깨닫게 된다.

10. 버려야만 할 편견

'편견' 이나 '편애' 나 '편협' 이나 '편식' 등은 사람이 살아가는 데 있어서 별로 좋은 게 못된다. 대부분의 가정에서 음식을 만드는 것은 주부들의 몫이다. 결국 주부들은 가족들의 건강을 직접·간접적으로 책임을 지게 되는데, 그런 경우 주부들은 어떻게 해서든지 가족들에게 편식을 없애도록 도와주고, 그리고 값은 고하간에 가급적 영양가를 배려한 변화무쌍한 식단을 짜서 내놓는 것이 주부들이 해야 할 일이다. 반드시 그런 것은 아니지만, 편식을 하는 사람은 편견에 사로잡혀 있는 경우가 무척 많다. 처세는 물론이고 먹는 것까지도 역시 좌로나 우로나 치우치지 않는 것이 좋다.

11. 식생에 의한 생물학적 분류

하나님께서는 태초에 모든 동물들을 위시해서 인간들이 식물을 먹도록 해두셨다. 생물학에서는 그러므로 식물을 생산자라고 부르고 있다. 이 식물들을 초식동물들이 1차적으로 먹는다고 해서 초식동물들을 일컬어 1차 소비자라고 한다. 그리고 이 초식동물들을 육식동물들이 다시 잡아먹는다고 해서 육식동물들을 2차 소비자라고 한다.

이렇게 생산자로부터 소비자로 연결이 되게 되고, 그것들이 죽으면 썩게 되어 자연으로 되돌려 보내지게 된다. 이것을 박테리아 등의 미생물이 담당하고 있기 때문에, 이들 미생물들을 분해자라고 한다. 이러한 것들을 통틀어 생태계라고 하는데, 이러한 생태계에 때로는 이변이 일어나기도 하고, 종이 소멸되기도 하는 것을 볼 수 있다.

12. 환경파괴의 심각성

지금 생태계는 인간들의 무분별한 행동과 탐욕 등의 결과로 말미암아 극도로 부패해져가고 있으며, 또한 철저하게 파괴되어 가고 있다. 대기는 화석 연료의 연소 가스에 의해 오염되어 살아있는 생물체들의 숨통을 점점 죄어가고 있고, 비료, 인분, 공장폐수, 하수, 농약 등에 의해 수자원 역시 말할 수 없이 오염되고 있으며, 중금속, 맹독성 농약 등에 의해 토양 또한 철저하게 오염되고 있다. 이는 인간들 스스로가 자멸 상태로 몰아가고 있는 것이나 다름없다.

오염된 토양의 무기물들을 최초로 흡수하고 있는 것은 식물이다. 그리고 오염된 식물을 곤충이 먹고, 그 식물과 더불어 곤충을 동물들이 먹게 되며, 그 동물들과 식물들을 결국에는 인간들이 먹게 된다. 오염 물질은 상위 영양 단계로 갈수록 농축이 심해지는데, 결국 가장 큰 피해를 입게 되는 것은 인간이다. 현재 오염된 토양은 지하수를 오염시키고 있고, 상수원도 예외가 아니어서 각종 농약이나 화공 약품들로 인하여 심하게 오염되어 가고 있다. 이 모두는 현대 문명이 낳아 놓은 문화 산물들이요, 현대의 산업이 잉태해 놓은 부산물들이다.

13. 생각 없는 산업, 대책 없는 문화

성경을 연구하기 위한 구체적인 이유는 무엇이어야만 할까? 이는 분명 하나님의 뜻을 알고자 함이 아닐까? 하나님께서 인간이나 동물이 식물을 먹고 살도록 했던 이유는, 식물을 오염시키지 말라는 간접적인 뜻이 있었고, 인간과 식물은 공존하라는 의미도 내포되어 있었다. 모든 오염은 인간의 탐욕에서 비롯된 것들이라고 할지라도 절대로 과언이라고 할 수가 없다. 개발보다는 보존을, 훼손보다는 복구를, 무절제한 벌목보다는 식수(植樹)를, 오염보다는 오염 방지를 위해 조금만이라도 더 신경을 쓰려고 했더라면, 인간들은 적어도 지금보다는 더 쾌적한 환경에서 살아갈 수 있었다.

14. 문명이 낳은 식품들, 과연 이대로 좋은 것인가?

현대인들은 그 무엇 하나 제대로 마음놓고 먹을 수도 없는 처지에 놓여 있다. 식물은 농약에 의해서, 어류는 중금속에 의해서, 동물은 오염된 식물들과 동물들을 먹고 난 것들이라서 먹을수록 병을 얻게 하고, 오히려 더 건강을 상하게 하고 있기 때문이다. 더럽지 않은 식품, 상하지 않은 식품, 오염되지 않은 식품을 찾아보기가 매우 힘들다. 거기다가 불량식품, 인스턴트 식품, 기타 방부제 등을 필요 이상으로 첨가해서 만든 식품 등이 대형 매장들마다 산더미처럼 진열되어 있다. 그런 식품들을 먹어온 현대인들은 원인불명, 또는 치료가 전혀 불가능한 병들을 얻게 되어 세상 이곳 저곳에서 하루에도 수십, 수백 명씩 죽어가고 있는 실정이다. 그야말로 현대 문명이 낳은 재앙이라고 밖에 생각하지 않을 수가 없다.

15. 식물의 기능

식물은 동물들과 인간들의 식량으로 이용되는 것으로만 그치는 것은 아니다. 식물의 기능은 식량 기능 외에 공기 정화 기능도 가지고 있기 때문이다. 식물들은 적당한 수분과 적당한 온도와 적당한 햇빛이 비춰지면 동화작용(광합성이라고도 한다)을 일으킨다. 이때 식물은 광합성을 통해서 이산화탄소(CO_2)를 흡수하고 산소(O_2)를 배출하는 반면, 동물들이나 인간들은 산소를 흡입하고 이산화탄소를 배출하게 된다. 식물의 광합성은 인간의 호흡작용과 역작용의 관계에 있다는 것을 알 수 있다. 이것 역시 창조의 섭리의 하나라고 보아야 옳다. 그러나 모든 진화론자들은 침묵을 지키지 않으면 안 될 것이다. 왜냐하면, 창조의 오묘한 섭리를 논할 자격도 없을 것이기 때문이다.

16. 식물과 동물의 관계

하나님께서는 왜 식물은 광합성을 하게 하고, 인간을 위시한 모든 동물들에게는 광합성의 반대 작용을 일으키는 호흡을 하게 하셨을까? 진화론자들은 물론 우연이라고 할 것이겠지만, 그러나 창조론을 믿는 사람들은 그 이유에 대해 매우 명확하게 철학적으로 규명을 해낼 수 있다. 즉, 하나님께서는 식물과 동물을 단독으로 떨어져 살게 하신 것이 아니라, 식물과 동물은 처음부터 공존하며 살아가도록 해두셨기 때문이다.

동물은 자기 의지를 가질 수 있다. 그들은 이동하기 위한 두 발이나, 네 발, 또는 날개들을 가지고 있다. 그러나 식물들은 자기 의지를 가질 수 없다. 물론 그것들이 바람에 의해 씨나 수술이나 뿌리나 줄기가 어느 정도 이동을 해 나갈 수는 있더라도, 그것이 자유 의지를 나타낸다고 할 수 없다. 그러므로 식물들이 동물을 따라 움직이고 있다고 할 수는 없다. 도리어 동물들은 식물을 따라 움직이고 있다는 것을 쉽게 알 수 있다.

17. 식물과 동물과 기후의 관계

기후는 식물의 서식 여부를 직접적으로 결정짓게 하고, 식물은 동물의 서식 여부를 간접적으로 결정짓게 하고 있다. 그러면 모든 동물들을 대표하고 있다고 볼 수 있는 인간들은 식물들을 어떻게 대해야만 할 것인가? 당연히 그것들을 무절제하게 벌목을 한다든지, 또는 훼손을 한다든지 해서는 안 된다. 물론 그 이유는, 그 식물들과 상호 공존하도록 하나님께서 처음부터 그렇게 만들어 두셨기 때문이다.

식물을 죽이면 생태계가 파괴되고, 인간들에게도 예외 없이 죽음의 그늘이 다가오게 되고 만다. 이는 하나님의 창조섭리를 저버린 인간들에게 친히 내리는 하나님의 저주라고 해도 전혀 과언이 아니다. 사헬 지대의 무절제한 벌목은 사하라 사막의 확장을 가져오게 했고, 그 땅이 점차 황폐화되어 가면서 수많은 사람들이 현재 굶어 죽어가고 있다는 것을 잊어서는 안 된다.

18. 육체와 정신의 관계

건강한 육체가 없는 한 건강한 정신이란 있을 수 없다. 그렇다고 해서 육체만 건강하면 정신도 저절로 건강해지게 된다는 말은 아니다. 건강한 정신을 유지하기 위해서는 건강한 육체가 필수적으로 필요하다는 것을 말하는 것 뿐이다. 건강의 열쇠는 하나님께서 태초에 만들어 두신 대자연이 쥐고 있다는 것을 절대로 망각해서는 안 된다. 공기, 물, 흙, 토양 및 식물 등이 그것이다.

19. 마음을 열면 보이는 창조의 섭리

만일, 하나님께서 인간을 위시해서 동물들을 아무 계획 없이 식물보다 더 먼저 만드셨다고 가정해보자. 이는 사실 생각만 해도 끔찍한 일이다. 맑은 공기도 없고, 먹을 것도 제대로 없는 상태에서 모든 동물이나 인간이 창조되었다면 참으로 그 얼마나 아수라장이었겠는가?

동물들의 허기진 배는 무질서도(엔트로피)를 매우 높게 만들어갈 뿐이기 때문이다. 이 모든 것들에 대해 대비해 가면서 순서를 정하여 하나 하나 창조해 나갔던 것이 그 얼마나 놀라운 일인가? 즉, 식물이 자라나게 하기 위해서 빛을 먼저 만드셨고, 물도 만드셨으며, 그것들을 정리도 해두셨다. 그리고 그 후 동물이나 인간을 순차적으로 창조를 해 나가셨다.

각기 종류대로 씨 가진 열매 맺는 과목을 내라 하시매

1. 씨 가진 열매 맺는 나무

히브리어의 עָצָה (야차)는 아라비아어의 '단단하다', '굳다' 라는 의미를 가지고 있는 동사다. 이 단어에서 עֵץ(예츠)라는 단어가 파생되어 나왔는데, עֵצָה (야차)의 남성 명사 단수로서, '나무' '땔감으로 사용하는 나무' 또는 '열매 맺는 나무' 라는 뜻을 가지고 있다. 히브리어 פָּרָה(파라)는 '열매를 맺다', '과실을 내다' 라는 뜻을 가지고 있는 동사이다. 이 단어로부터 פְּרִי (페리)라는 단어가 파생되어 나왔는데, פָּרָה (파라) 라는 단어의 남성 명사 단수로서 '열매', '소출', '과실', '소산' 등의 뜻을 가지고 있고, '몸의 소산' 이나 '소생' 또는 '자식' 이라는 뜻을 가지고 있기도 하다. 따라서 עֵץ פְּרִי (예츠 페리)는 '열매 맺는 나무' 라고 번역이 된다.

2. 씨 가진 열매 맺는 나무의 생물학적 의미

bear fruit with seed 또는 fruit trees with seeds inside the fruit 나 fruit trees bearing fruit in which is their seed 등은 영어 성경에서 '씨 가진 열매 맺는 과목' 이라는 뜻을 가지고 있다. 이를 굳이 생물학적으로 말하자면, 앵두, 모과, 찔레 등의 관목(灌木)을 위시해서, 성경에 나타나는 포도나무나 감람나무나 무화과나무 등이 여기에 속하며, 우리 나라에서도 생산되고 있는 사과, 배, 복숭아, 밤, 대추 등도 여기에 속한다고 할 수 있다.

그대로 되어

1. 모든 것이 하나님의 의도대로 됨

그 모든 것들은 하나님의 의도대로 관철되었을 뿐이었다. 하나님의 의도대로 되는 한 하나님의 보시기에 좋지 않으신 것이 단 하나도 없었다. 그러나 하나님의 의도에서 벗어나는 한 하나님의 보시기에 좋으신 것은 단 하나도 있을 수 없다.

2. 창세기 1장의 문장 구조의 분석 ;

창세기 1장의 문장구조를 자세히 살펴볼 차례가 되었다. 태초에 관한 기사를 면밀하게 분석을 해보면 매우 치밀했었다는 것을 알 수 있는데, 이는 창조사역에 관한 기록을 무척 간단하게 하면서도 주도 면밀하게 하려고 했었다는 것을 알 수 있다. 왜냐하면, 창세기 1장의 3절에서 31절까지의 창조사역에 관한 기록이 하나의 공식처럼 되어 있고, 이 공식의 틀을 벗어나 있지 않기 때문이다. 이제, 이 공식을 점검해보자.

(1) 도입; 모든 창조사역이 시작될 때마다 '하나님이 가라사대' 라는 문구로 시작되고 있다. 이는 하나님 자신이 친히, 또는 손수 만드셨음을 알려주는 말씀으로서 "하나님이 말씀하시고 직접 명령하시기도 하셨음"에 대한 사실을 알려주고자 했던 것이다.

(2) 명령; 모든 창조물들에 대한 것들은 대부분 하나님의 명령하심에 의하여 창조되었다. 그런데 이 명령도 자세히 보면 다음과 같은 세 단계로 구분이 되어진다.

① 명령하시기 이전의 상태에 대한 기록; 하나님께서 창조하시기 이전, 또는 명령을 하시기 이전의 상태는 "~ 하였다"는 식의 형태를 취하고 있다. 예를 들자면 "땅이 혼돈하고 공허하며 흑암이 깊음 위에 있고… (1:2)" 등이 그것이다.

② 명령을 내리시기 직전의 하나님의 마음 상태나 또는 의도하셨던 바에 대한 기록; 이 부분은 하나님께서는 누구와 상의를 하거나, 토론을 하거나, 또는 누구의 부탁이나 청탁을 받거나, 누군가의 도움을 받으신 적이 없고, 오직 하나님 자신의 의지로서 그것들이 이

루어지게 하셨음을 말해주는 부분이다. 성경은 하나님께서 직접 "~ 하게 하리라"고 기록하고 있기 때문이다. 예를 들자면, "물 가운데 궁창이 있어 물과 물로 나뉘게 하리라(창1:6)" 등이 그것이다. 이러한 문장으로써 오로지 하나님의 자유의지로 창조하셨다는 것을 알 수 있게 해준다.

③ 실제로 명령을 내리시는 것에 대한 기록; 하나님께서 직접 "~ 이 있으라" "~ 하라"고 하셨다고 기록을 하고 있다. 인간들의 경우에는 권력이나 권세를 조금만이라도 쥐고 있더라도, 대부분의 일들을 자신이 직접 하려고 하지 않고 다른 사람들에게 모두 위임해서 처리하려고 한다. 하나님도 천상천하에서 가장 위대하신 분이시기에 자신이 직접 창조하시지 않고, 얼마든지 천사 등의 다른 창조물에게 위임을 시킬 수도 있으셨다. 그러나 창조사역 만큼은 그 누구에게도 하나님을 대신하여 일을 처리하도록 명령을 내리신 바 없었고, 오직 하나님께서 손수 창조를 하셨었다. 예를 들어서 "하나님이 가라사대, 빛이 있으라(창1:3)"고 하셨다고 하는 데, 이는 하나님의 직접 명령에 의해 창조되었음을 말해주는 본보기이다.

(3) 실현에 대한 상태; 성경은 "~ 그대로 되니라"라고 기록되어 있다. 이 말씀은 모든 것들이 하나님의 의도하셨던 그대로 이뤄졌음을 말한다. 창세기 1장에서 "그러나 이것만은 그대로 되지 않았느니라"는 식의 표현 등은 단 한 번도 나오지 않고 있다.

하나님의 명령하심에 대해서 상대적인 것이란 존재할 수가 없다. 하나님의 명령은 절대적인 것일 뿐이기 때문에, 이 세상 그 어느 창조물이라 할지라도 그분의 뜻을 거역할 수는 없다. 그리고 그 역도 성립한다. 즉, 하나님의 명령은 그 어느 창조물이라 할지라도 거역할 수 없기 때문에 절대적이라는 것이다. 예를 들자면 "하나님이 궁창을 만드사 궁창 아래의 물과 궁창 위의 물로 나뉘게 하시매, 그대로 되니라(창 1:7)"고 기록하고 있다.

⑷ 창조물에 대한 명명; 하나님은 창조하신 것으로 그치지 아니하시고 그것들에게 이름을 직접 부여하시기도 했다. 예를 들면 "빛을 낮이라 칭하시고, 어두움을 밤이라 칭하시니라(창1:5)" 등이 그것이다. 빛을 낮이라 칭하고, 어두움을 밤이라 칭한 것은 어느 인간이나 천사가 아니었다. 저절로 생겨난 명칭도 아니었다. 그것은 오직 하나님에 의해서 창조되어졌고, 그리고 그분에 의해 직접 명명도 되어졌음을 말해 준다.

⑸ 창조물의 분류; 하나님께서는 창조물들에 대해 1차적인 분류를 단행하시기도 하셨다. 그리고 그것들은 인간이 창조된 이후에 2차적인 분류가 이루어지도록 해두셨다. 예를 들어서 "땅은 풀과 씨 맺는 채소와 각기 종류대로 씨 가진 열매 맺는 과목을 내라 하시매 그대로 되어, 땅이 풀과 각기 종류대로 씨 맺는 채소와 각기 종류대로 씨 가진 열매 맺는 나무를 내니(창1:11-12)"라고 기록하고 있다. 물론, 후술하겠지만, 이 기록은 하나님에 의해 단행된 1차 분류라고 할 수 있다.

⑹ 창조물들에 대해 복을 주심; 하나님께서는 때로 자신이 창조하신 것들에 대해 복을 주시기도 하셨다. 예를 들면 "하나님이 그들에게 복을 주어 가라사대 '생육하고 번성하여 여러 바다 물에 충만하라. 새들도 땅에 번성하라' 하시니라(창1:22)"고 했다.

⑺ 결과에 대한 자기 선언; 창세기 1장의 창조 기사에는 '하나님이 보시기에 좋았더라' 고 하는 말씀이 일곱 번 나오고 있다. 즉, '하나님의 보시기에 언짢았다' '하나님의 보시기에 좋지 않았다' , 또는 '하나님의

보시기에 나빴다' 는 식의 표현은 성경에 단 한 번도 나오지 않고 있다. 이 말씀은 여러 가지 철학적 의미를 갖고 있는데, 그 중의 하나는, 창조가 매우 치밀하게 계획된 상태에서 이루어졌다는 것과, 그 계획에서 벗어났던 적은 단 한번도 없었다는 것을 말해준다.

3. 창조주 하나님 안에서의 삶

우주상의 모든 피조물들은 하나님의 창조 사역에 대해, 우주 만물의 운행하심에 대해 단 한가지라도 불만을 가질 수 없는 것이며, 불만을 나타내려고 해서도 안 된다는 논리가 성립된다. 그 이유는, 그분께서 창조하신 그 모든 것들에게는 잘못된 것이 단 하나라도 존재할 수가 없는 법이기 때문이다. 잘못이 나타나게 될 때는 언제인가 하면, 마귀가 잘못되도록 조장을 할 때나, 인간이 자기의 자유의지를 악용하게 될 때나, 또는 고의적으로 창조주 하나님을 떠나서 살아가려고 할 때 나타나게 되는 것이다. 시험에 빠지는 것, 스스로 미혹되는 것, 의심하는 것, 성령을 거스르는 것 등은 하나님의 창조 의지로부터 크게 이탈된 것들이 될 뿐이다.

4. 자연으로 돌아가자는 말의 진정한 의미

하나님께로 돌아가자고 외치면 불신자들은 이에 대해 대부분 매우 냉담한 반응들을 보인다. 그러나 자연으로 돌아가자고 외치면 의외로 많은 불신자들까지도 호응을 보이기도 한다. 자연으로 돌아가자는 외침 그 이면에는 하나님께로 돌아가자는 의미가 매우 많이 내포되어 있는 것이다. 자연으로 되돌아가자는 말에는 사실상 창조의 원래 의미를 되찾자는 말이 내포되어 있고, 창조의 원래 의미를 되찾자는 말 속에는 사실상 창조주이신 하나님께로 되돌아가자는 말이 내포되어 있기 때문이다.

5. 하늘의 뜻을 따르는 자만이 살아남게 된다

공자는 일찍이, 역천자(逆天者)는 망하고 순천자(順天者)는 흥하게 될 것이라고 했다. 그는 직접적으로 하나님에 대해서는 몰랐더라도 천기(天氣)에 대해서는 알았던 자였다. 천기는 인간을 지배한다. 천기는 운명을 만들어가고, 천기는 또한 숙명을 만들어간다. 이에서 벗어나서 살 수 있는 자가 과연 있을까? 이에 대해 공자는 없다고 결론을 내렸다.

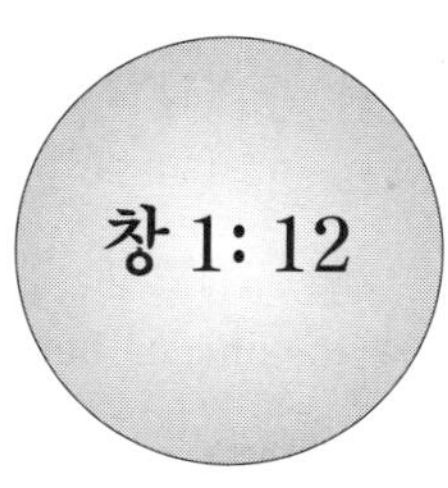

땅이 풀과 각기 종류대로 씨 맺는 채소와 각기 종류대로 씨 가진 열매 맺는 나무를 내니, 하나님의 보시기에 좋았더라.

KJV; And the earth brought forth grass, [and] herb yielding seed after his kind, and the tree yielding fruit, whose seed [was] in itself, after his kind: And God saw that it was good.

NIV; The land produced vegetation:plants bearing seed according to their kinds and trees bearing fruit with seed in it according to their kinds. And God saw that it was good.

LB; Let the earth burst forth with every sort of grass and seed-bearing plant, and fruit trees with seeds inside the fruit, so that these seeds will produce the kinds of plants and fruits they came from. And so it was, and God was pleased.

RSV; The earth brought forth vegetation, plants yielding seed according to their own kinds, and trees bearing fruit in which is their seed, each according to its kind. And God saw that it was good.

זַרְעוֹ־ בּוֹ לְמִינֵהוּ וַיַּרְא אֱלֹהִים כִּי־ טוֹב:
seed-of-him in-him to-kind-of-him and-he-saw God that good

מַזְרִיעַ זֶרַע לְמִינֵהוּ וְעֵץ עֹשֶׂה־ פְּרִי אֲשֶׁר
seed-bearing seed to-kind-of-him and-tree bearing fruit which

וַתּוֹצֵא הָאָרֶץ דֶּשֶׁא עֵשֶׂב
and-she-produced the-land vegetation plant

땅이 풀과 각기 종류대로 씨 맺는 채소와
각기 종류대로 씨 가진 열매 맺는 나무를 내니,

1. 풀을 창조하신 하나님

하나님께서 태초에 만드셨던 식물들을 성경에 입각해서 1차적으로 분류해보자. 그 중의 첫 번째가 '풀(דֶּשֶׁא /떼쉐: grass, vegetation)' 이다. 이 풀은 초식 동물들이 먹기에 좋은 잔디나 토끼풀이나 기타 잡풀 등을 위시해서, 인간들이 먹을 수도 있는 각종 채소들을 말한다. 약용으로 쓰이는 모든 식물들과, 고구마나 감자나 모란, 그리고 생강, 마늘, 파, 양파 등의 양념용 재료로 사용되는 것들도 여기에 속한다.

2. 씨 맺는 채소를 창조하신 하나님

하나님께서는 '씨 맺는 채소(עֵשֶׂב /에쎄브)' 를 창조하셨다. 씨 맺는 채소란, 현재 인간들이 주식으로 하고 있는 옥수수, 수수, 조, 콩, 벼, 밀, 보리 등을 말한다. 그러므로 이러한 모든 것들은 1차적인 분류를 할 때는 '풀' 에 속한다고 하지 않고, '씨 맺는 채소' 에 속한다고 해야 옳다.

여기서 1차적인 분류에서 '풀' 에 속하는 것인가, 아니면 '씨 맺는 채소' 에 속하는 것인가에 대해서는, 줄기나 '뿌리' 에 의한 번식인가, 아니면 '씨' 에 의한 번식인가로 구분하면 된다. 왜냐하면, 만일 '줄기' 나 '뿌리' 등으로 번식하면 그것은 '풀' 로 분류되고, '씨앗' 에 의한 번식이면 그것은 '씨 맺는 채소' 로 분류되기 때문이다.

3. 씨 가진 열매 맺는 나무를 창조하신 하나님

식물 중에서 '씨 가진 열매 맺는 나무(עֵץ פְּרִי/예츠 페리/bearing fruit or yielding fruit)' 에 대해서 살펴보자. 영어 성경의 'yielding fruit' 는 '열매를 풍부하게 맺는 과일' 이라는 뜻을 담고 있기도 하다. 여기에서 씨 가진 열매 맺는 채소란 곧 야자, 바나나, 복숭아, 사과, 배, 포도, 무화과, 감, 밤, 대추 등의 모든 과일들을 일컫는다. 씨 가진 열매들은 인간을 기준으로 하여 '먹을 수 있는 열매', '먹을 수 없는 열매' 그리고 '독성이 있는 열매' 등으로 구분된다. 그렇다고 해서 하나님께서 처음부터 먹을 수 없는 과일이나 독성이 있는 과일들을 만드셨던 것은 아닐 것이다.

4. 하나님께서 태초에 가시나 독이 든 풀이나 열매들은 만들지 않으셨을 것이라는 가설

1차적인 분류에 나타나게 되는 풀, 열매, 과일 등은 식용이나 관상용도 많이 있지만, 그 중에는 현재는 독성이 있는 것들이나, 또는 인간을 상하게 하는 가시들도 끼어있다. 그러한 것들도 태초에 하나님이 만드신 것들일까? 그렇지 않다. 왜냐하면, 이러한 것들은 인간 타락 후에 죄에 대한 대가(代價)로 인하여 만들어진 것들이라고 했기 때문이다(창 3:18 참조).

하나님의 보시기에 좋았더라.

1. 독성이 있는 풀들의 창조

하나님의 보시기에 좋았다는 말씀이 세 번째 나왔다. 그런데 왜 풀, 씨 맺는 채소 그리고 씨 가진 열매 맺는 나무 등을 만드시고 하나님은 보시기에 좋았다고 하신 것일까? 물론 그 당시에는 풀이나 꽃이나 버섯 등에 독성이 없었고, 가시도 나지 않았으며, 열매 등에도 독이 없었을 것이다. 왜냐하면, 그런 것들은 동물들에게나 인간들에게 유익한 것들이라고 할 수 없기 때문에, 그런 것들을 만드시고 하나님이 보시기에 좋았다고 하셨을 리가 없다.

물론, 때로 독이 되는 것이 인간에게 반드시 불리하게 작용하는 것은 아니다. 인간이 독에 감염되었을 때, 독을 이용하여 해독하는 수도 있기 때문이다. 그러나 만일, 독이 되는 것이 있어서, 그것을 먹거나 바르거나 또는 냄새를 맡게 되었을 때 죽을 수도 있었다면, 인간들이 죽지 않게 만들어졌다고 하는 논리에 위배되고 만다. 그러므로 독이 있는 풀이나 나무는 아예 만들지 않았을 것이고, 만일 만들어두었다고 할지라도, 하나님께서 그것들을 처음부터 구분 가능하도록 해두셨을 것이다.

2. 식물 창조 후 하나님 보시기에 좋으셨던 이유

창조 그 자체가 모두 계획 속에서 되어진 것이었을텐데, 왜 그 식물들을 만드시고 보시기에 좋으셨다고 하셨을까? 그 이유는, 하나님께서 의도하셨던 순서에 맞게 창조되어 그렇게 표현하셨을 수도 있었다. 하나님께서 의도하셨던 순서나 절차에서 벗어나 있었다면 하나님의 보시기에 좋았다고 하셨을 리가 없다. 설사 어느 누구의 입장에서 보기에 좋더라도, 그것이 만일 하나님 보시기에 순서 상 맞지 않으면 좋은 것이 될 수 없다.

3. 하나님께서 좋아하셨던 또 다른 이유

하나님께는 식물 창조만으로도 기쁜 일이었다. 그러나 하나님께서 그토록 기뻐하셨던 또 다른 이유 중의 하나는, 그 다음 창조물에 대한 준비 단계였기 때문이었다. 즉, 식물 창조는 그것이 전부가 아니라, 그 다음의 창조사역에 대한 준비과정의 하나였기에 하나님께서 보시기에 좋았을 것이다.

식물 창조 후에 계속해서 곤충들과 들짐승들과 공중에 나는 새들 및 어류(물고기) 등을 창조한다고 상상해보자. 피조물들은 그 모든 미래에 일어날 창조물들에 대해 감히 알 수 없는 일들이겠지만, 그 모든 것들을 계획하고 순서대로 창조해 나가고 있을 때 참으로 그 얼마나 신명나는 일이셨을까? 충분히 상상이 가고도 남는 일이 아닌가? 이 모든 기록들은 자연발생설을 다시 한번 더 철저하게 부인(否認)하게 해주고, 오직 하나님께서 그 모든 것들을 창조하셨다는 사실만이 더욱 더 가슴에 와 닿게 해주고 있다.

4. 필요에 따른 창조물들

하나님이 보시기에 좋은 것이란, 창조물들에 대한 결과론적인 것일 수도 있지만, 그러나 필요한 것들이 순서나 절차에 맞게 창조되었을 때도 하나님의 보시기에 무척 만족스러웠다. 심지어, 하나의 돌들까지도 다 그것 나름대로의 존재의 가치를 가지고 있기 때문이다.

예를 들면, 그 돌은 건설용 자재나 실내장식 재료로 쓰이기도 하고, 풍화를 받게 되어 모래가 되면 건축용 재료로 사용되기도 하며, 풍화가 더욱 더 진전되면 토양이 되어 식물이 뿌리를 내리도록 도와주고, 그것들이 녹아 지하수의 미네랄이 되면 동식물에게 흡수당하기도 한다.

5. 창조도 하시지만 청소도 하시는 하나님

작은 박테리아로부터 몸집이 매우 큰 동물에 이르기까지 하나님께서 창조하신 모든 것들은 그 어느 것 하나라도 불필요한 것은 있을 수 없다. 만약 어느 곤충이나 어느 동물이 사라지면 먹이사슬은 곧 깨지게 되며, 그에 따라 생태계도 파괴되고 말기 때문이다. 그러므로 그 모든 것들은 누가 뭐라고 할지라도 창조의 섭리에 의해 완결되어진 것들이다.

그러나 그렇다고 하더라도 이 세상에는 창조의 섭리에서 벗어나 있거나 혹은 창조의 섭리에서 어긋나 있는 것들이 존재할 수도 있다. 만일 그런 것들이 지구상에 더 이상 존재할 가치가 없다고 여겨지게 되면, 하나님께서는 그런 것들을 손수 제거도 하신다.

6. 쓰레기 같은 인간들

인간들 중에도 더러 불필요한 자들이 없지 않다. 그런 자들은 어떤 경로를 통하든지 간에 죽게 되어 이 땅 위에서 사라져 버리고 마는 것을 볼 수 있다. 간혹 어떤 신학자들은 하나님의 창조 사역은 최초 6일로 끝났다고 주장하기도 한다. 그러나 그런 자들은 사실 생각이 매우 짧다고 밖에 볼 수 없다. 왜냐하면, 하나님께서는 지금도 우주와 더불어 지구상의 질서를 유지시켜 나가기 위해서 일을 하고 계시기 때문이다(요 5:17 참조).

7. 하나님은 쉬시지 않으신다는 것에 대한 귀납적 증명

하나님의 심판이 없다면 하나님은 쉬고 계신다고 해도 틀린 말이 아닐 것이다. 그리고 우리가 기도를 올렸을 때 그 기도가 이루어지지 않는다면 하나님은 일하시지 않는다고 해도 말이 될 것이다. 그러나 우리가 하나님께 기도를 올리면 그 기도가 이루어지고, 누군가 만일 잘못을 저지르면 그에 상응한 벌이 내려지며, 또한 누군가 만일 신실하게 살아가면 그 사람뿐만 아니라 그의 후손까지도 복을 받게 된다면, 하나님은 지금도 쉬지 않고 일하시는 것에 대한 귀납적 증명이 된다.

8. 철학과 과학 등은 하나님의 법칙

인과응보의 법칙은 석가모니의 법칙이다. 그러나 그것은 석가모니가 발견한 법칙이지, 그가 발명한 법칙은 절대로 아니다. 석가모니가 어느 순간에 '모든 인간들에게 인과응보의 법칙이 있으라' 고 했고, 그 이후로 인간들에게 인과응보의 법칙이 나타나기 시작했다거나, 또는 적용되기 시작했다면, 그것은 석가모니가 개발한 법칙이요, 더 나가서 석가모니가 창조한 법칙이라고 할 수도 있다. 그러나 석가모니가 그 법칙을 발견해냈건 또는 발견해내지 않았건 간에 그 법칙은 누구에게나 이미 적용되고 있었다.

그러므로 인과응보의 법칙이나, 뉴턴의 만유인력의 법칙을 위시해서, 전기력이나 자기력에 관한 쿨롱의 법칙, 뉴턴의 관성의 법칙과 가속도의 법칙 및 작용-반작용의 법칙, 그 외에도 케플러에 의한 행성의 운동에 관한 타원궤도의 법칙이나 면적-속도 일정의 법칙 및 주기의 법칙, 그 외에도 에너지 보존의 법칙, 운동량 보존의 법칙이나 동식물의 생존에 필요한 법칙들 및 화학 법칙 등, 그 모든 법칙들은 태초에 하나님께서 우주를 질서있게 운행하시기 위해 창조해 두셨던 법칙들일 뿐이다.

하나님만이 모든 과학이나 철학이나 인문과학에 관한 제 법칙들의 제작자요, 발명자요, 또한 창조자이시다. 다만, 그러한 하나님의 법칙들을 석가모니나 공자나 마호메트나 소크라테스나 뉴턴이나 갈릴레이나 케플러나 아인슈타인 등이 힘들여 발견해냈을 뿐이다.

9. 오류에 빠지기 쉬운 기독교인들

현재 모든 기독교인들이 범하고 있는 가장 큰 오류 중의 하나는, 그러한 제 법칙들이 하나님의 법칙임을 까마득히 모르고 있다는 점일 것이다. 그리고 그러한 법칙들이 성경에 나와있지 않다고 해서 그러한 법칙들의 주장자들인 석가모니나 공자나 맹자나 소크라테스나 기타의 과학자들에 대해 무조건 무시하려고만 한다는 점이다. 또는, 더러 무지몽매한 기독교인들 중에는 그들의 주장들을 오히려 성경보다 더 맹신하기도 한다는 점이다. 그러나 이는 양쪽 모두 다 어리석은 짓들일 뿐이다.

10. 석가모니의 양면성

아직 아무도 발견해내지 못하고 있을 때, 석가모니가 명상을 통해 하나님의 인과응보의 법칙을 발견해냈다고 하는 점은 높게 평가해야 한다. 왜냐하면, 인간의 사고 영역을 넓히는데 있어서 크게 기여했다는 점에 대해서는 인정을 해야하기 때문이다. 그러나 그런 반면에 석가모니가 그러한 법칙이 마치 자기로부터 비롯된 법칙인 것 마냥 주장을 했다면, 이는 비판을 받아 마땅하다. 이 법칙은 하나님으로부터 비롯된 것이기 때문이다.

그러므로 자기가 개발한 법칙이 아니라 하나님으로 비롯된 법칙이었노라고 솔직히 말했다면, 그는 참으로 깨달은 자라고 해도 과언이 아니다. 그러나 만일, 그가 그렇게 말하지 않았다면 혹세무민했다고 하는 누명을 벗을 길이 없다.

11. 불교인들의 한계

불교인들은 누구나 인과응보의 법칙이 석가모니의 법칙이라는 것에 대해 의심하지 않고 있다. 그러나 그 법칙이 하나님으로부터 비롯된 법칙이라는 사실을 잘 모르고 있다면, 그것은 곧 불교인들의 한계이다. 불교인들이 만일 하나님의 법칙을 하나님의 법칙인줄도 모르고, 오로지 석가모니의 법칙으로 착각을 하고 있다면, 이는 참으로 안타까운 일이 아닐 수 없다.

12. 그러면 어떻게 살 것인가?

하나님께서는 창조주이시기 때문에 불필요한 것을 용납하실 리가 없으시다. 물론, 인간과 자연과 하나님 앞에서 잘못 해석되고 있는 그 모든 것들도 용납하실 리도 없다. 하나님께서는 오직 자기만을 의지하고 살아가는 자들에 한해서만 자손 천대까지 복을 내리시게 된다(출 20:6, 34:7, 신 5:10, 7:9 참조).

그러나 창조주 하나님이심을 망각하고 단지 인간들이 만든 법칙이나 이론만으로 만족하고 그 배후에 계시는 참 하나님을 발견하지 못할 때는, 그들에게 더 이상 죄가 없다고 하지 않으신다. 살아계신 하나님께서는 죄와 악을 싫어하시며, 무질서를 싫어하신다. 특히, 하나님의 뜻을 저버리고 살거나, 또는 하나님을 인정하려고 들지 않거나, 하나님의 뜻을 고의적으로 거스르게 되면, 그런 자들을 절대로 용납하지 않으신다.

13. 종교행위의 방법들

다음과 같은 것들도 단지 하나님의 뜻을 이해하고, 또한 그분의 뜻을 따라 살아가기 위한 일련의 종교 행위들일 뿐이라는 것을 분명히 해두자.

(1) '수양' 이라는 것이 있는데, 이는 자기를 쳐서 하나님께 복종시키고, 그렇게 하기 위해서 스스로 절제하며, 근신하고, 더 나가서 자기의 내면을 다지고자 하는 모든 행위를 말한다.

(2) '수련' 이라는 것이 있는데, 이는 창조의 섭리에서 자기 육신이 자꾸만 벗어나려고 하는 것을 막기 위해, 의도적으로 그렇게 하지 못하도록 자신을 맹훈련하는 과정을 말한다.

(3) '수행' 이라는 것이 있는데, 이는 마음에서 일어나게 되는 모든 욕심

을 억제하며, 세상적인 욕망들을 끊고, 속세를 벗어나 오로지 창조주 하나님의 뜻을 따르기 위해 수도(修道)하는 과정을 말한다.

(4) '명상' 이라는 것이 있는데, 이는 욕심과 탐욕에 가득 찬 마음을 비우고, 하나님의 음성을 듣기 위해 침묵과 고요의 상태를 유지하는 것을 말한다.

(5) '기도' 가 있는데, 이는 자기 의지의 관철과 실현을 위하여 하나님께 강요하고 매달리는 것이 아니라, 안 풀리는 것에 대해 철학적으로 명상하고, 창조주 하나님의 뜻이 근본적으로 어디에 있는가에 대해 묵상하며, 일이 왜 이렇게 되었는가에 대해 돌아보고, 회개할 일에 대해 회개하며, 고칠 것은 고치고, 용서할 일은 용서하며, 미워하는 마음을 없애고, 구도를 위해 간구하며, 자기 존재에 대한 창조주의 섭리에 대해 묻는 것 등을 말한다.

14. 기독교인들의 마음 자세

기독교인들은 대부분 수양을 못마땅하게 여기고, 수련을 우습게 보며, 수행을 불필요하다고 여기고, 명상의 능력을 무시하며, 기도를 한답시고 자기 욕심을 채우기 위한 기도를 하고 있다. 그러나 하나님을 진실하게 믿고자 한다면, 이러한 모든 과정들은 종교 행위로서 반드시 필요한 과정들이며, 기도다운 기도를 해야 옳다. 현재 하나님을 제대로 알지도 못하고 있는 저 무지몽매한 이방 종교인들도 수양과 수련과 수행과 명상을 통해 하나님의 섭리를 알고자 하고, 또한 하늘의 뜻을 따르고자 하는데, 소위 하나님을 믿는다고 하는 기독교인들이 정작 이러한 것들을 불필요하고 거추장스럽다고만 한다면 옳은 일이 아니다.

15. 편법과 이단

종교행위에 있어서 편법이란, 하나님의 질서와 창조의 법을 무시하고 자기 방식을 앞세워 신앙생활을 하는 행위를 의미한다. 편법은 순진할수록, 영리하지 않을수록, 지혜가 적을수록, 그리고 진실하게 하나님을 믿고 있을수록 적게 나타난다. 하나님을 진실하게 믿지 않을수록, 하나님의 존재성을 부인할수록, 그리고 소위 말하는 IQ가 높은 사람일수록 편법을 즐겨 사용하고 있다. 이방 종교인들, 이단자들, 우상 숭배자들은 모두 편법의 대가들이라고 하지 않을 수 없다. 왜냐하면, 이단을 만드는 목적 그 자체가 곧 탐욕에서 비롯된 것들이기 때문이다.

16. 기독교 내에도 편법은 있다

하나님을 믿는다고 하는 기독교인들에게도 편법이 나타나는 경우가 무척 많다. 하나님을 믿되 하나님의 방식을 따르기를 거부하고, 자기 방식에 의해 하나님을 믿는 자들이 곧 편법쟁이들이다. 마 16:24, 막 8:34 등을 보면 누구든지 자기 십자가를 지라고 하셨다. 그러나 편법쟁이들은 자기 십자가를 지기를 송두리째 거부한다. 또한 자기를 부인하라고 했다. 그러나 편법쟁이들은 자기를 부인하기보다는 도리어 자기를 인정하려고만 한다.

17. 무화과나무를 저주하신 사건

씨 가진 열매 맺는 나무에 대해 마지막으로 하나 더 짚고 넘어가야만 할 것 같다. 후에, 신약 주석에서 자세하게 언급하겠지만, 예수님께서는 열매 맺지 못하는 나무의 결과나, 열매 맺지 못하는 나무의 심판에 대해 여러 번 언급하셨기 때문이다.

막 11:12-14에 보면, 심지어 때가 아니었음에도 불구하고 열매가 없다고 여기시어 무화과나무를 저주까지 하시기도 했다.

열매가 없다는 그 이유 하나만으로 그 나무를 저주하신 것은 아니었다. 하나님으로서, 또는 하나님의 아들로서, 열매가 없다는 그 이유를 들어 그 나무를 저주할 수도 있었던 것에 대해 아래와 같이 해명하고자 한다.

열매를 맺기 위해 창조된 나무가 만일 열매를 맺지 못하고 있다면, 그것은 창조의 섭리에 부응하지 못한 나무라고 할 수도 있다. 그러므로 그런 나무는 더 이상 이 땅에 존재할 가치가 없는 나무라고 해도 틀린 말은 아니다. 창조의 원리에서 벗어나 있다면 그것은 하나님의 의도에서 벗어나 있음을 의미하게 되고, 하나님의 의도에서 벗어나 있다면, 그것은 하나님의 섭리에 대해서 거역함을 의미하는 것이 되며, 하나님의 섭리에 대해 거역하고 있다면 하나님께 직접 또는 간접으로 도전하는 행위라고 볼 수 있다.

18. 하나님의 심판과 저주의 특징들

인간들이 만들어 사용하고 있는 법들은 때로 부적절하기도 하고, 불공평하기도 하며, 즉흥적이기도 하다. 그러나 하나님의 법은 인간들의 법과는 매우 다르다. 하나님께서는 어떤 심판을 내리시더라도 사실 즉흥적이시지는 않다. 이 사실은 성경에 매우 많이 언급되어 있다. 하나님을 오래 참으시는 분이라고 기록하고 있는 부분(렘 15:15, 벧전 3:20 참조)만 보더라도 이를 잘 알 수 있다. 하나님의 심판이 임하는 자들에게는 다음과 같은 네 가지의 특징들을 가지고 있음을 알 수 있다.

(1) 하나님의 심판 이전에 잘못들이 한두 번, 또는 여러 번 반복되고 있었다는 것이 발견된다.

(2) 심판의 직접적인 경고나 간접적인 암시 등이 하나님의 심판 이전에

여러 번 있었지만, 그럼에도 불구하고 계속해서 돌이키지 않고 있었다는 것이 발견된다.

(3) 하나님 앞에서 범죄를 행하는 자가 더러 하나님이 없다고 생각한다. 또는, 설마 하나님이 심판을 하시겠는가 하고 망령되이 생각을 하고 있었다는 것이 발견된다.

(4) 하나님의 창조섭리에서 벗어나서 살아가고 있었던 것이 발견된다. 그러나 이에 반해 하나님의 심판은 충분히 심사숙고 된 것이었으며, 오랜 시간을 두고 깊이 생각하신 것이었다고 하는 사실들을 성경 속에서 매우 쉽게 찾아낼 수 있다.

19. 저주를 받았던 무화과나무의 당위성

열매를 맺는 나무는 문자 그대로 열매를 맺기 위해 만들어진 나무였다. 즉, 그 나무들은 절대로 저절로 만들어진 나무들이 아니었으며, 진화된 존재는 더 더욱 아니었다. 그러므로 하나님께서는 자기의 의도하셨던 바에서 벗어난 모든 나무들을 못된 나무로 여길 수도 있으셨다. 그리고 저주를 받아 마땅한 나무로 여기실 수도 얼마든지 있다. 이것은 예수님의 지나친 행위가 결코 아니셨으며, 또한 하나님의 아들로서의 과오일 수도 절대로 없다.

인간도 때로는 자기가 원하는 과일을 얻기 위해 과수원에 과일 나무를 심고 수년간을 걸쳐 가꾸다가, 열매가 맺히지 않거나, 혹은 소출이 충분하지 않으면 곧바로 도끼나 톱으로 잘라 버리고 마는 것을 볼 수 있다. 이것 역시 인간의 오류나 무자비라고 볼 수는 절대로 없다. 그것은 부당한 행위라고 볼 수가 없으며, 도리어 당연한 처사라고 밖에 볼 수 없다.

우리가 이 나무를 통해서 얻을 수 있게 되는 최종 결론은, 설사 인간이라 할지라도 만일 창조주 하나님의 뜻에서 벗어나 다른 길을 가고 있다면, 그런 자들도 열매 맺지 못하는 나무 꼴이 되어, 하나님께서 과감하게 잘라 버릴 수도 있다는 사실을 알아야만 한다. 악에 대한 응징, 무질서에 대한 처벌, 죄와 모순에 대한 심판, 창조 섭리로부터의 이탈에 대한 죽음 등이 나타나는 것으로부터, 인간들은 하나님의 존재성을 귀납적으로 알게 되는 것이다.

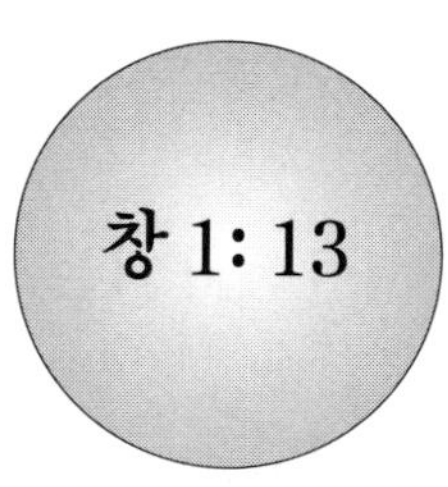

저녁이 되며 아침이 되니 이는 셋째 날이니라.

KJV; And the evening and the morning were the third day.

NIV; And there was evening, and there was morning the third day.

LB; This all occurred on the third day.

RSV; And there was evening and there was morning, a third day.

שְׁלִישִׁי :	יוֹם	־בֹּקֶר	וַיְהִי	עֶרֶב	וַיְהִי־
third	day	morning	and-he-was	evening	and-he-was

저녁이 되며 아침이 되니 이는 셋째 날이니라

원어 성경에는 있는 수사들을 1부터 3까지 나열해보면 다음과 같다.

(1) 첫째; שֶׁנִי (예하드)

(2) 둘째; שֶׁנִי (쉐니)

(3) 셋째; שְׁלִישִׁי (쏴리쉬)

여기서 3일 동안의 창조 사역을 정리하고 다음으로 넘어가자.

1. 첫째 날(יוֹם אֶחָד ; 욤 예하드)

(1) 빛을 창조하심

(결과; 하나님의 보시기에 좋으심)

(2) 빛과 어두움을 분리하심

(3) 빛을 낮이라 칭하시고 어두움을 밤이라 칭하심

2. 둘째 날(יוֹם שֶׁנִי ; 욤 쉐니)

(1) 궁창을 만드심

(2) 궁창 아래의 물과 궁창 위의 물로 분리하심

(3) 궁창을 하늘이라 명명하심

3. 셋째 날(יוֹם שְׁלִישִׁי ; 욤 쏴리쉬)

(1) 지상의 물이 한곳으로 모이고 뭍이 드러나게 하심

(2) 뭍을 땅, 모인 물을 바다라 명명하심

(결과; 하나님의 보시기에 좋으심)

(3) 땅으로 하여금 풀과 씨를 맺는 채소, 과목 등이 나게 하심

(결과; 하나님의 보시기에 좋으심)

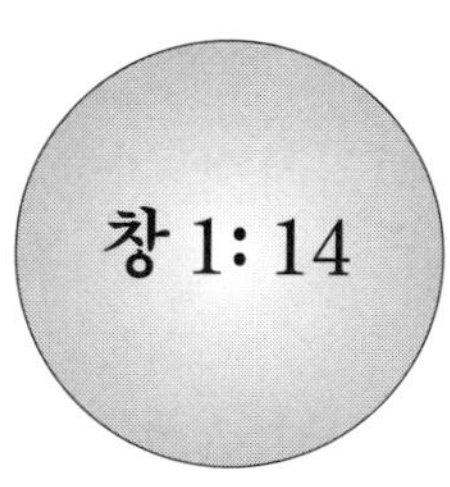

하나님이 가라사대 '하늘의 궁창(穹蒼)에 광명(光明)이 있어 주야(晝夜)를 나뉘게 하라.
또 그 광명으로 하여 징조(徵兆)와 사시(四時)와 일자(日字)와 연한(年限)이 이루라'

KJV; And God said, Let there be lights in the firmament of the heaven to divide the day from the night; and let them be for signs, and for seasons, and for days, and years:

NIV; And God said, "Let there be lights in the expanse of the sky to separate the day from the night, and let them serve as signs to mark seasons and days and years,

LB; Then God said, "Let there be bright lights in the sky to give light to the earth and to identify the day and the night; they shall bring about the seasons on the earth, and mark the days and years.

RSV; And God said, "Let there be lights in the firmament of the heavens to separate the day from the night; and let them be for signs and for seasons and for days and years,

וְשָׁנִים:	וּלְיָמִים	וּלְמוֹעֲדִים	לְאֹתֹת	וְהָיוּ
and-years	and-for-days	and-for-seasons	as-signs	and-let-them-be
הַלַּיְלָה	וּבֵין	הַיּוֹם	בֵּין	לְהַבְדִּיל	הַשָּׁמַיִם
the-night	and-between	the-day	between	to-separate	the-sky
בִּרְקִיעַ	מְאֹרֹת	יְהִי	אֱלֹהִים	וַיֹּאמֶר
1n-expanse-of	lights	let-him-be	God	and-he-said

하나님이 가라사대, 하늘의 궁창에 광명이 있어 주야를 나뉘게 하라.

1. 광명의 원어적 해석

히브리어로 אוֹר (오르)는 '빛' 이라는 의미를 가진 단어이다. 이 단어에서 מָאוֹר (마오르)가 파생되어 나왔는데, 이 단어는 여성 복수 명사로서 '발광체', '등불' 등의 의미를 갖고 있다.

이 단어에서 다시 본문의 מְאֹרֹת (메오로트)가 파생되어 나왔으며, 이 단어는 남성 단수 명사로서 태양(the sun), 달(the moon)과 같은 '빛' 이나 '발광체' 라는 의미로 사용되고 있다.

2. 광명에 대한 이해

여기에서부터는 주석이 훨씬 까다로워진다. 그럴 수밖에 없는 이유는, 창조 제 4일째에 이르러서 비로소 나타나게 되는 '광명' 을 어떻게 봐야만 할 것인가 하는 문제에 대해 철학과 신학적으로 해명을 해야만 하기 때문이다. 이에 대하여, 현재 다음과 같은 세 가지의 매우 난해한 문제들이 대두되고 있다.

(1) 맨 처음의 빛과 여기에서의 광명은 어떻게 다르다는 것인가? 그러나 이 문제는 사실 이미 해결해 두었다. 즉, 맨 처음에 창조하신 빛은 'γ선' 과 같은 창조에 사용되어진 빛을 의미한다고 이미 언급했기 때문이다.

(2) 둘째 날과 셋째 날의 낮이 되고 밤이 되게 한 것은 무엇을 기준으로 하여 설정했던 것인가? 즉, 태양과 달이 없었는데, 어떻게 낮과 밤을

설정했냐는 것이다. 그러나 그런 문제가 대두되게 될 것을 미리 염두에 두고 그 문제도 이미 언급했었다. 즉, 그 당시에는 오늘날과 같이 태양의 뜨고 지는 것으로 낮과 밤을 구분했던 것이 아니라, 하나님께서 일을 마치신 시각이 밤이 시작되는 시간이었고, 하나님께서 일을 시작하신 시간이 곧 밤이 끝나고 아침이 시작된 시간을 의미하고 있다고 언급해두었기 때문이다. 오늘날과 같은 의미의 '24시간의 하루'가 절대로 아니다.

(3) 창 1:1~13에서는 창조 제 1일로부터 제 3일에 이르기까지 지구상에서 일어나게 되었던 일들에 대해 비교적 소상하게 밝히고 있다. 그러나 창 1:14 이하에서는 창조 제 4일에 일어나게 되는 일들인데, 돌연 지구상의 문제가 아닌 우주의 문제로 초점을 맞추어가고 있다. 그것도 다른 것이 아닌 태양과 달과 별들에 대해서 말이다.

여기에서 성경대로 받아들이자면 창조 제 4일에 이르러서야 비로소 하나님께서 해와 달과 별들을 만드셨다는 것으로 보아야 옳다는 것인가? 그러나 이 말은 곧 지구가 우주의 중심이라고 하는 소위 '지구 중심설'을 간접적으로 허용하게 된다는 것을 아는가? 하지만, 만일 현대의 과학자들이나 또는 지성인들에게 이런 식의 말을 한다면 분명 정신이상자 취급을 받게 되고야 만다. 왜냐하면, 지구는 결코 우주의 중심이 아니라는 사실이 밝혀진 지가 이미 오래이기 때문이다. 그러므로 여기에서 대두되게 되는 이 세 번째의 엄청난 과학적이고도 철학적이고도 신학적이고도 종교적인 문제를 해결하기 위해서는 사실 많은 페이지를 할애해야만 할 것이다.

3. 지구는 더 이상 우주의 중심이 아니라는 것에 대한 이해

이 문제를 해결하기 위해서 우리는 눈을 돌려 우주를 향하도록 해야만 한다. 은하는 그 형태에 따라 나선은하, 타원은하, 그리고 불규칙 은하로 분류된다. 그리고 나선은하에는 두 가지의 형태가 있다. 즉, 정상나선은하와 막대나선은하가 그것이다. 우리 은하는 정상나선은하다. 참고적으로 말해두자면, 은하는 우주상에 약 2천 억 개 이상이 분포하고 있다.

하나의 은하 속에는 별들이 2천 억 개 이상이 존재한다. 지구가 우리 은하의 중심이 아니라는 점에 착안하자. 지구는 우리 은하의 팔 부분에 존재하고 있다. 그렇다고 해서 지구는 태양계의 중심도 아니다. 지구를 비롯한 모든 행성들은 태양을 초점으로 타원궤도로 돌고 있기 때문에, 태양계의 중심은 오히려 태양이라고 할 수 있다. 결론적으로 말하자면, 지구는 태양계의 중심도 아니고, 우리 은하의 중심도 아니며, 우주의 중심은 더 더욱 아니다.

4. 상대론적으로 기록된 성경책

성경은 인간 중심의 상대론적으로 서술된 책이기에 지구부터 기록하였고, 또한 지구를 중심으로 기록되었다. 그렇다고 해서 이것이 성경의 한계나 오류를 의미하는 것이라고 볼 수는 없다. 지구는 자전도 하지 않고 공전도 하지 않으며 도리어 하늘이나 천체가 돌고 있을 뿐이라고 주장하는 것을 천동설이라고 한다. 이에 반해서 지구가 자전도 하고 공전도 하고 있다고 하는 것을 지동설이라고 한다. 사실 성경은 천동설의 입장을 취하고 있는 것도 아니고 지동설의 입장을 취하고 있는 것도 아니다. 그러나 철학과 과학과 신학은 천동설이 맞느냐, 아니면 지동설이 맞느냐에 대해 참으로 오랫동안 줄다리기를 해왔다. 이제, 이에 대해 점검해 볼 차례가 되었다.

5. 고대인들의 우주관

고대나 중세 시대의 사람들은 지구가 틀림없이 우주의 중심일 것이라고 생각했다. 그 당시의 사람들은 대부분 우주는 지구와 하늘로 이루어져 있다고 생각했기 때문이다. 그리고 하늘은 지구 표면의 굽이를 따라 어느 곳에서나 일정 거리 위에 떠있다고 믿었다. 즉, 하늘은 지표로부터 일정한 거리만큼 떨어져서 지구를 감싸고 있다고 보았으며, 지구는 그 중심상에 놓여 있다고 생각했다. 그들에게는 행성들의 위치가 가장 풀기 어려운 골치 아픈 문제였다.

왜냐하면, 고대인들에게는 '별들은 과연 정확하게 하늘과 지구 사이의 어느 위치에 있는 것일까?'에 대해 알 길이 없었기 때문이다. 그들이 생각하기에는, 행성들은 실제로 각각 다른 속도로 움직이고 있으므로, 천구에 비하여 빠른 속도로 움직이는 별일수록 지구 가까이 있고, 이에 비해 느린 속도로 움직이는 별일수록 지구에서 멀리 떨어져 있을 것이라는 결론을 내릴 수밖에 다른 도리가 없었다.

6. 고대 그리스인들의 우주관

그리스 사람들은 이동속도에 비추어 행성 중에서 달이 지구에 가장 가까운 곳에 있고, 이어서 수성, 금성, 태양, 화성, 목성, 토성 순으로 있다고 생각했다. 그들 행성들은 7개 모두 자신의 투명구체를 가지고 있을 것이라고 생각했고, 그 너머로 항성들이 붙어 있는 8번째 천구가 있을 것이라고 생각했다. 그것은 매우 그럴듯한 착상이기는 했으나, 행성들의 운행이 제기하는 문제들을 다 풀어 주지는 못했다. 고대인들에게는 점성술을 하기 위해 행성들의 운동을 정확히 알아야만 할 필요성이 있었다. 자신들의 신념에 대해 매우 진지했던 고대의 점성술사들은 행성들의 운행을 매우 주의 깊게 연구할 필요가 있었고, 그런 과정에서 그들은 별에 관한 진짜 과학, 즉 천문학의 필요를 느끼게 되었다.

7. 점성술의 이모저모

역사를 더 거슬러 올라가서 보면, 심지어는 선사 시대 사람들까지도 하늘을 진지하게 연구했었다고 하는 기록을 찾아볼 수 있다. 일례로, 영국 남서부에 있는 기원전 약 1500년경에 만들어진 것으로 보이는 스톤헨지 (Stonehenge)라는 거석 유물은, 태양과 달의 운동을 예측하기 위한 시설이었던 것으로 추정되고 있다.

별은 천천히 규칙적으로 움직인다. 행성 역시 그랬다면 그것들의 미래의 위치를 알아내는데 아무런 문제가 없었을 것이며, 그 복잡한 움직임에서 이상한 암호를 만들어내기도 하고, 또 풀어내기도 하는 점성술도 생겨나지 않았을 것이다. 사실, 행성들은 밤하늘에서 일정하게 움직이고 있지도 않다. 또한, 달도 역시 한 주기의 전반부와 후반부에 천구 위를 움직이는 속도가 다르게 관측되며, 그 차가 조금 작기는 하지만, 지구에서 볼 때 태양의 움직임도 역시 예외는 아니다.

8. 점성술에서 천문학으로

고대인들이 보기에는, 다른 행성들은 더 묘한 움직임을 보이는 것만 같았다. 그것들은 대체로 항성들이 붙박여 있는 천구 위에서 서에서 동으로 움직이는 것 같이 보이는데 이를 현대의 천문학에서는 '순행(順行)'이라고 하고, 얼마 만에 한 번씩 그 움직임이 멎는 것처럼 보이기도 하는데 그것을

'유(留)'라고 하며, 그랬다가 잠시 동안은 또 다시 동에서 서로 도는 것처럼 보이기도 하는데, 이를 '역행(逆行)'이라고 한다. 즉, 항성들은 순행 → 유 → 역행 → 유 → 순행의 순으로 천구상을 돌고 있다. 고대인들이 보기에는, 행성마다 각각 그 순행과 역행의 양상이 다르게 관측되어졌으며, 밝기도 그때마다 달라져 보이기도 하는 것이 풀 수 없는 문제였다.

9. 장님 코끼리 더듬듯 했던 고대 천문학

이렇다 보니 특정 행성이 미래의 특정한 시간에 어느 위치에 오게 될 것인가를 계산해 내기란 결코 쉬운 일이 아니었다. 그리스의 많은 천문학자들은 방법을 이리저리 바꿔가며, 서로 다른 행성들이 커다란 천구 위에 중심을 둔 작은 천구 위를 움직이고 있거나, 그중 일부는 커다란 천구의 중심에서 약간 벗어난 곳에 중심을 두고 있다고 가정을 해보는 등, 행성들의 움직임을 계산해내고자 무진 애를 써보기도 했다.

10. 천문학의 태동

그리스의 천문학자였던 프톨레마이오스(Claudios Ptolemaeos, 100?~170?)는 127~145년경 이집트의 알렉산드리아에서 천체(天體)를 관측하면서, 대기에 의해 빛이 굴절작용을 하고, 달이 비등속 운동을 함을 발견했다.

천문학 지식을 모은 그의 저서《천문학 집대성; Megal Syntaxis ts Astoronomias》은 아랍어 역본(譯本)인《알마게스트; Almagest》로서 더 유명한데, 코페르니쿠스 이전 시대의 최고의 천문학서로 인정받고 있다.

이 저서에서는, B.C 2세기 중엽 그리스의 천문학자 히파르코스의 학설을 이어받아 천동설(天動說)에 의한 천체의 운동을 수학적으로 기술(記述)하였다. 천체가 비교적 간단한 기하학적 모델에 의거하여 움직인다고 가정하고, 히파르코스의 sine표(正弦表)를 사용하여 해·달·행성들의 위치를 계산해냈으며, 그에 따른 일식·월식 현상을 예보하는 방법 등을 상세히 설명하기도 했다. 그것은 아리스토텔레스 학파의 천동설과는 달리, 완전한 수리천문서(數理天文書)로서 대단한 가치가 있다. 유럽에서는 15세기에 이르러서야《알마게스트》를 이해할 수 있는 천문학자가 나타났으며, 천문학의 수준은 프톨레마이오스 시대로 되돌아가, 그 기초 위에서 코페르니쿠스의 지동설이 탄생될 수 있었다. 그밖에 고대 점성술 책인《테트라비블로스 ; 四元의 數 ; Tetrabiblos》가 아랍 세계에서 매우 큰 인기를 얻고 있었다.

11. 프톨레마이오스의 우주관

지구가 모든 것의 중심이고 다양한 천구들이 그 둘레를 돌고 있다는 우주의 수학적 구조는 프톨레마이오스의 이름을 따 '프톨레마이오스의 우주' 또는 '지구중심설' 이라고 부른다. 약 1,700년 동안 이 설은 모든 사람들에게 아무런 무리 없이 받아들여져 왔으며, 그에 대해 이의를 제기한 사람도 거의 없었다. 그러나 이것 역시 완전히 틀린 이론이었다.

12. 최초의 지동설의 주장자

지구는 과연 정말로 우주의 중심인 것인가? 지구가 우주의 중심이라는 설에 의문을 제기한 예리한 사람들이 있었다. 지구가 우주의 중심이 아니고 진짜 중심인 어떤 다른 물체 주위를 돌고 있다는 의견을 처음 제시한 것으로 알려진 사람은 그리스의 철학자 필롤라오스(Philolaos, BC 480~?)였다. 그는 기원전 450년경, 지구가 다른 모든 행성 및 태양과 함께 그 불빛의 태양 반사광 때문에 눈에 보이지 않는 '중심화(中心火)' 의 주위를 돌고 있다는 견해를 제시했다. 그러나 이 주장은 아무런 근거도 없고, 또한 논리적인 추론도 없어서 이 세상 사람 그 어느 누구도 그 이론을 귀담아 들으려 하지 않았다.

13. 지동설의 과학적 접근 시도

그로부터 1세기 후인 기원전 350년경, 그리스의 천문학자 헤라클레이데스(Heracleides, BC 388~315)가 조금 진일보한 설을 제시했다. 그는 수성과 금성이 태양에서 멀리 떨어지지 않은 곳에 위치하며, 이들이 한쪽 방향으로 약간 이동해 갔다가는 다시 돌아오고 이번에는 다른 쪽 방향으로 얼마간 떨어졌다가는 다시 돌아오는 과정을 계속 되풀이한다고 주장했다. 그는 이를 근거로 수성과 금성은 태양 둘레를 돌며 태양은 수성과 금성을 데리고 지구 둘레를 돌고 있다는 설을 제시하기도 했다.

이는 일리있는 말 같았으나, 당시에 지구가 우주의 중심이며 모든 천체는 예외 없이 지구 주위를 돌고 있다는 설을 신봉하던 대부분의 그리스 천문학자들이 이 주장을 받아들이려고 하지 않았기 때문에, 이 의견도 곧바로 배척 당하고 말았다.

14. 태양 중심설의 태동

그 후 기원전 260년경, 또 한 사람의 그리스 천문학자 아리스타르코스(Aristarchos, BC 310?~230?)가 조금 더 급진적인 주장을 폈다. 그의 생각은 태양까지의 거리를 알아내려고 했던 그의 노력의 부산물이기도 했다. 달이 정확히 반달 모양일 때 달과 지구와 태양은 직각삼각형의 세 꼭지점 위에 놓이게 된다. 이것은 삼각법에서 다루는 모양의 삼각형으로, 삼각형의 정확한 각을 알면 삼각법을 써서 태양이 달보다 얼마만큼 더 멀리 떨어져 있는지를 알 수 있다는 것이다. 그러나 불행히도 아리스타르코스에게는 그 각을 정확히 잴 수 있는 장비가 없어서, 그 추정치는 빗나가고 말았다. 그럼에도 그는 태양은 달보다 지구에서 약 20배 멀리 떨어져 있으며, 하늘에 떠 있는 태양과 달의 크기가 같아 보이므로 태양의 지름은 달의 지름보다 틀림없이 20배쯤 클 것이라고 결론지었다. 이 정보를 토대로 태양의 지름이 지구 지름의 7배라고 추정했다. 이 수치는 실제보다 크게 모자라는 것이긴 했으나 아리스타르코스로 하여금 거대한 태양이 작은 지구 둘레를 돈다는 주장이 얼마나 웃기는 말인지 확신하기에는 충분하였다. 그는 지금까지의 설을 뒤집어 지구와 그 밖의 모든 행성들이 태양의 둘레를 돌고 있는 것이라는 주장을 했다.

이로써 아리스타르코스는 지구가 아니라 태양이 우주의 중심이라는 이른바 '태양중심설' 을 처음 주장한 사람으로 알려지게 되었다. 그렇지만 그것은 그에게 아무런 이득도 가져다주지 못하고 말았다. 그 당시에 이러한 주장에 대해 진지하게 경청해주었던 천문학자가 거의 없었기 때문이다.

15. 한계에 부딪치기 시작하는 지구 중심의 우주관

세기가 바뀌어 가면서 천문학자들은 점점 지구 중심의 우주를 이해하는 데 필요한 복잡한 수학 계산들에 넌덜머리를 느끼기 시작했다. 일례로, 1252년 카스티야의 왕 알폰소 10세는 그의 이름을 따서 '알폰소 표 (Alfonsine table)' 라고 불리게 되는 새로운 행성표의 작성작업을 감독하다가, 돌연 '하나님이 세상을 창조하실 때 나에게 만일 조언을 요청했더라면, 이보다는 훨씬 더 단순한 체계를 가진 우주를 제시해 주었을 텐데…' 라고 말하며 분개했다는 에피소드가 전해오고 있다.

16. 천동설을 갈아엎게 되는 이론 출현의 임박

1500년대의 폴란드의 저명했던 천문학자 니콜라우스 코페르니쿠스 (Nicolaus Copernicus, 1473~1543)가 제시한 우주는 아리스타르코스가 주장한 태양 중심의 우주보다 훨씬 단순한 체계를 가지고 있었다. 아리스타르코스는 단지 자신의 생각을 정식화시켰을 뿐, 그를 입증하기 위한 노력은 전혀 기울이지 않았다. 이에 반해 코페르니쿠스는 아리스타르코스의 주장을 따르기는 했으나, 거기서 더 나가서 태양중심설이 행성의 역행과 밝기의 변화를 무리없이 설명할 수 있음을 입증해 보이는데 성공하였다. 당시에 더 중요시되었던 행성표 역시 태양중심설을 따를 경우 작성하기도 훨씬 쉽다는 것을 알게 되었다.

코페르니쿠스는 처음에 자신의 연구 결과를 발표할까말까 몹시 망설일 수밖에 없었다. 물론, 그 이유는 두 말할 것도 없이 성경을 문자적으로만 믿고 있던 중세 교부들과 부딪치게 될 것이 불 보듯 훤한 일이기 때문이었다. 그 당시의 성경 해석자들은 은하계의 존재나 우주에 대한 이론을 아직 제대로 알지도 못하고 있었고, 태양계만 하더라도 태양이 중심이 아니라 지구가 중심일 것이라고 믿고 있었다.

결국 그의 필사본 원고가 천문학자들 사이에서 나돌다가, 1543년의 그가 죽던 해에 책으로 출간되게 되었다. 그러나 태양 중심의 우주에서도 지구가 중심으로서의 지위를 완전히 잃은 것은 아니었다. 적어도 달이 지구 둘레를 돌고 있었기 때문이다.

17. 고정관념에서 벗어나지 못하는 범인들

태양중심설에 근거한 행성표를 처음으로 작성했던 사람은 독일의 천문학자인 에라스무스 라인홀트(Erasmus reinhold, 1511~1553)였다. 이 표는 프로이센의 알베르트 공의 후원으로 1551년에 출간되어, 그 이후부터 '프로이센 표' 라고 불리게 되었다. 이 '프로이센 표' 는 3세기 전에 작성된 '알폰소 표' 보다 훨씬 진보된 것이기는 했지만, 사람들은 좀처럼 종래의 생각을 버리기를 꺼려하고 있었다. 왜냐하면, 그때까지만 하더라도 대부분의 천문학자들은 지구중심설을 포기하려 들지 않았기 때문이었다.

18. 과학은 신념만으로는 한계가 있다는 것

대부분의 천문학자들 사이에서 지구중심설을 좀처럼 포기하지 않으려고 했던 또 다른 이유 중의 하나는, 지구가 우주의 공간을 여기 저기 날아다닌다는 게 도저히 믿어지지 않아서였다. 어떤 이들은 태양중심설에 따라야만 더 훌륭한 행성표가 만들어진다고 하더라도, 그것은 계산상의 교묘한 결과일 뿐, 그것이 지구가 정말 태양의 둘레를 돌고 있음을 의미하는 것은 아니라고 고집을 피우기도 했다. 새로운 사실을 받아들이기를 거부했던 그들 천문학자들의 편협된 주장이나, 또는 로마 교황청의 아집 등은 관측사실에 대한 확실한 뒷받침이 없어서 일어난 오해들이었다.

19. 속속들이 발견되기 시작하는 위성들

천문학자들 사이의 그러한 논쟁들은 갈릴레이와 그의 망원경이 새로운 사실을 보여줄 때까지 거의 반세기 동안이나 계속되었다. 그러나 1610년 갈릴레이는 자기가 만든 망원경으로 목성을 관측하다가, 목성이 빛나는 점이 아니라 작은 구체(球體)임을 발견해내게 되었다. 그리고 이것은 목성 역시 하나의 세계를 이루고 있는 행성일지도 모른다고 하는 최초의 암시이기도 했다. 게다가 목성에는 달이 지구 둘레를 도는 것처럼 분명히 그 둘레를 도는 4개의 작은 위성들이 더 존재하고 있다는 사실도 알아내게 되었다.

그처럼 한 세계에 딸린 또 다른 세계는, 라틴어로 '중요 인물들 주변에서 알랑거리는 추종자'를 뜻하는 '위성(satellite)'이라는 이름으로 불려지게 되었다. 즉, 달은 지구의 위성이고, 목성 주위를 돌고 있는 네 개의 작은 별들은 목성의 위성이라고 주장했다.

20. 위성 발견의 철학적 의미

당시 이 발견의 중요성은, 적어도 4개의 천체가 분명히 지구 둘레를 돌지 않고 목성의 둘레를 돌고 있음을 보여준 데 있었다. 이것은 동시에 철학적으로 볼 때 지구가 분명 우주의 중심이 아닐 수도 있다는 사실을 암시해 주는 최초의 확실한 메시지이기도 했다. 물론, 목성이 4개의 위성을 데리고 지구 둘레를 돌고 있는 거라고 주장할 수도 있었을 것이다.

그러나 계속된 갈릴레이의 금성 연구가 그 주장의 여지를 말끔히 없애 버리고 말았다. 지구중심설에 따를 경우, 금성이 오는 빛을 반사하기만 하는 천체라면, 달과 태양 사이에 자리잡고 있는 금성은 항상 초승달 비슷한 모양을 하고 있어야만 할 것이라고 주장했다. 반면에 태양중심설이 사실이라면, 금성은 달처럼 초승달 모양에서 보름달 모양까지 모든 위상을 다 보여 주어야만 했다. 그러나 갈릴레이가 관찰해 보니 분명 후자였다.

21. 돌이킬 수 없게 되어버린 천동설

이 발견으로 참으로 오랫동안 그 명맥을 유지해오던 지구중심설은 종지부를 찍게 해주는 대 전환기를 맞이하게 되었고, 이제는 새롭고 과학적이고 실제성을 가진 태양중심설이 거의 완벽하게 확립되기에 이르렀다. 결국, 지구를 포함한 모든 행성들은 태양의 둘레를 돌고 있다는 사실이 알려졌고, '행성' 이라는 용어는 그런 천체만을 가리키는 데 사용되게 되었다. 즉, 태양은 이제 더 이상 행성이 아니고 하나의 항성이며, 아울러서 태양은 태양계의 중심이라는 사실이 확연하게 드러나게 되었다.

22. 지구계의 세상에서 태양계의 세상으로

하나 더 밝혀진 사실은, 달은 지구 둘레를 돌고 있으므로 더 이상 행성이라고 할 수도 없다는 것이었다. 그러나 지구는 분명히 행성이다. 결과적으로 태양을 중심에 두고 당시에까지 알려진 6개의 행성이 태양으로부터 수성, 금성, 지구와 달, 화성, 목성과 네 위성, 그리고 토성의 순으로 태양의 둘레를 돌고 있음이 확실하게 드러났다. 그 때부터 이 천체들을 한데 묶어 '태양계' 라고 부르게 되었던 것이다.

23. 사실이나 진실은 총칼로 뒤바뀌어지는 게 아니라는 것에 대해

옛 학설을 고수하려는 사람들은 망원경으로 본 모든 것은 착시일 뿐이라고 주장했다. 그러나 이제 그런 말은 웃음거리 밖에 되지 않고 있다. 1633년에 카톨릭 교회는 힘에 의지하여(고문과 위협을 가하여) 갈릴레이로 하여금 지구가 돌지 않는다고 말하게 하려고 했다. 그러나 이제 그런 어처구니없던 과학에 역행하는 협박들도 한낱 웃음거리가 되어버리고 말았다. 왜냐하면, 갈릴레이 시대 이후로 교육을 받은 모든 사람들은 행성들이 태양의 둘레를 돌고 있다고 하는 사실을 진실로 받아들이지 않는 사람이 없어져버리고 말았기 때문이다.

24. 초기의 태양 중심설이 해결을 보지 못했던 몇 가지 문제점들

물론 태양 중심설에도 해석되지 않는 몇 가지 문제점들이 아직까지 남아 있었다. 왜냐하면, 지축이 태양과 약 66.5도를 이루고 있다고 하는 사실을 처음에는 아무도 몰랐기 때문이다. 그러나 나중에 지축과 태양은 23.5도 경사져 있다고 하는 사실을 알게 되어 그 동안 의문시되었던 모든 문제들까지도 하나 둘 말끔하게 해결되게 되었다. 즉, 태양은 천구상에서 볼 때 지구 적도에 비스듬히 기울어진 황도라는 길을 따라 이동하여 계절을 만들어내고 있는 것이다.

이제, 태양 중심설에 의해 이러한 문제들에 대해 충분히 설명할 수 있게 되었다. 즉, 지축이 만일 지구가 태양을 도는 공전 궤도면에 대해 수직이라면, 태양은 늘 적도 상공을 움직이듯이 보여야만 했다. 그러나 지구의 축은 수직에서 23.5도 기울어져 있고, 지구가 태양 둘레를 도는 동안 그 기울기는 항상 그대로 유지되고 있다.

그 결과 지구 공전 궤도의 절반, 즉 6개월 동안은 태양이 북반구를 주로 비추고, 나머지 6개월 동안은 태양이 남반구를 주로 비추게 된다. 계절마다 태양의 고도가 조금씩 달라지고, 계절의 변화가 나타나는 것은 바로 이 때문이라는 것을 천문학자들은 알게 되었다.

25. 최종적으로 남게 되는 성경해석상의 문제

하루는 지구의 자전 주기에 해당하고, 한 달은 달이 지구 둘레를 도는 공전 주기에 해당하며, 일년은 지구가 태양 둘레를 도는 공전 주기에 해당한다. 이러한 주요 시간들의 분할과 해석 등으로 인해, 이제 비로소 진짜 천문학적인 외양을 갖추게 되었던 것이다.

지금까지 우리는 지동설과 천동설의 역사를 낱낱이 살펴보았다. 우리가 힘들게 여기까지 왔는데도 불구하고, 아직도 뭔가 개운하지 않다는 생각이 든다. 그 이유는 '왜 성경은 천동설을 주장하는 것처럼 기록되어져 있는 것일까? 라고 하는 점과 '왜 중세 교부들은 지동설을 주장하는 사람들을 박해하였고, 그들의 입을 사력을 다해 막으려고 했던가?' 하는 점이 아직 속시원하게 풀리지 않아서였다. 이제부터 이러한 문제들에 대해 좀 더 구체적으로 살펴보도록 하자.

26. 성경과 천동설

성경은 사실 천동설을 뒷받침하고 있는 건 아니다. 그리고 성경 66권 그 어느 곳에도 지구부터 창조했다고 하지도 않았다. 단지 창조 기사가 지구를 중심으로 기록하고 있을 뿐인 것이다. 이것은 과학상의 문제가 아니다. 과학상의 문제라기보다는 철학상의 문제였고, 신학상의 문제였다. 철학이나 신학에서 대두되는 문제를 가지고 과학으로 풀려고 할 때, 때로는 무리수가 생기지 않을 수가 없는 법이다. 성경이 비과학적인 책이기 때문이 아니라, 오히려 철학 책이기 때문에 그럴 것이다.

27. 성경에 오류가 존재할 수 있는가

성경이 만일 하나님께서 태초에 지구를 가장 먼저 창조하셨고, 지구는 우주의 중심일 뿐이라는 식으로 기록을 하고 있다면 성경은 문자적으로, 철학적으로, 과학적으로, 신학적으로 정말 오류를 범하고 있다고 밖에 볼 수 없을 것이다. 그러나 문제는, 성경에는 그 어느 곳에도 그런 식의 기록을 하고 있지는 않다는 것이다. 그러면 성경은 왜 지구를 중심으로 설명을 하고 있는 것일까? 그 이유는 성경은 천사나, 하나님이 아닌 오직 인간을 중심으로 하여 기록을 하려고 했기 때문이다.

28. 지극히 상대론적인 책인 성경

성경은 절대자가 기록을 하게 하셨다. 이때 성경은 완전히 상대론적으로 기록이 되어 있다. 성경은 오로지 인간의 입장에서 기록한 지극히 상대적인 책일 뿐이다. 만일, 순수하게 과학의 입장에 서서 기록한 책이라면 성경은 그야말로 절대적인 책이라고 해야 옳다. 만일 순수한 과학의 입장이 아닌 다른 방법에 의한 기록이었다면 성경은 더 이상 과학책이 아닌 것이며, 오히려 철학책이라고 해야 더 옳다. 성경은 과학의 입장에서 기록되어진 책이 아니라, 지구상에 존재하는 사람들을 위해서 기록되어진 책이기 때문에, 지구상의 사람들의 입장에서 기록되어진 상대적인 책이요, 철학적인 책이 될 뿐이다.

29. 성경의 권위 문제

성경이 과학적으로, 절대론적으로 기록되지 않았고, 철학에 근거해서 상대론적으로 기록되었다고 해서 그 권위가 약화될 수도 있거나, 비논리적이라고 할 수가 있거나, 오류가 있다고 할 수도 있는 것인가? 그러나 그건 아니다. 신학과 철학과 과학은 공유되는 것이 아니라, 서로 별개로 발전하더라도 절대로 비 논리를 의미하는 것이라고 볼 수는 없기 때문이다.

30. 성경의 수신자와 발신자

성경은 이 지구상의 모든 사람들을 위해서 기록되어진 책이라고 할 수 있는가? 그러나 그것도 또한 아니다. 왜냐하면, 성경은 지구상의 모든 이들을 위한 기록이라고 볼 수가 없고, 오로지 하나님을 믿는 자들(택자들)만을 위한 기록이라고 할 수 있기 때문이다. 성경의 발신자가 하나님이고 수신자는 하나님을 믿는 성도들이라고 한다면, 과연 성경은 누구를 위해서 기록을 하도록 하셨다고 보아야 옳을 것인가? 그것은 당연히 성도들을 위해서 기록하도록 하셨다고 보아야 옳다.

우리도 역시 마찬가지이다. 우리가 누군가에게 서신을 보내고자 할 때, 우리는 자신의 입장에 서서가 아니라, 오로지 수신자의 입장에 서서 기록을 하게 되기 때문이다. 성경의 수신자들 역시 성도들임이 자명하기 때문에, 하나님께서는 성도의 입장에 서서 상대론적으로 기록하게 했을 것이라는 점에 대해서는 의심의 여지가 조금도 없다. 그런 각도에서 써 내려가려고 했다면, 성경은 아마 과학에 입각해서 써 내려가려고 하기보다는, 오히려 철학에 입각해서 써 내려가려고 했을 것이다. 성경이 과학을 의도적으로 밝히려고 하지 않았다고 해서 진실성이 결여되어 있다거나, 모순이 가득할 뿐이라거나 하는 단어 등은 절대로 성경에 접목시킬 수 없다. 이것은 오히려 성도들에 대한 하나님의 자상한 배려라고 볼 수도 있는 것이기 때문에, 그것이 결코 성경의 오류를 의미한다고 볼 수가 없다.

31. 천동설은 교황청 단독 실수에 지나지 않았다는 점

중세의 로마 교황청에서는 왜 그토록 천동설을 끝까지 고집하려고 했고, 무력적인 방법을 동원해서라도 지동설의 주장들을 저지하려고 했던가에 대해 거론할 차례가 되었다. 성경 66권의 그 어느 곳에도 천동설이 옳고 지동설이 그르다는 표현은 사실상 없다.

그러므로 중세 교부들이 무지몽매해서 그런 것도 아니었고, 또한 성경에 대한 그릇된 해석으로 말미암아 그런 것도 아니었다는 것을 알 수 있다. 왜냐하면, 이것은 사실 과학에 관한 문제도, 신학에 관한 문제도 아니었고, 오로지 철학의 문제였기 때문이다. 이것은 성경 해석상 나타나게 된 필연적

과오라고 볼 수가 없고, 오히려 교황청의 철학적 착오가 빚어낸 한 순간의 실수였다고 해야 옳다.

32. 천동설을 향한 철학적 접근

철학자 아리스토텔레스(Aristoteles B.C. 384? ~ 322?) 등은 하늘을 여러 층, 또는 수십 층에 이르는 것으로 보았다. 그런데 문제는 하늘이 몇 층이건 간에 그 맨 위층에는 천사나 하나님이 머물러 계시는 층이 있을 거라고 믿고 있었다. 이러한 착상의 근거는 하늘이 반구라고 생각하는 데 있었다. 즉, 근본적으로는 지구가 평평하다고 하는 생각에서 비롯되었다. 지구가 둥글다거나 혹은 평평하다는 기록 역시 성경 그 어느 곳에도 없다. 단지, 사람들은 육지를 따라 계속 나가면 바다가 나오게 될 것이고, 그리고 그 바다를 따라 계속 항해하다 보면 언젠가는 지구의 끝에 도달할지도 모른다고 하는 막연한 생각들을 하고 있었다.

33. 자연과학의 태동

우주에 대한 인간의 지적(知的) 호기심은, 인간이 사고 능력을 갖게 된 이후로 끊길 줄을 몰랐다. 즉, 사고의 능력을 갖춘 인간들이 공동체 생활을 하면서 문화가 생겨나고, 이러한 문화를 바탕으로 자연을 관찰하고, 또한 자연을 이용하려고 하다보니 자연과학도 싹트게 되었다. 천문학의 발상지는 보통 인류 문명발상지로 알려진 티그리스, 유프라테스의 두 강 사이의 메소포타미아 지방과 나일강 유역의 이집트로 여겨진다.

고대에서 현재에 이르기까지 인간의 우주관은 그 시대의 지식에 따라 다양하게 나타났다. 자연과학이 싹트기 시작하였다고 믿어지는 기원전 700년경부터 그리스에서는 탈레스(Thales, B.C. 640 ~ 562)가 지구는 물에 떠

있는 평평한 원반이나 기둥 같은 것이고, 하늘은 지구를 덮는 반구라고 발표했다. 탈레스는 바빌로니아로부터 전해 내려온 사로스(Saros:223 삭망월마다 되풀이되는 일식의 주기)의 지식을 배워 일식을 미리 예언하였다고 하나, 사실 그는 월식에 대하여는 이해를 하지도 못한 상태였다.

지구 모양이 공이라고 생각한 최초의 학자는 피타고라(Pythagoras, B.C. 582?~B.C.497?)로 추정되고 있다. 그는 고대 그리스의 수학과 천문학에 큰 공헌을 했고, 자연 현상의 원리를 수(數)의 개념으로 설명하려 하였다.

34. 아리스토텔레스의 우주관

그리스의 아리스토텔레스(Aristoteles, 기원전 384-322)는 《천구에 관하여(On the Heavens)》란 그의 저서에서, 지구가 납작한 널빤지가 아니라 둥근 공이라고 발표하면서, 다음의 두 가지를 증거로 제시하려고 했다.

(1) 지구가 태양과 달 사이에 올 때 월식이 일어남을 알았고, 달에 나타나는 지구의 그림자가 언제나 둥글기 때문에 지구가 구형이라 하였다. 만약에 지구가 납작한 원반이었다면 그림자는 태양의 위치에 따라서 타원이 되기도 한다고 했다.

(2) 북극성이 북쪽 지방보다 남쪽 지방에서 더 낮게 보이는 것을 증거로 제시하였다. 아리스토텔레스는 지구는 가만히 있고 그 둘레에 태양, 달, 행성, 별들이 원 궤도로 지구 주위를 돈다고 믿었다. 이것은 그가 신비적인 이유로 지구는 우주의 중심이고, 또 원운동은 가장 완벽한 운동을 하는 것이라고 믿었기 때문이었다.

35. 행성의 일주운동과 연주운동

초저녁부터 새벽까지 밤하늘을 쳐다보면 대부분의 별들이 동에서 떠서

한 시간에 약 15도씩 서쪽으로 이동하여 수평선 아래로 지는 것을 볼 수 있다. 이와 같이 하루 밤사이에 나타나는 별의 운동을 일주운동이라고 한다.

한편, 우리가 볼 수 있는 별자리는 계절에 따라 변한다. 겨울철에는 오리온 별자리를 쉽게 볼 수 있으나, 여름철에는 백조 별자리가 선명하게 나타나기도 한다. 별자리의 겉보기 운동은 하루에 1도씩 서쪽으로 이동하므로 1년 후에는 다시 같은 별자리가 나타나게 된다. 이와 같이 별자리가 1년 동안 변하는 것을 천체의 연주운동이라고 한다.

모든 별들이 일주운동과 연주운동을 하는데 반하여 행성들의 일주운동은 별과 같이 일어나나, 연주운동은 별과 매우 다르게 나타난다. 수성, 금성, 화성, 목성, 토성의 5개 행성들은 별자리 사이를 조금씩 옮겨 다니는 사실이 고대인에게도 관측이 되었으며, 이와 같은 운동을 행성의 시운동이라고 한다. 화성도 순행과 역행과 유가 나타나는 것을 관측했었다.

36. 행성의 상대운동

고대에는 천체의 겉보기운동(상대운동)을 시운동(視運動)이 아니라 실제 운동을 하는 것이라고 믿었으며, 아리스토텔레스의 우주관은 프톨레마이오스(Ptolemaeos: A.D. 85~165)에 의해서 완전한 천동설의 우주 체계로 완성되었다. 지구를 중심에 두고 그 둘레를 달, 태양, 항성 그 당시 알려졌던 5개의 행성(수, 금, 화, 목, 토)을 실은 8개의 구면이 에워싸고 있다고 보았다.

프톨레마이오스는 행성의 역행운동을 설명하기 위해 그의 저서《알마게스트》에서 주전원 이론(epicyclic theory)을 확립시켰다. 이 이론에서 행성은 이심원을 따라 원 궤도를 그리는 주전원을 따라 일정하게 움직인다고 했다. 이 주전원의 중심은 지구와 어긋나는 지점에 중심을 둔 이심원의 둘레를 일정한 각속도로 움직인다. 지구에서 볼 때 각 행성의 겉보기 운동은 일정하지도 않고, 또 주기적으로 역행한다. 이 이론은 대단히 복잡하지만 행성의 위치를 비교적 정확하게 설명할 수 있었기 때문에 약 1400여 년 동안 인정을 받아왔다.

37. 코페르니쿠스의 지동설의 태동

중세기 아라비아에서는 천문학이 대단히 발달하여 정확한 관측자료가 많이 수집되었다. 그 결과, 프톨레마이오스의 이론은 수정, 보완되어야만 할 단계에 이르렀다. 프톨레마이오스의 천동설은 정밀한 관측이 가능한 행성의 운동을 설명하기 위해서는 7 개의 행성이 240 개 이상의 주전원을 타고 돌아야만 했다. 이와 같은 상황하에서 1514년에 니콜라스 코페르니쿠스는 보다 단순한 모델을 제안하게 되었다. 그의 우주 모델은 지구는 태양 둘레를 돌고 태양이 우주의 중심에 있다는 새로운 학설을 천체의 회전에 관하여(De Revolutionibus Orbium Coelestium, 1530)라는 책에 발표되었다.

이 새로운 학설은 기존의 지구중심설(혹은 천동설)에서 태양 중심설(혹은 지동설)로 옮겨가는 혁명적인 이론이라 할 수 있다. 이러한 이론이 나오게 된 직접적인 동기는 행성의 역행 운동이다. 밤하늘에 반짝이는 모든 천체들은 하룻밤 사이에는 동쪽에서 떠서 서쪽으로 진다.

이러한 천체들은 하루에 4분씩 일찍 뜨므로 각 계절마다 다른 별자리를 볼 수 있게 한다. 그러나 행성들은 위에서 설명한대로 운동하지 않고 가끔씩 반대로 운동하는 것이 관측된다. 이 현상을 역행운동이라 하는 것이다. 역행운동을 설명하기 위하여 고대 우주론에서는 주전원을 도입하여 매우 복잡하게 설명하고자 했다. 태양중심설에서는 지구와 행성이 태양의 둘레를 원 궤도로 도는 모형이므로 행성의 역행운동을 쉽고 간단하게 설명할 수 있었다. 그러나 태양중심설이 진지하게 받아들여지기에는 적어도 약 100여 년 가까운 세월이 흘러야만 했다.

38. 티코 브라헤의 천체 관측

스웨덴 남부 헬싱보리(당시 덴마크령) 크누스트루프 출신의 천문학자인 티코 브라헤(Tycho Brahe, 1546. 12. 14~1601. 10. 24)는 덴마크의 왕실로부터 기금을 받아 최초로 현대식 천문대를 세우고 코펜하겐 근처에 그 이름을 하늘성(Uranibory: Sky Castle)이라 명명했다.

그 당시에는 망원경이 발명되기 전이었으므로 모든 관측은 육안으로 수행되었지만, 그의 관측 정확도는 매우 높아서 별과 행성의 위치에 관한 성표(星表; catalog)를 완성하기에 충분할 정도였다. 그의 정확한 관측은 1576년과 1596년 사이에 이루어졌다. 그러나 매우 유감스럽게도 지구가 돈다고 하는 사실은 육안으로는 확인을 할 수가 없었고, 그 타협안으로 지구는 움직이지 않는다는 전제 하에 태양으로부터 떨어진 다른 행성들의 순서를 바르게 수정하는 모형을 제시하는 것으로 그치고 말았다.

39. 브라헤의 관측과 케플러의 이론의 조화

덴마크 왕실로부터 보조가 끊기게 된 이후, 브라헤는 1599년 프라하(Prague)로 이주해야만 했는데, 거기에서 케플러라는 조교를 만나게 되었다. 그는 1601년에 세상을 떠나게 되었고, 그의 모든 관측 자료들은 자연적으로 케플러의 손에 넘어가게 되었는데, 그의 손에 의해 연구는 계속 이어지게 되었다.

케플러는 브라헤의 관측 중 우선 화성에 대한 관측을 면밀히 분석하였다. 그 당시 역행운동이 가장 잘 나타나는 화성의 운동은 프톨레마이오스 이후 가장 큰 논쟁거리로 부상하고 있었던 터였다.

당시의 사람들은 화성이 원궤도상에서 돌고 있다고 생각하고 있었다. 그러나 케플러는 화성의 운동을 면밀하게 연구하여 원궤도가 아닌 원에 가까운 타원궤도를 따라 돌고 있다는 것을 알아내는 데 성공했다. 또한, 그는 태양이 화성 타원궤도의 두 초점 중 하나의 초점 위에 위치함도 알아내게 되었다. 그 후 케플러는 타원궤도의 법칙, 면적속도 일정의 법칙 등을 발표하게 되었고, 잇따라 그는 조화의 법칙도 발표했다. 케플러의 법칙들이 나온 배경에는 비록 육안 관측이기는 했지만, 그러나 비교적 매우 정확했던 브라헤의 관측이 큰 역할을 했었음을 부인할 수 없다.

40. 우주를 꿰뚫어보는 망원경의 발명

갈릴레이는 1609년에 세계 최초로 망원경을 제작하여 천문학 발전에 크게 공헌하였고, 자기가 만든 망원경을 이용하여 목성 주위를 돌고 있는 위성 4개와 그것의 운동 등을 알아내기도 하였다. 이는 아리스토텔레스나 프톨레마이오스의 천동설에 치명타를 안겨다 주기에 매우 충분했다. 천동설이 지배하는 우주관에서는 모든 천체는 지구 주위를 회전하는데 반해, 지동설에서는 지구가 아니라 태양이라고 말하고 있는 것이다.

가장 최근에 밝혀진 관측 사실에 의하면, 태양 역시 태양계의 중심일 뿐 우리 은하의 중심도 아니라고 한다. 게다가 우리 은하 역시 우주의 중심도 더 이상 아니라는 사실에 대해 최근에 제작된 초대형 천체 망원경이 밝혀냈다.

41. 현대인의 우주관

현재 지구는 태양계의 행성들 중의 하나일 뿐이라고 하는 사실을 모르는 지성인은 아마 없을 것이다. 그러나 이 사실은 현대의 신학자들에게 또 하나의 해결할 수 없는 매우 난해한 과제를 던져주고 있다. 지구가 현재 밝혀진 사실 그대로 우주의 중심이 더 이상 아니라면, 왜 지구상의 모든 것들을 창조해나가다 돌연 창조 제 4일에 이르러서야 비로소 광명을 만들게 되었다고 하는 기사가 나오게 되느냐는 것이다. 어떻게 우주는커녕 우리 은하계나 태양계의 중심도 아닌 지구를 먼저 만드시고, 그 나머지 해와 달과 별들을 추가적으로 만드셨다는 말인가 하는 것이다.

만일 어떤 신학자나 또는 어떤 철학자가 나서서 성경에 기록된 대로 지구가 먼저 만들어졌고, 태양과 달과 별들은 후에 추가적으로 만들어졌다고 하는 식으로 주장을 하려고 하면, 아마 그런 자들은 현대 교육을 받은 모든 지성인들로부터 한결같이 배척을 당하고야 만다. 그리고 절대 다수의 지성인들은 그런 비과학적인 성경을 더 이상 믿으려고 하지도 않을 것이다.

42. 과학을 지배할 수 없는 철학의 한계

중세 카톨릭은 고대인들이 생각했던 것을 액면 그대로 받아들여 지구가 구형이 아니라 납작하다고 했고, 하늘은 지구 위의 반구 정도라고 생각했다. 하늘은 수십 내지 수백 층으로 되어 있고, 각 층마다 태양, 달, 행성들이나 항성들이 박혀있으며, 그 위에 천사들이 있고, 그리고 그들 위에는 하나님이 계시는 층이 존재하고 있다는 철학자들의 주장에 대해 동의하고 있었다. 그렇게 생각을 하고 있는 그들로서는 지구가 만일 돈다면 하나님도 따라 돌아야만 하는 것인가 하는 것에 대한 미묘한 생각을 해야만 했었다. 당시의 그들로서는 지동설이 도무지 이해가 되지도 않았고, 무신론자가 아니라면 그것을 받아 들일 수도 없었던 것으로 보인다.

43. 불가피해진 철학과 과학과 신학의 충돌

당시 하나님의 존재와 하늘의 존재를 매우 신실하게 믿고 있는 그들로서는 이러한 의견들이 매우 경망스럽게 여겨졌을 것임은 물론이었을 것이다.

그런 맥락에서 볼 때 지동설의 주장자들이 하나님의 존재 자체를 부인하는 자들로 여겨졌을 것임은 지극히 당연했다. 이러한 주장들은 유신론적 입장에서 볼 때, 지극히 하나님의 존재성을 부인하려고 하는 것처럼 여겨지기도 했고, 게다가 지구로부터 시작되고 있는 창조의 규칙에도 크게 벗어나 있는 게 아닌가 하고 결론지을 수밖에 없었다고 본다.

44. 중세 교부들의 만용

기독교는 창조주 하나님을 믿고 경외하기 위한 것이다. 그런 까닭으로 만일 하나님의 존재성이 흔들리게 된다거나, 하나님의 창조 기사에 있어서 일점 일획이라도 거짓이 드러나게 되고야 만다면, 기독교는 창조주 하나님이 없는 종교로 전락되어야만 할 것이다. 또한, 성경도 불살라 없애야만 할 것이다.

중세 교부들은 그런 결론에 도달하게 되었고, 이러한 결론은 기독교 교리를 흔들어 놓을 수도 있다고 여겨졌기 때문에, 지동설의 이론을 사력을 다해 막아보려고 했다. 그러나 하나님은 사실상 하늘에 계시지도 않는다. 하나님은 천상천하에 계시지 않는 곳이 없는 분이시고, 마음속에 계시는 분이시기 때문이다. 만일, 하나님이 하늘 위에만 계신다면 하나님을 공간에 묶어두는 것이 되고 마는 것이며, 아울러서 하나님을 3차원 미만의 차원을 가진 하나님으로 격하시키게 되고 만다.

45. 신에 대한 무지와 맹종이 살인을 부르는 결과를 초래

현재 개신교에서나 또는 현대 과학자들은 중세 교부들이 어리석었다고 하며 무조건 비방만 하려고 한다. 필자 역시 중세 교부들을 옹호하고자 하는 마음은 추호도 없다. 그렇다고 그들을 무조건 어리석은 자들로 매도하는 것도 옳지 않다고 보고 있다.

그들은 오히려 성경을 액면 그대로 받아들이려고 했고, 하나님의 존재성에 대해서도 신실하게 믿으려고 했으며, 그들의 교리를 죽음으로라도 지키려고 했다고 보여지기 때문이다. 단지 그러한 열정들이 도를 넘어서서 그런 실수를 하게 만들었다. 비록 그렇다고는 하더라도, 그들의 실수는 다음과 같이 최소한 12가지로 요약이 된다.

(1) 중세 교부들은 성경이 천동설을 주장하고 있지 않다는 점을 알았어야만 했다.

(2) 과학은 철학이나 신학과 때로 상치될 수도 있지만, 결과적으로 볼 때 절대로 상치되어서는 안 된다는 사실을 알았어야만 했다.

(3) 만일, 과학과 성경이 상충되고 있다면, 성경을 과학에 맞추어 나가야만 큰 무리가 없게 된다는 것을 알았어야만 했다.

(4) 과학은 철학이나 신학적 사실들을 이해하는 데 도리어 정확한 정보를 제공해 줄 수도 있다는 것을 알았어야만 했다.

(5) 잘못되고 편협된 성경 해석으로 과학적으로 밝혀지게 되는 사실들을 절대로 덮을 수 없다는 것을 알았어야만 했다.

(6) 성경이 하나님의 뜻에 의해 기록되어진 것이 사실이기는 하지만, 과학은 신학자들이 미처 알아내지 못한 영역들까지도 하나님의 창조 사역과 창조의 법칙들을 더욱 더 명확하게 해명할 수 있다는 사실들

을 알았어야만 했다.

⑺ 성경도 물론 매우 진실하기는 하지만, 과학적으로 밝혀내는 사실들도 성경 못지 않게 매우 진실하다는 사실을 알았어야만 했다.

⑻ 자기들의 뜻에 맞지 않는 해석이라고 해서 폭력을 불러들이려고 하기보다는, 좀더 과학적 사실이 확연히 드러날 때까지 인내심을 가지고 지켜보려고 했어야만 옳았다.

⑼ 과학이 밝혀낸 사실들로 절대로 성경을 부인할 수 없으며, 하나님의 존재성 역시 절대로 부인되어질 수 없다는 사실을 알았어야만 했다.

⑽ 과학이 어떻게 성경을 부인하게 될 것인가를 염려하지 말고, 과학적으로 밝혀낸 사실이 어떻게 성경 해석에 도움을 주게 되는지에 대해 알려고 했어야만 옳았다.

⑾ 신학이라는 우월 의식을 가지고 과학을 무시할 수는 절대로 없는 노릇이라고 하는 사실을 알았어야만 했다. 그것이야말로 오만과 편견이 될 수도 있을 것이기 때문이다.

⑿ 성경은 하나님은 특별계시요, 자연은 하나님의 자연계시로서 서로 상충될 수 없다는 것을 알았어야만 했다.

46. 과학적인 지식과 믿음의 관계

모르고 믿는 것은 신앙이 아니라 맹종이다. 그러나 사실 우리의 지식으로 하나님의 창조 사역을 모두 다 이해한다는 것은 불가능한 일이다. 그리고 모두 다 알지 못하고 믿는다고 해서 맹종이라고 매도 할 수도 없다. 그러나 알 수 있는 영역임에도 불구하고 제대로 모르고 있다면, 그런 경우에는 당연히 무식하다는 오명을 씻을 길이 없게 되고 만다. 예나 지금이나 지식은 믿음을 포장해 줄 수는 있으되, 믿음이라는 명목으로 지식을 매도 할 수는 없다.

47. 과학과 철학에 대한 사색이 신앙생활에 미치는 영향

과학적 사실들에 대해 자주 사색에 빠진다고 해서 그것이 성경에서 멀게 사색하는 것이라고 보기는 매우 힘들다. 왜냐하면, 과학적인 사색과 그것을 통해 얻게 되는 지식과 정보 등은 성경을 이해하는 데 있어서 도리어 많은 도움을 줄 수도 있기 때문이다.

과학은 철학이나 신학과 절대로 분리될 수 없다. 과학이 곧 철학이며, 그와 동시에 또한 신학이라고 할 수도 있기 때문이다. 그러나 신학이 곧 과학이나 철학이라고 하는 것이 성립하는 것은 아니다. 신학을 모르고 과학을 하게 되면 이론가가 되기 쉽다. 과학을 모르고 신학을 하게 되면 어둠 속에서 보석을 발견하려는 것과 다를 바 없게 되고 만다. 모든 과학자들이 신학을 공부할 필요는 없다고 본다. 그러나 모든 신학자들은 좀 더 예리하게 성경을 보기 위해서 과학을 공부해둘 필요는 있다.

48. 현대 과학이 산출해낸 우주의 연령

참고적으로 말하자면, 현대 과학은 우주는 약 150억 년의 나이를 가지고 있고, 태양은 지금으로부터 약 50억 년 전에 만들어진 것이라고 한다. 이 상태로 수소와 헬륨을 계속 소모하게 되면 앞으로 약 50억 년 동안 빛을 낼 수 있다고 한다. 지구는 약 45억 년, 달은 약 40억 년의 나이를 가지고 있다고 한다. 그러나 이러한 학설에 대해 100% 신뢰할 수 있는 것은 아니다. 사실 이 의견은 태양계의 동시탄생설에도 맞지 않고, 대폭발 우주론에도 전혀 맞지 않는다. 그러므로 명확하지도 않은 우주와 태양계, 지구 그리고 달의 연령 논쟁은 더 이상 계속하지 않기로 하고, 우주와 태양계가 동시에 만들어졌다는 가정 하에 논리를 전개해 나가려고 한다. 이렇게 가정하는 이유는, 대폭발 우주론에 잘 들어맞고, 태양계의 동시탄생설과 성경적 창조론에도 잘 들어맞기 때문이다.

49. 창조 제 4일에 이르러 해 · 달 · 별이 거론되는 구체적인 이유

우주와 태양과 지구가 동시에 탄생했다고 하면, '성경은 왜 창조 제 4일에 이르러서야 비로소 해와 달과 별들이 창조되게 되었다는 식으로 기록하고 있는 것일까? 로 다시 돌아와야만 한다. 성경의 기록대로라면, 이 모든 것들이 동시 탄생된 것이 사실일 것인데, 그것이 창조 제 4일에 만들어졌다는 것에 대해서, 다음과 같은 신학적 · 철학적 결론을 내리고자 한다.

(1) 지구가 먼저 만들어지고 태양계나 우주가 나중에 만들어졌다고 하는 것은 논리상 맞지 않다.

(2) 태양과 달이 먼저 만들어지고 나중에 지구가 만들어졌다고 하는 것도 논리상 맞지 않다.

(3) 태양계의 생성설 중에서 바이잭커의 와동설이나 칸트의 성운설이 맞다면, 태양과 더불어 지구를 포함한 태양계의 모든 행성들은 동시에 탄생했다는 것이 맞다.

(4) 지구나 태양이나 달 등이 동시에 탄생했음에도 불구하고, 왜 성경은 그것들이 창조 제 4일에 만들어졌다고 하는 것일까? 그 이유는, 성경이 상대론적으로 기록되어졌기 때문이다. 창세기에 나타나는 창조 제 4일의 기사를 다시 한 번 더 살펴보자.

"하나님이 가라사대 '하늘의 궁창에 광명이 있어 주야를 나뉘게 하라. 또 그 광명으로 하여 징조와 사시와 일자와 연한이 이루라. 또

그 광명이 하늘의 궁창에 있어 땅에 비춰라' 하시고(그대로 되니
라), 하나님이 두 큰 광명을 만드사, 큰 광명으로 낮을 주관하게 하
시고, 작은 광명으로 밤을 주관하게 하시 며, 또 별들을 만드시고,
하나님이 그것들을 하늘의 궁창에 두어 땅에 비춰게 하시며, 주야
를 주관하게 하시며, 빛과 어두움을 나뉘게 하시니라. 하나님의 보
시기에 좋았더라. 저녁이 되며 아침이 되니 이는 네째 날이니라(창
1:14-19)"

위의 기사를 볼 때도, '제 4일째 되는 그 날에' 라는 표현은 없다. 여기서
다루고 있는 창 1:14의 전반부에서도 "하나님이 가라사대 '하늘의 궁창에
광명이 있어 주야를 나뉘게 하라'"고 기록하고 있을 뿐이다. 이 문장에도
'지금 여기서 당장에 그것들이 만들어진 후에 그렇게 되도록 하라' 는 의미
를 담고 있는 것은 아니다.

하나님께서 우주와 더불어 우리 은하계와 태양계 및 지구를 만드신 것은
사실이지만, 그러나 그것이 창조 제 4일에 만들어진 것으로 보기에는 힘들
다는 결론이다. 그러므로 우주와 태양계와 지구 등은 동시에 창조가 되었
지만, 그러나 지구에서 볼 때 은하계 · 항성 · 태양 · 달 · 행성들은 창조 제
4일에 되어서야 그 빛을 발하기 시작했다고 해야 옳다.

50. 위의 논리가 전혀 터무니없다거나, 또는 성경에 너무 뜯어 맞추
　　고자 하는 것이 아니라는 것에 대하여 다음과 같은 세 가지 사실
　　을 들어 설명하고자 한다.
(1) '하늘의 궁창에 광명이 있어' 라는 말은 '그 순간에 광명이 나타나라'
　　는 말이거나 '그 순간에 광명이 만들어져라' 는 뜻의 말은 아니었다.

앞의 창 1:3의 '빛이 있으라 하매 빛이 있었고…' 라는 구절도 있지만, 그러나 이 구절에서 '하늘의 궁창에 두 광명을 만드시고…' 라는 식의 표현은 하지 않고 있기 때문이다.

(2) 태초에 일시적으로 모든 것들이 만들어지기는 했지만, 그것이 빛을 발하기 시작한 것은 제 4일에 이르러서였을 수도 있고, 그 빛들이 또한 제 4일에 이르러서야 비로소 지구에 도달할 수도 있지 않느냐는 것이다. 여기에서 최근에 제작된 천체의 정밀 망원경에 의해 밝혀지게 된 별의 생성과정을 이해해 둘 필요가 있다고 본다. 이것을 아래와 같이 도표화해서 자세하게 설명을 해보겠다.

성간 물질

응집→↓

성운

냉각→↓

원시성 탄생

핵융합 반응으로 고온의 빛 방출 →↓

주계열성 단계의 별이 됨

위의 도표를 보면 새로운 사실을 알 수 있다. 별들은 만들어지는 순간부터 빛을 발하는 것은 아니다. 별들이 만들어진 이후, 주계열성 단계에 이르러야만 비로소 핵융합 반응이 일어나 빛을 발하기 시작한다. 별 빛은 핵융합 반응의 결과로 나타나는 높은 에너지의 산물이다.

그러므로 지구가 만들어진 그 순간에 설사 태양이나 달이나 별들이나 은하계들이 동시에 만들어졌다고 하더라도, 그것이 곧바로 빛을 발하지는 않았을 것이다. 즉, 창조 제 4일에 이르러서야 비로소 은하계와 항성들과 행성들이 빛을 발하기 시작할 수도 있었다는 이야기이며, 이는 과학적으로 볼 때도 전혀 어색한 논리라고 볼 수가 없다.

   (3) 태양 빛이 지구상에 도달하는 데는 약 8분이 걸린다. 그리고 수성, 금성, 화성, 목성, 토성, 천왕성, 해왕성, 명왕성 등의 별빛은 스스로 발하지 않는다. 달을 포함해서 각 행성들과 행성들의 위성들은 모두 다 태양으로부터 빛을 받아서 반사하고 있다. 그러므로 태양이 빛을 발하지 않는 한, 달을 위시해서 모든 행성들은 그 별빛들이 사실상 나타낼 수도 없다.

51. 별빛이 지구에 도달할 때의 시간차

태양 빛이 지구에 도달하는 데 약 8분 걸린다. 그러므로 현재의 태양에 대해서는 지구에서 볼 때 약 8분 후에 정확하게 알 수 있다. 지금 지구상에 도달하는 별빛이나 은하에서 오는 빛들은 적게는 수 일, 수 십일로부터 많게는 수 만년이나, 수 십억년, 심지어는 수 백억년에 달하는 것도 있다. 이러한 수들은 사실 매우 큰 값이기 때문에, 사람들은 이를 천문학적 숫자라고 부르고 있다. 어느 순간에 별이 만들어진다고 하더라도 그 별빛이 즉시 지구상에 도달하지는 않는다.

별빛도 역시 우주 상에서 가장 빠른 속도인 광속($c=3 \times 108m/sec$)으로 오고 있지만, 그 별빛이 도달하는 데 걸리는 시간은 거리에 비례한다. 별들이 같은 날 동시에 창조되었다고 하더라도 그 별들의 표면에서 핵융합이 일어나서 빛을 발하기까지 시간이 소요될 수도 있고, 별들이 만들어진 후 설사 불과 얼마 되지 않아서 빛을 발하기 시작했더라도 거리상의 문제로 말미암아 그 별빛이 지구상에 도달하는 데 시간이 소요될 수도 있으므로,

제 4일에 이르러서야 그 별들이 지구상에 볼 때 그 모습들이 드러났다고 하더라도 그것은 과학적으로도 조금도 이상하거나 어색할 것이 없다.

52. 창조 제 4일에 이르러 언급된 해 · 달 · 별

성경에 해와 달과 별이 창조 제 4일에 이르러서야 언급되었다고 하는 사실은 상대론적으로 볼 때 오히려 더욱 더 자연스러운 일이라고 보여진다. 그러므로 이 기사는 지극히 철학적이고, 당연하며, 진실한 것이다.

이해를 돕기 위해 다음과 같은 예를 들어 보고자 한다. 어떤 사건이 어느 날 일어나게 되었다. 그런데 그 사건은 며칠이 지난 뒤에야 비로소 세상에 알려지게 되었다. 일이 그렇게 되어 사건이 발생 당시에 발표되지 못했고, 세상에 드러난 후에야 발표되기에 이르렀다.

그러면 앞 뒤 정황으로 미루어 볼 때, 그것은 뭔가 모순이라고 해야 옳은가? 그러나 누가 보더라도 사실 그건 아닐 것이다. 왜냐하면, 어떤 사건에 대해 훗날 뭔가 드러나게 되었고, 나중에야 밝혀지게 되었으며, 그 사건에 대해 사건 발생 즉시 발표하지 않았고, 훗날 공식적으로 발표하게 되었다고 하더라도, 그 사실이 전혀 진실이 아니라고 단정할 수는 없는 노릇이기 때문이다.

53. 상대론적으로 기록된 성경

성경은 지구상에 살고 있고, 지구상에 머무르고 있는 인간을 위해 기록된 책이었다. 그것이 사실이라면 굳이 지구 밖에서 본 모습에 대한 기록을 성경에 남겨둘 필요는 없었다. 성경을 절대론적으로 기록해둘 필요가 전혀 없었을 것이라는 말이다. 그 이유는, 성경은 처음부터 인간을 위한 책이었고, 인간의 입장에서 기록된 책이었기 때문에, 당연히 인간이 알기 쉽고 이해하기 쉽게 상대론적으로 집필되었을 것이기 때문이다.

54. 빅뱅 이론의 도입과 상대론적인 기록

태초에 하나님은 빛을 만드셨다. 그리고 그 빛을 이용하여 천지를 창조하셨다. 그러나 태초에는 무의 상태였으며, 무로부터 하나님께서는 자신이 친히 만드신 빛인 γ 선을 이용하셔서 질료계를 만드셨다. 그것은 매우 순간적으로 일어났으며, 이것을 현대인들은 대폭발설(Big-Bang Theory) 또는 빅뱅이론이라고 부르고 있다. 그러하기에 우주와 은하계와 태양계와 행성들과 지구나 모든 위성 등은 동시에 탄생하게 되었다. 하나님께서는 성경 속의 모든 사건들을 지구를 중심으로 하여 집필해 나가도록 하셨다. 그도 그럴 수밖에 없었던 이유는, 이 성경책은 다른 누군가가 아닌 바로 지구상의 성도들을 위해서 준비된 책이기 때문이었다. 그래서 지구를 중심으로 그리고 인간들을 중심으로 집필하다보니, 성경책은 부득이 절대론적인 책이 아니라, 부분적으로는 상대론적인 책이 될 수밖에 없었다.

55. 창조 제 4일에 대한 기록

하나님께서는 우주상의 대부분의 것들인 해와 달과 별과 은하계 등을 창조 제 1일에 한꺼번에 창조하셨다. 그리고 그 이후 계속해서 추가적으로 창조를 더하셨다. 지구상에 필요한 지각 변동이나 식물 및 동물 등을 추가적으로 창조하셨던 것이다. 지구상에서 볼 때 은하계들, 태양, 달, 행성이나, 그밖에 은하계 속에 포함된 수많은 별 등은 창조 제 4일에 이르러서야 지구상에서 서서히 드러나기 시작했다. 그렇기 때문에 하나님께서는 창조 제 4일에 이르러서야 그것들의 존재성, 존재 목적, 그것들의 가치 등에 대해 비로소 언급하시게 되셨다. 이쯤해서 명석한 독자들은 '그러면 하나님께서는 창조 제 4일에는 무슨 일을 하셨다는 것인가? 에 대한 의문을 갖게 될 것이다. 그러나 이에 대한 의문은 다음 문장에서 곧바로 해소가 되는 것을 알 수 있다.

또 그 광명으로 하여 징조와 사시와 일자와 연한이 이루라

1. 두 광명을 창조하신 이유와 목적

두 광명을 창조하신 분은 하나님이셨다. 그러나 그 광명을 아무런 생각도 없이 창조해두신 것은 아니셨다. 하나님께서 그것의 창조 이유와 목적을 다음과 같이 밝히고 계시기 때문이다.

(1) '징조(אֹתֹת. /오토트; sign)' 를 나타내게 했다. 태양은 누가 뭐라 해도 하나님의 창조물임을 부인할 수 없다. 그러므로 하나님은 숭배의 대상이 될 수 있지만 태양은 숭배의 대상이 될 수가 없다. 태양이 위대하다면 태양을 만드신 하나님은 더 위대하기 때문이다.

태양이나 달, 별들이 어떤 징조를 나타냈으며, 또 앞으로 어떤 징조를 더 나타내게 될 것인가에 대해 살펴보자. 이에 대한 성경 구절을 찾아 그 대답을 대신하고자 한다. 단, 이 구절들에 대해 상세한 주석 없이 인용만 할 것이다.

(민 25:4) 여호와께서 모세에게 이르시되 '백성의 두령들을 잡아 **태양**을 향하여 여호와 앞에 목매어 달라. 그리하면 여호와의 진노가 이스라엘을 떠나리라'

(신 33:14) **태양**이 결실케 하는 보물과 태음이 자라게 하는 보물과

(수 10:12-13) 여호와께서 아모리 사람을 이스라엘 자손에게 붙이시던 날에 여호수아가 여호와께 고하되, 이스라엘 목전에서 가로되, **'태양**아! 너는 기브온 위에 머무르라! **달**아! 너도 아얄론 골짜기에 그리할지어다!' 하매, **태양**이 머물고 **달**이 그치기를 백성이 그 대적에게 원수를 갚도록 하였느니라. 야살의 책에 기록되기를 **태양**이 중천에 머물러서 거의 종일토록 속히 내려가지 아니하였다 하지 아니하였느냐?

(왕하 23:11) 또 유다 열왕이 **태양**을 위하여 드린 말들을 제하여 버렸으니, 이 말들은 여호와의 전으로 들어가는 곳의 근처 시종 나단멜렉의 집곁에 있던 것이며, 또 **태양** 수레를 불사르고

(겔 8:16) 그가 또 나를 데리고 여호와의 전 안뜰에 들어가시기로 보니 여호와의 전문 앞 현관과 제단 사이에서 약 이십 오인이 여호와의 전을 등지고 낯을 동으로 향하여 동방 **태양**에게 경배하더라.

(창 37:9) 요셉이 다시 꿈을 꾸고 그 형들에게 고하여 가로되 '내가 또 꿈을 꾼즉 **해와 달**과 열 한 **별**이 내게 절하더이다' 하니라.

(출 16:21) 무리가 아침마다 각기 식량대로 거두었고 **해**가 뜨겁게 쪼이면 그것이 스러졌더라.

(욥 9:7) 그가 **해**를 명하여 뜨지 못하게 하시며 **별**들을 봉하시며

(사 60:20) 다시는 네 **해**가 지지 아니하며 네 **달**이 물러가지 아니할 것은 여호와가 네 영영한 빛이 되고 네 슬픔의 날이 마칠 것임이니라.

(렘 15:9) 일곱 자식을 생산한 여인으로는 쇠약하여 기절하게 하며, 오히려 백주에 그의 **해**로 떨어져서 그로 수치와 근심을 당케 하였느니라. 그 남은 자는 그 대적의 칼에 붙이리라 여호와의 말이니라.

(욜 2:31) 여호와의 크고 두려운 날이 이르기 전에 **해**가 어두워지고 **달**이 핏빛 같이 변하려니와

(욜 3:15) **해와 달**이 캄캄하며 **별들**이 그 빛을 거두도다.

(암 8:9) 주 여호와께서 가라사대, '그 날에 내가 **해**로 대낮에 지게 하여 백주에 땅을 캄캄케 하며

(미 3:6) 그러므로 너희가 밤을 만나리니 이상을 보지 못할 것이요, 흑암을 만나리니 점치지 못하리라 하셨나니, 이 선지자 위에는 **해가** 져서 낮이 캄캄할 것이라.

(합 3:11) 주의 날으는 살의 빛과 주의 번쩍이는 창의 광채로 인하여 **해와 달**이 그 처소에 멈추었나이다.

(마 24:29) 그 날 환난 후에 즉시 **해가** 어두워지며, **달**이 빛을 내지 아니하며, **별들**이 하늘에서 떨어지며, 하늘의 권능들이 흔들리리라.

(막 13:24) 그 때에 그 환난 후 **해가** 어두워지며, **달**이 빛을 내지 아니하며

(눅 23:44) 때가 제 육시쯤 되어 **해가** 빛을 잃고 온 땅에 어두움이 임하여 제 구 시까지 계속하며

(행 2:20) 주의 크고 영화로운 날이 이르기 전에 **해가** 변하여 어두워지고, **달**이 변하여 피가 되리라.

(행 26:13) 왕이여 때가 정오나 되어 길에서 보니 하늘로서 **해**보다 더 밝은 빛이 나와 내 동행들을 둘러 비추는지라.

(계 6:12) 내가 보니 여섯째 인을 떼실 때에 큰 지진이 나며 **해가** 총담같이 검어지고 온 **달**이 피같이 되며

(계 8:12) 네째 천사가 나팔을 부니 **해** 삼분의 일과 **달** 삼분의 일과 **별들**의 삼분의 일이 침을 받아 그 삼분의 일이 어두워지니, 낮 삼분의 일은 비췸이 없고 밤도 그러하더라.

(계 9:2) 저가 무저갱을 여니 그 구멍에서 큰 풀무의 연기 같은 연기가 올라오매 **해와** 공기가 그 구멍의 연기로 인하여 어두워지며

(계 16:8) 네째가 그 대접을 **해**에 쏟으매 **해**가 권세를 받아 불로 사람들을
태우니

(계 19:17) 또 내가 보니 한 천사가 **해**에 서서 공중에 나는 모든 새를 향하
여 큰 음성으로 외쳐 가로되 와서 하나님의 큰 잔치에 모여

(계 21:23) 그 성은 **해**나 **달**의 비췸이 쓸데없으니, 이는 하나님의 영광이
비취고 어린양이 그 등이 되심이라.

사실 성경에 해, 달, 별 등이 나타내 준 징조는 매우 많다. 그것을 일일이
나열하기에는 오히려 지면이 부족할 정도다.

(2) '사시(מוֹעֲדִים/모아딤; season)' 를 나타내게 했다. '사시' 란 '사계
절' 을 의미한다. 현재는 '사시' 가 '봄' 과 '여름' 과 '가을' 과 '겨울'
을 말한다. 그러나 태초의 사계절이 지금과 같다고 할 수는 없을 것이
다. 왜냐하면, 그 당시에는 궁창 위의 물이 아직 있었기 때문이다. 하
나님께서 태초에 지구를 만드시고, 태양을 만드신 후 사계절이 나타
나도록 의도적으로 그렇게 하셨다. 그러면 사계절은 지구가 어떻게
되었을 때 나타나게 되는 현상인가? 사계절은 지축의 경사로 말미암
아 나타나게 되는 현상이다. 현재 지축은 태양을 향해 약 23.5도 기울
어져 있다. 이토록 지축이 기울어져 있지 않는 한 4계절의 변화는 나
타나지 않게 된다.

하나님께서는 이 지구상에 계절의 변화가 나타나도록 하기 위하여
처음부터 지축을 기울어지게 했다고 보아야 옳다. 지축의 경사는 노
아 홍수 이후에 나타났다고 보는 것은 잘못된 견해다. 지축이 태초부
터 경사진 상태로 창조되었다고 하는 사실에 대해 진화론자들은 뭐
라고 해명할 말이 없다.

모든 것은 저절로 된 것이란 그 어느 것 하나도 없다. 저절로 된 것이 없기에 우연이 있을 수 없고, 우연이 있을 수 없기에 모든 것에는 목적이 있을 수밖에 없다.

하나님께서 지구상에 왜 사계절을 두셨는지에 대해서 매우 애석하게도 확실한 해명이 불가능하다. 단지, 유추해볼 수 있는 것은 사계절이 있음으로 해서 시간의 흐름에 대해 확실하게 인식이 가능하고, 변화를 느낄 수 있으며, 환경에 적응하기 위해 노력도 해야만 한다. 그것은 인간의 입장에서 지극히 단편적으로 본 것들이 아닐까 한다. 그 외에도 얼마나 더 심오한 창조의 섭리가 있을 수 있는지에 대해 우리로서는 다 알 수가 없다. 그러나 한 가지 사실에 대해 더 언급하자면, 어쩌면 노아 홍수 때 궁창 위의 물들이 다 쏟아져 내리고 난 이후에 사계절 현상은 더욱 더 뚜렷해졌을 수도 있다는 것이다.

(3) '일자(יָמִים /야밈; days)' 를 나타내게 했다. 여기서 야밈(יָמִים) 은 날을 나타내는 욤(יוֹם /day)의 통성 명사 복수 절대형이다. 날짜는 지구 자전에 의해 만들어지게 되며, 특히 이것은 해와 달과 별에 의해 만들어지게 된다. 즉, 태양을 주의 깊게 관측하게 되면 태양이 어느 위치에 있다가 정확하게 다음 날 같은 위치에 오게 되는 주기가 나타나게 되는데, 이는 지구 자전으로 말미암은 것이며, 이것을 현재 1태양일이라고 부른다.

그러나 1태양일은 지축의 경사 및 공전 궤도면이 타원이기 때문에 연간 일정하지 못하다. 그래서 현재는 1평균 태양일을 사용하고 있다. 그리고, 1평균 태양일을 24등분한 것의 하나가 1시간이고, 1시간의 60분의 1이 1분이며, 1분의 60분의 1이 1초인 것이다. 어느 임의의 별을 기준을 잡았다가 다음 날 그 별이 다시 그 위치에 오게 되는 시각을 재어 보면 정확하게 23시간56분4초라는 시간을 얻어낼 수가 있다. 이를 1항성일이라고도 하는데, 이 값이야말로 사실상 정확한 지구 자전주기이다. 평균 태양일과 항성일 사이에 차이가 나고 있는데, 그 이유는 지구가 자전을 하면서 동시에 태양 주위를 공전도 하고 있기 때문이다. 여기에서 한 가지 더 언급하고 넘어가자. 왜냐하면, 달을 기준으로 한 시각인 항성월과 삭망월이 아직 남아있기 때문이다. 지구는 행성의 하나이고, 달은 지구의 위성이다. 지구에서 볼 때 달은 태양보다는 훨씬 더 가까운 거리에 놓여 있다. 특히 달은 지구의 주위를 돌고 있는데, 달은 정확하게 27.3일을 주기로 지구를 한 바퀴 돌고 있다. 이것은 달의 공전주기로서 1항성월이라고 부르고 있다. 그리고 달도 역시 자전을 하기도 하는데, 대단히 우연하게도 지구에서 볼 때 그 주기가 27.3일로서 달의 공전 주기와 정확하게 일치하고 있다. 역사적으로 볼 때 지구상의 인간이 참으로 오랫동안 달의 자전과 공전을 제대로 인식하지 못하고 있었던 이유중 하나는, 달의 자전주기와 공전주기가 같아서 달의 한쪽 면만 관측이 가능했기 때문이었다. 그러나 달을 자세하게 관찰을 해보면, 달은 29.5일을 주기로 보름이 되었다가 또다시 보름이 되곤 한다. 이를 1삭망월이라고 하는데, 이것이 오늘날의 태음력의 기준이다.

이제, 결론을 말하자면, 지구 홀로 시간의 정의를 내릴 수 없다는 것이다. 즉, 지축이 경사져 있는 상태로 지구가 일정한 속도를 유지하며 자전과 공전을 거듭하게 됨으로서 태양이 뜨고 지게 되고, 그렇게 하여 사계절과 일자가 생겨나기도 하는 것이다.

(4) '연한(שָׁנִים /쇠님; years)'을 나타내게 했다. 히브리어 쇠나(שָׁנָה)는 '반복하다', '다시 하다', '바꾸다'는 뜻을 가지고 있는데, 여기의

'쇠님'은 이 단어의 남성 명사 복수형을 가진 여성 명사로서 '년', '연한' 등의 의미를 가지고 있기도 하다. 1년은 지구 공전으로 생겨나게 된 시각이다. 즉, 지구에서 태양을 상대적으로 관측하게 되면, 태양은 1년을 주기로 천구상을 서에서 동으로 이동하는 것처럼 보인다. 이렇게 이동하는 것처럼 관측되어지는 천구상에서의 태양의 이동경로를 천문학에서는 황도라고 부른다. 지축은 태양과 23.5도 경사져 있기 때문에 천구상의 적도와 황도는 23.5도 경사져 있게 되고, 천구상의 적도와 황도가 만나는 두 점을 각각 춘분점과 추분점이라고 부르고 있는 것이다.

이제, 1년을 정의해 보자. 태양이 춘분점을 출발하여 다시 춘분점까지 되돌아오는 데까지 걸린 시간을 1평균 태양년이라고 부르는데, 정확하게는 365.2422일이다. 그리고 태양이 아닌 항성으로 기준을 잡게 되면 이와는 조금 다른 값이 나오게 되는데, 정확하게는 365.2564일이며 이 값을 1항성년이라고 부르고 있고, 이 값이 정확한 지구 공전 주기이기도 하다. 1평균 태양년과 1항성년 사이에 약간의 차이가 나는 이유는, 지축이 경사져 있어서 세차운동(세차운동이란, 지축이 경사진 상태로 지구가 자전을 하게 되는데, 이 때 자전 방향과 반대 방향으로 지축이 조금씩 이동해 가는 현상을 말한다.)이 일어나기 때문이다. 즉, 세차운동으로 말미암아 춘분점이 매년 50.3초씩 서쪽으로 이동하기 때문에 차이가 나고 있는 것이다.

2. 율리우스력과 그레고리력

현재 365.25일은 태양력의 기준이 되고 있는 날짜다. 특히, 소수 부분에 해당하는 날짜인 0.25일은 4분의 1일이고, 이것은 6시간에 해당하는 값이다. 그러므로 1년은 정확하게는 365일 6시간이라고 생각하면 된다. 이것을 몇 년만이라도 나타내보기로 하면, AD 1년은 365일 6시간, AD2년도 365일 6시간, AD 3년 역시 365일 6시간, AD 4년 역시 365년 6시간인데, 처음 1년부터 4년까지 전체 4년 동안 누적된 6시간을 모두 합하면 24시간 하루가 만들어지게 된다. 그래서 AD 4년은 365일이 아니라 366일로 했다. 1년이 365일인 AD 1년에서 AD 3년까지를 평년이라고 하고, 그 해의 2월은 28일까지 있다. 그러나 AD 4년은 366일이고, 2월은 29일까지 있다.

이렇게 해서 매번 4의 배수인 해와, 또한 100의 배수 중에서 400배수인 해에 한해서만 1년을 366일로 정하고, 이 해를 윤년이라고 부르며, 매 윤년은 2월이 29일까지 있게 된다. 이 날짜는 사실 BC 46년에 율리우스 시이저에 의해서 최초로 정해진 값들(그래서 이 달력을 율리우스력이라고 한다)이고, 그 후 법황 그레고리 VIII세에 의해서 1582년 10월 4일에 보정된 값(그 후 달력을 그레고리력이라고 부르고 있다.)이기도 하다.

3. 태음-태양력

이에 대해 달의 삭망 주기인 29.5일을 기준으로 하여, 1개월을 29일 또는 30일로 잡아 1년을 만든 달력을 태음력이라고 부르고 있다. 즉, 29.5일×12개월 하면 총 354일이 되며, 이는 태양력인 365일이나 또는 366일에 비해 11일 또는 12일이 짧게 되어 계절 변화와 일치가 잘 안 된다. 이 달력은 그러므로 매우 불편하여 1년을 13개월로 하는 해를 만들고, 그 해를 음력의 윤년이라고 한다. 이렇게 하다 보면 19년을 주기로 하여, 19년 동안 7번 윤년이 나타나게 된다고 해서 이것을 '19년 7윤법'이라고 하는데, 이를 '메톤기' 또는 '장법'이라고 하여 현재의 태음-태양력으로 사용하고 있다.

4. 창조 제 4일 이전의 하루

이렇게 해서 '날짜(日: days)'와 '달(月: month)'과 '해(年: years)' 등이 '해(sun)'와 '달(moon)'과 '별(star)' 들과 어떤 관계를 가지고 있는가에 대해 살펴 보았다. 우리는 아직도 미해결의 문제들을 한 두 가지 더 남겨두고 있다. 그 중의 하나는, '창조 제 4일에 만들어진 태양과 달과 별들에 의하여 시간 개념이 생겨났다면, 창조 제 1일, 2일, 3일은 무엇으로 기준을 잡아 나누었는가?' 하는 점이 계속해서 미해결의 문제로 남아버리고 말기 때문이다. 그러므로 창조 제 1일, 2일, 3일이 결코 현재의 24시간의 하루가 아니었다는 점을 다시 한 번 확실하게 해주고 있다고 해야 옳다.

5. 하나님의 하루 개념

몇몇의 신학자들은 성경을 문자 그대로 해석해야만 한다는 것에 초점을 맞추고, 하루를 오로지 24시간의 하루였을 뿐이라고 하는 것에 대해 뜯어 맞추려고 안간힘을 다 써왔다. 그러나 이러한 착각을 근본적으로 피하기 위해 하나님의 하루란 하나님께서 일을 시작하신 순간부터 일을 끝마치시기까지의 기간으로서의 하루라고 보아야 옳다는 것이다. 사실, 24시간의 하루, 365일의 하루 등은 예수님 오시기 전후해서 구분되기 시작한 것에 불과하다. 즉, 시간은 존재 개념이기는 하지만, 그것들은 아울러 인간에 의해 인간들이 실생활에서 편리하게 사용될 수 있도록 정의된 개념일 뿐이다.

6. 하나님의 하루가 긴 기간은 아니라는 점

성경에 기록된 날짜대로 보자면, 창조 제 3일에 식물들이 거의 만들어졌고, 창조 제 4일에 이르러서야 해와 달과 별들이 비로소 비춰어지기 시작했다고 한다. 그러나 만일 이 하루라는 시간 간격이 24시간의 하루가 아니었고, 진화론자들이 주장하고 있는 수 백 시간이나, 수 천 시간, 또는 수 만 시간이나, 수 억 시간에 해당하는 긴 기간을 의미할 수도 있다고 가정을 하게 되면, 식물들은 과연 어떻게 그토록 긴 기간 동안에 광합성을 하지 않고 버틸 수 있었을 것인가에 대해 의문을 제기해볼 수가 있다. 하나님의 하루는 정확하게 24시간은 아니었지만, 그렇다고 해서 지질학적으로 볼 때 그리 긴 기간도 아니었다는 것을 알 수 있게 된다.

식물은 광합성을 하지 않으면 죽게 된다. 그렇기에 여러 가지 설을 만들어 볼 수도 있다. 예를 들어서, 하나님께서는 태양 빛은 아니지만 다른 광원을 두셨을 수도 있다든지, 태양이나 달이나 별들이 드러나기 불과 몇 시간 전에 만들어 둘 수도 있었을 것이라는 식으로 적당히 설명하면 된다. 그러나 이런 논리는 누가 보더라도 성경을 너무나 비과학적으로 뜯어 맞추고 있다고 밖에 볼 수가 없다. 그러므로 식물을 만들고 난 후에 오랜 시간이 지나지 않아서 광선들이 곧바로 드러났다고 해야 옳다.

7. 시간의 창조자이신 하나님

창세기 1장의 창조기사는 시간논쟁으로 해결되어질 수 있는 부분이 더 이상 아니다. 왜냐하면, 하나님께서는 제한된 시간 안(in time)에서 그 모든 것들을 순서대로 창조하신 것이 아니라, 하나님께서 태초에 창조하실 때에 물질과 더불어 이름이나, 더 나아가서 개념 등은 물론이고, 심지어는 시간 개념까지도(with time) 창조하셨으며, 그것들에 대해 하나님 나름대로 정의를 해두셨기 때문이다. 하나님께서 시간 안에서 창조해나가셨던 것이 아니라, 시간과 더불어 창조해나가셨다는 것에 대해서는, 중세 교부 아우구스티누스(Aurelius Augustinus ; 354~430)가 처음 언급했었다. 그렇다고 해서 현재 필자의 주장과 그 사람의 주장이 일치하고 있는 것은 아니다. 왜냐하면, 지금까지의 많은 신학자들이나 과학자들이 생각했던 시간 개념을 가지고 태초의 창조사역들에 대해 주석을 달고 있는 것이 아니기 때문이다.

그들과는 달리 나는 그러한 시간 구분들이 태초에는 시간의 흐름 속에서 인식되어질 수 있었던 것들이 결코 아니었기 때문에, 하나님께서 일의 시작하셨던 시점과 끝내셨던 시점을 구분으로 하여 태초의 날짜 구분이 이뤄져야만 한다고 하는 새로운 주장을 펴고 있다.

시간개념은 후에 인간들이 만들고 정의한 것에 불과한 것이므로, 이제부터는 더 이상 날짜의 구분을 시간 개념을 도입하여 이해하려고 하지 말고, 초기의 하나님의 창조 사역은 오늘날의 우리가 사용하고 있는 시간의 틀에서 벗어나 단지 순서적인 사실들로서만 받아들여져야 할 것이라는 게 나의 결론이다.

8. 실제 지구와 성경과의 관계

지구의 모양이 원반형이다, 구형이다, 사각형이다라는 식의 주장 등은 성경의 내용과 사실 아무런 상관조차 없다. 또한, 지구가 자전을 하느냐 하지 않느냐, 공전을 하느냐 하지 않느냐, 지구가 우주의 중심이냐, 아니냐 등에 관한 것들도 역시 성경적 사실과 아무런 관련이 없는 것들일 뿐이다.

그렇게 말 할 수 있는 가장 큰 이유 중의 하나는, 성경이 그런 것들에 대해 구체적으로 언급하는 것을 굳이 회피하고 있기 때문이다. 성경이 지구가 우주의 중심이라고 기록하고 있다면, 그러한 말이나 표현 등은 성경에 오류가 있음을 말해주는 것이 된다. 성경이 지구는 자전과 공전을 하지 않는다는 식으로 기록을 하고 있다고 하더라도 그것은 역시 매우 큰 오류를 범하고 있다고 해야 옳다. 그러나 성경은 그런 것들에 대해 단 한 구절도 언급했던 적이 없으며, 그런 것들을 기록하기 위해 시도된 적도 없었다. 따라서, 그런 이야기들이 성경에 언급되지 않았다고 해서 성경의 기록들이 모순이라거나, 오류라고 볼 수가 절대로 없다.

9. 과학적 사실과 성경의 권위

성경 독자들이나 기독교 신자들은 성경에 그러한 과학적 언급들이 없다고 하더라도 성경이 하나님의 말씀임에 대해 조금도 의심하지 않는다. 지구의 자전이나 공전에 관한 기록, 지구가 우주의 중심인지 아닌지에 관한 기록, 지구의 모양에 관한 기록, 또는 우주와 더불어 지구의 탄생 등에 대한 기록 등이 성경에 없다고 해서 모순이 있다고 생각하지는 않는다는 것이다. 성경의 기록들은 다음과 같은 원칙을 따르고 있다.

(1) 부분의 원칙; 성경은 모든 것들을 상세하게 기록하지 않았으며, 꼭 필요한 사건, 꼭 필요한 인물, 꼭 필요한 존재들만을 선별해서 기록하였다.

(2) 구속사의 원칙; 구속사적 사건 중심으로 성경을 기록하였다.

(3) 인간 중심의 원칙; 성경은 인간 중심이요, 택자 중심이다.

(4) 지구 중심의 원칙; 성경은 '우주론'에 관한 책이 아니라 오히려 '지구론'에 관한 책이며, '지구론'에 관한 책을 넘어서서 오히려 '인간론'에 관한 책이기도 하다.

(5) 일방의 원칙; 하나님의 인간에 대해 명령 · 통보 · 압축 형식이다.

또 그 광명이 하늘의 궁창에 있어 땅에 비취라 하시고 그대로 되니라.

KJV; And let them be for lights in the firmament of the heaven to give light upon the earth:and it was so.

NIV; and let them be lights in the expanse of the sky to give light on the earth. And it was so.

LB; they shall bring about the seasons on the earth, and mark the days and years. And it was so.

RSV; and let them be lights in the firmament of the heavens to give light upon the earth. And it was so.

בִּרְקִיעַ	הַשָּׁמַיִם	לְהָאִיר	עַל־	הָאָרֶץ	וַיְהִי־	כֵן׃
in-expanse-of	the-sky	to-give-light	on	the-earth	and-he-was	so

לִמְאוֹרֹת	וְהָיוּ
for-light	and-let-them-be

또 그 광명이 하늘의 궁창에 있어
땅에 비취라 하시고(그대로 되니라.)

1. 해와 달의 창조 목적

이 구절에 대한 주석을 달기 전에 먼저 영어 번역부터 살펴보면, LB은 번역이 원본과 많이 멀게 되어 있음을 다시 한 번 알 수 있다. 그래서 그 번역을 본 책에서 삭제할까 몇 번이고 생각했지만, 다른 번역들과도 비교해볼 필요가 있을 것 같아서 그냥 놔두고 있음을 밝혀둔다.

광명(해와 달을 말함)이라고 하는 것은 저절로 생겨난 것이 결코 아니었으며, 하나님께서 직접 창조하셨다. 그리고 창조의 목적도 분명하기만 하다. 하늘의 궁창에 있어 땅에 비취기 위함이라는 것이다. 달은 지구에서 매우 가깝다. 그 달은 어두운 밤에 지구에 빛을 조사(照射)하고 있다. 그리고 태양은 지구뿐만 아니라 태양계의 별들 모두에게 빛을 조사하고 있다. 그럼에도 불구하고, 성경은 태양과 달이 지구를 비취게 하기 위함이었다고 한다. 물론 태양은 예나 지금이나 할 것 없이 지구뿐만 아니라 다른 행성들에게 동시에 비취어 밤에 빛을 발하게 하고 있다.

2. 태양과 수중 식물의 관계

지구의 입장에서 보면 태양은 에너지의 근원이요, 살균작용의 본체이기도 하다. 태양은 지구에 열에너지를 공급해 주는 것은 물론이지만, 1차 생물인 식물의 광합성을 일으키게 해주는 원동력이 되기도 한다. 대부분의 동물들은 그 먹이를 식물에 의존하고 있고, 식물은 그 에너지를 절대적으로 광합성에 의존하고 있다. 만일, 태양이 빛을 발하기를 멈추고 만다면, 식물은 광합성을 할 수 없게 되고 말아 지구는 조만간에 죽음의 행성으로 변해 버리고 만다.

그뿐만이 아니라 햇빛이 비춰지지 않게 되면 해양 식물들은 물론이고, 호수 또는 해수에 살고 있는 식물성 플랑크톤 등도 죽어버리고 만다. 그리고 그것들이 죽게 되면 작은 물고기들의 먹이가 없어지게 되어 죽어버리고 말며, 그렇게 되면 작은 물고기를 잡아먹고 살던 큰 물고기들도 따라서 죽어버리고 만다. 그렇게 되어 모든 호수나 바다는 멀지 않아 죽음의 늪으로 변해 버리고 만다.

3. 태양과 지표 식물의 관계에 대해

육지 식물들 역시 예외가 아니다. 광합성을 하지 못하게 되면 지표 식물들이 곧 죽게 되고, 식물들이 죽으면 초식 동물들이 굶어 죽게 되며, 초식 동물들이 죽게 되면 육식동물들도 자연히 차례대로 굶어 죽게 된다. 이렇게 되면 먹이 연쇄가 깨지게 되고, 모든 동식물들은 지구상에서 사라져버린다. 우리는 늘 태양의 영향을 받고 있으면서도 그것의 고마움은 제대로 알지 못하고 있다. 그러나 이 태양은 저절로 만들어진 것이 결코 아니었으며, 하나님께서 계획적으로 태초에 만드신 것이 사실이고, 성경에는 그것을 만든 목적까지도 분명히 하고 있다.

4. 태양의 살균작용에 대해

세균들은 식물이나 동물이나 인체에 해로운 것들도 더러 있지만, 세균들이 반드시 해로운 것만은 아니다. 그 세균들이 적당히 있어야만 불필요한 동식물의 잔해 등이 분해되어 흙으로 되돌아갈 수도 있기 때문이다. 이 세균들 중에서 동식물이나 인체에 해를 주는 것들은 동식물 및 인간들에게 접근을 하지 못하게 막아야만 한다. 그런 세균들은 주로 늪이나 어두운 곳에서 많이 서식하고 있는데, 그것들이 햇빛에 노출되면 곧 죽게 되고 만다. 즉, 햇빛은 살균 작용을 일으키고 있는 것이다.

5. 태양과 대기의 순환

태양은 해수나 호수의 물을 가열한 후 증발하게 하여 구름을 만들어내기도 하고, 또한 지각을 국부적으로 가열하여 기압 차를 일으켜 바람이나 기류를 만들어내기도 한다. 한 마디로 말해서, 태양이 없다면 바람도 불지 않을 것이고, 구름도 생기지 않을 것이며, 비나 눈도 오지 않게 될 것이다.

그렇게 되면 대기의 순환이 일어나지 않게 되어 대기는 서로 섞이지 못하게 될 것이고, 눈이나 비가 오지 않게 되면 모든 식물들은 수분의 차단으로 인해 살지 못하게 될 것이며, 모든 고인 물들은 썩게 되어 어류들도 집단 폐사(廢死)하게 된다. 하나님께서는 태초부터 태양에 의하여 이런 식으로 대기의 순환이 일어나게 하여 지각 변동을 일으키게 하셨고, 지하수를 순환시키기도 하셨으며, 또한 강물이 흐르도록 하여 그 물들로 하여금 자연적으로 정화되게 하여 생태계가 생명을 유지할 수 있도록 해두셨다.

6. 태양이 지표를 비취게 했다는 것의 의미

태양이 있으므로 기상현상이 있다. 태양이 있으므로 식물이 살 수 있다. 태양이 있으므로 플랑크톤이 살 수 있다. 식물과 플랑크톤이 존재할 수 있기에 모든 동물들이 존재할 수도 있다. 태양은 지구에 생명체가 존재하게 하는 장본인이라고 해도 전혀 과언이 아니다. 하나님께서는 그 광명을 친히 만드셨으며, 그 광명으로 하여금 지구를 비취도록 설계해두셨다. 이 얼마나 놀라운 일인가?

7. 태양에 관한 과학적 사실들

태양이 현재의 위치에서 온도가 조금만 올라가거나 내려간다면 지구의 생태계는 파괴되어버리고 만다. 태양이 현재의 온도를 유지하면서 지구에 조금만이라도 가까이 접근하게 된다거나 멀어져 간다고 하더라도 역시 지구의 생태계는 파괴되어버리고 만다.

현재, 태양은 적당한 위치에서 적당한 온도를 유지하고 있기에 지구의 생태계가 파괴되지 않고 균형을 이루게 된다. 만일 지구상의 모든 것들이 진화되었다고 한다면, 태양도 우연하게 존재하게 되었다고 해야 옳을 것이고, 그 밝기나 거리도 우연이라고 해야 옳다. 그러나 이것은 어찌 보나 창조주에 대한 가장 모욕적인 발언이 될 뿐이다.

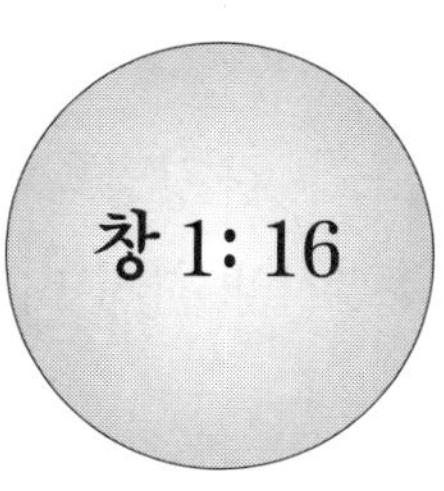

하나님이 두 큰 광명을 만드사, 큰 광명으로 낮을 주관하게 하시고, 작은 광명으로
밤을 주관하게 하시며, 또 별들을 만드시고,

KJV; And God made two great lights; the greater light to rule the day,
and the lesser light to rule the night: [he made] the stars also.

NIV; God made two great lights - the greater light to govern the day and
the lesser light to govern the night. He also made the stars.

LB; For God made two huge lights, the sun and moon, to shine down
upon the earth-the larger one, the sun, to preside over the day and
the smaller one, the moon, to preside through the night;he also
made the stars.

RSV; And God made the two great lights, the greater light to rule the
day, and the lesser light to rule the night;he made the stars also.

הַמָּאוֹר	הַקָּטֹן	לְמֶמְשֶׁלֶת	הַלַּיְלָה	וְאֵת	הַכּוֹכָבִים:
the-light	the-less	for-governing-of	the-night	also	the-stars
אֶת־	הַמָּאוֹר	הַגָּדֹל	לְמֶמְשֶׁלֶת	הַיּוֹם	וְאֶת־
***	the-light	the-great	for-governing-of	the-day	and
וַיַּעַשׂ	אֱלֹהִים	אֶת־	שְׁנֵי	הַמְּאֹרֹת	הַגְּדֹלִים
and-he-made	God	***	two-of	the-lights	the-great-ones

하나님이 두 큰 광명을 만드사, 큰 광명으로 낮을 주관하게 하시고, 작은 광명으로 밤을 주관하게 하시며, 또 별들을 만드시고

1. 태양

두 큰 광명이 해와 달을 말하는 것임은 두 말할 필요가 없다. 인간과 지구의 입장에서 볼 때, 그 두 광명은 지구의 낮과 밤을 주관하고 있음이 분명하다. 하나님께서는 태양을 큰 광명이라고 기록하게 하셨다. 태양은 지구로부터 약 1.5×10^{8} km 정도 떨어져 있다. 이 거리는 광속으로 약 8분 20초 정도 걸리는 거리이며, 이 거리를 천문학에서는 1천문단위(1 Astronomical Unit)라고 부른다. 태양의 질량은 약 2×10^{30} kg으로서 지구 질량의 약 33만 배 정도이고, 태양계 전체 질량의 약 99.8%를 차지하고 있는 값이기도 하다. 또한, 태양의 반지름은 약 7×10^{5} km로 지구의 약 109 배 정도이며, 태양의 부피는 지구의 약 130만 배 가량이나 된다.

2. 달

작은 광명이라고 기록된 달에 대해 살펴보자. 신비의 지구 위성이기만 했던 달은 1969년 7월 16일에 미국의 유인 우주선 아폴로 11호가 달 표면에 착륙하여 직접 탐사를 한 이후로 그 베일은 벗겨지게 되었다. 지구에서 달까지의 거리는 약 384,400 km로서 서울에서 부산까지의 거리의 약 960배 정도의 거리이다. 달의 지름은 지구의 약 $\frac{1}{4}$배, 질량은 지구의 약 $\frac{1}{81}$배이다.

달 표면에서의 만유인력은 지구 표면에서의 만유인력의 $\frac{1}{6}$ 정도로서 매우 작다. 그런 이유로 인하여 달에는 대기를 붙잡아 둘 만한 힘이 부족하여 대기나 물은 없다. 달 표면의 온도는 햇빛이 비치는 쪽은 120 ℃에 이르고 있지만, 햇빛이 비치지 않는 쪽은 -170 ℃로서 그 일교차가 대단히 크다. 앞에서 언급했던 대로 달은 공전 및 자전주기가 27.3일이므로, 낮과 밤이 약 14일씩이나 된다. 달은 스스로 빛을 내는 항성이 아니며, 태양 빛을 받아 반사시켜 빛을 내고 있고, 지구 주위를 돌고 있기 때문에 지구의 위성이라고 부른다.

3. 낮과 밤의 지배자

헬라어에 מָשַׁל (마샬)이라는 단어가 있는데, 이는 '지배하다', '다스리다', '통치하다', '관할하다', '주관하다' 등의 뜻을 가지고 있다. 이 단어에서 파생된 단어가 מִמְשָׁל (밈샬)인데, 그 뜻은 남성 단수로서 '지배권', '통치자'라는 의미를 가지고 있다. 여기에서 사용된 표현은 히브리어로 מֶמְשָׁלָה (멤사라)로서 מִמְשָׁל (밈샬)의 여성 단수형이며, '지배' '통치', '관할', '권능', '정권' 등의 의미를 가지고 있다. 이 단어가 한글 성경에서는 '주관(主觀)'으로 번역되었고, 영어 성경에서는 rule(KJV, RSV)이나, govern(NIV) 및 preside(LB) 등으로 번역되었다. 특히, LB의 preside라는 단어는 집회나 회의 등에서 의장 역할을 맡는다거나 회식(會食) 같은데서 주인 역을 맡는 일, 혹은 회사에서 직원들을 관리하거나 재산 등을 관리하는 것을 뜻할 때 사용되는 단어이기도 하다.

그러므로 분명히 해둘 사항이 하나 있다. 즉, 하나님께서는 낮을 주관하게 하실 것을 미리 만들어 두셨다는 사실이다. 낮의 주관자는 사람이 아니라 태양이라는 것을 알 수 있게 된다. 그렇다고 해서 어떤 사람들처럼 태양을 섬기자는 말은 절대로 아니다. 그것은 섬김의 대상이 될 수도 없기 때문이다. 그러나 분명히 해두지 않으면 안 되는 것은, 인간이 적어도 낮의 주관자로 세워진 것은 아니라는 것이다.

고대나 중세의 많은 왕들이나 교황들이나 이단의 창설자들은, 인간들로 하여금 감히 자기를 섬기도록 하려고 했었다. 그러나 이는 분명히 죄악이 될 뿐이다. 그 이유는 인간은 낮은 물론이고, 밤의 주관자도 절대로 될 수 없기 때문이다. 따라서 인간이 스스로 낮의 주관자가 되고자 한다거나, 또는 밤의 주관자가 되고자 하는 것 등은, 절대로 있을 수 없는 일이다. 그 이유는, 하나님께서 그렇게 만들어 두시지 않으셨기 때문이다. 즉, 한 마디로 말해서 그것은 창조의 섭리에서 어긋날 뿐이며, 아울러 교만이 될 뿐이다.

4. 인간의 지배자는 오직 하나님일 뿐

만일, 누군가가 낮의 해가 있으면 족하지 왜 밤의 달이 필요한가 라고 묻고자 한다면, 하나님은 이렇게 말씀하실 지도 모른다. '만일, 밤에 달이 없다면 교만해지기 매우 쉬운 인간들이 감히 밤의 주관자가 되어보려고 시도해볼지도 모르기 때문에 밤의 주관자로서 달을 만들어둔 것이다' 라고 말이다.

자연이 할 일이 따로 있고, 인간이 할 일이 따로 있다는 것이다. 자연의 주관자는 태양이고 인간의 주관자는 부족마다, 종교마다, 국가마다 따로 있을 수 있다고 말할 수도 있다. 그러나 인간의 주 통치자는 하나님 한 분으로 족하였다. 인간들이 악해서 자기들의 통치자 두기를 즐겨하고 있었지만, 예나 지금이나 그 통치권력을 둘러싼 암투와 권모술수와 도덕적 · 윤리적 타락 등은, 누구나 역사를 통해서 잘 보아왔거나 배워왔을 것으로 본다.

5. 참 신이신 하나님

태초의 창조를 돌아볼 때 겸손은 하나님께서 인간에게 처음부터 예정해 놓으신 것이었고, 작정해 놓으신 것이었으며, 설정해 놓으신 것이었음이 분명하다. 그러므로 인간은 어떤 처지나 어떤 환경에 처하게 되더라도 절대로 교만해져서는 안 된다. 그것은 곧 창조주 하나님의 뜻이자 섭리이기 때문이다. 인간은 모두 하나님 앞에서 나약하고 볼 품 없는 존재들일 뿐이며, 인간이 신일 수는 더 더욱 없고, 섬김의 대상도 될 수 없는 것은 확실한 것이다. 오직 신은 하나님 한 분뿐이시며, 그분만이 섬김의 대상이 될 수 있는 것이다.

6. 택자와 비택자의 차이

성경에는 지동설이나, 지구중심설이나, 만유인력의 법칙이나, 전자기력이나, 강한 상호작용력이나, 약한 상호작용력 등에 관한 언급 등이 전혀 없다. 게다가 대폭발설이나 대통일 에너지 등의 언급도 없고, 아주 오래 전에는 지구가 하나의 땅덩어리(Pangea; 판게아)였다는 기록도 전혀 없다. 세포나 유전자나 원소나 원자에 관한 언급도 없다.

이러한 모든 것들은 성경을 떠나서 과학자들의 사고에 의해 밝혀지게 되거나, 새롭게 정의되어진 것들일 뿐이다. 몇몇의 과학자들이나 지성인들은 성경에 이에 대한 언급이 전혀 없다고 해서 하나님의 말씀인가에 대해 의심을 품기도 하고, 성경의 정통성에 대해 회의를 품기도 하는 것을 볼 수 있다. 물론 이 점에 대해 하나님께서도 처음부터 아시고 계셨을 것이다.

그러나 이 점에 대해 하나님께서 특별히 걱정을 하시지는 않으셨다. 왜냐하면, 어차피 하나님께 속한 사람이라면 과학이 성경에 기록되지 않은 어떤 사실들을 새롭게 밝혀낸다고 할지라도 하나님께서 그 모든 것들을 창조하신 것에 대해 의심하지 않고 믿게 될 것이고, 하나님께 속한 사람이 아닌 경우라면 성경과 과학이 어떤 해명을 해내더라도 끝까지 의심으로 일관하며 창조주 하나님을 믿지 않을 것이기 때문이다.

과학은 절대로 성경의 권위를 약화시킬 수 없다. 과학이나 철학이 때로 성경을 외면하려고도 했지만, 그러나 시간이 흐를수록 성경과 철학과 과학은 동질성을 회복해나가고 있을 뿐이다.

하나님이 그것들을 하늘의 궁창에 두어 땅에 비취게 하시며,

KJV; And God set them in the firmament of the heaven to give light
    upon the earth,

NIV; God set them in the expanse of the sky to give light on the earth,
LB; And God set them in the sky to light the earth,

RSV; And God set them in the firmament of the heavens to give light
    upon the earth,

אֱלֹהִים	בִּרְקִיעַ	הַשָּׁמָיִם	לְהָאִיר	עַל־	הָאָרֶץ:
God	in-expanse-of	the-sky	to-give-light	above	the-earth
וַיִּתֵּן	אֹתָם				
and-he-set	them				

하나님이 그것들을 하늘의 궁창에 두어 땅에 비취게 하시며

1. 성경을 문자대로만 보았다면 보는 이의 오류일 뿐

태양과 달과 지구를 2차원적으로 보면 쟁반일 것 같다는 생각이 들게 된다. 하나님께서 그것들을 하늘의 궁창에 두어 (오로지) 땅에 비취게 하셨다는 것에 대한 성경 말씀을 문자적으로만 해석하자면 더욱 더 그렇게 느껴진다. 왜냐하면, 오로지 땅만을 비춰게 하기 위해 그것들이 만들어진 것이라면 그 모양이 쟁반 같더라도 전혀 이상할 것이 없기 때문이다.

그러나 성경은 모든 사물을 2차원적으로 보라고 한 적도 없으며, 그렇다고 해서 지구나 태양이나 달이 쟁반 같다고 한 적도 없다. 과학은 지구와 달과 태양을 3차원적으로 보는 데 성공했으며, 그 결과 그것들을 위시한 대부분의 천체들이 구형이라는 것에 대해서도 알게 되었다. 이는 모두 보는 관점에 따라 달라지게 된 것뿐이지 그 어느 것도 성경의 오류를 의미한다고 볼 수 없다. 태양은 구형으로서 지구뿐만이 아니라 수성이나 금성, 화성, 목성, 토성, 천왕성, 해왕성은 물론이고, 명왕성이나 그 밖의 행성들의 위성들에게까지도 뚜렷이 비추고 있다는 사실에 대해 누구나 잘 알고 있기 때문이다.

2. 과학의 발전이 성경 해석에 영향을 미치게 된다는 사실

지구가 태양계는 물론이고 우주의 중심이고, 태양은 물론 달도 지구를 위해서 만들어졌고, 지구는 자전이나 공전도 하지 않는다고 하는 식의 지구중심주의적, 인간중심주의적 사고관에서 벗어났다고 하자. 그리고 지구는 우주의 중심은커녕 태양계의 중심도 아니고, 태양이나 달이 반드시 지구만을 위해서 존재하는 것도 아니며, 지구는 자전과 더불어 공전도 하고 있다는 식으로 사고를 넓혀 나갔다고 하자 그렇다고 해서 달라질 게 뭐가 있느냐고 하는 사람들도 없지는 않다.

그러나 그렇게만 생각할 수 없다. 왜냐하면, 과학적 사실에 대한 언급이 거의 없다시피 한 성경에 대해 과학적으로 해석을 할 수도 있고, 아전인수격으로 풀어나가던 성경을 좀 더 객관성을 띠고 해석할 수 있게 되어진다면, 그것은 성경 해석에 크게 이바지하는 일이 될 수도 있기 때문이다. 게다가 성경은 결코 비과학적인 책이 아니라는 점에 대해서도 알 수 있게 되며, 구시대적인 사고관이나 성경관에서 탈피할 수도 있게 해준다.

3. 성경 해석에 객관성을 잃게 될 때의 문제점들

사실 성경적 내용이 다양한 것은 아니다. 그러나 성경을 해석하는 방법에 있어서 만큼은 무궁무진할 수도 있다. 진리는 하나인데, 성경을 해석하는 자들이 성경을 해석할 때 매우 많은 오류를 범하고 있어서, 종교는 갈 곳을 제대로 찾지 못하고 방황하다가 아무 데나 표류하고 말거나, 또는 불시착해 버리는 경우가 많다.

지적인 눈으로 볼 때, 그리고 매우 높은 과학관과 철학관과 신학관을 가지고 볼 때, 때로는 단상에서 외치는 설교들을 보면, '저런 식의 성경 해석과 설교는 더 이상 설교가 아니지 않는가?' 하는 생각이 들 때가 더러 있다.

왜냐하면, 너무나 비상식적인 설교인데다가 비과학적이고, 비철학적이며, 비신학적이기까지 하고, 더 나아가 아전인수격의 해석까지 곁들여져 있어서 자기의 유리한 방향으로 성경을 풀어나가다 보니, 성경이 하나님의 말씀이 아닌 인간의 말로 품격절하가 되는 경우가 많았기 때문이다. 예수님께서는 이런 경우를 두고 '소경이 소경을 인도하는 격이 아니냐(마

15:14, 눅 6:39 참조)' 고 하셨던 것이라고 보여진다.

4. 설교

교회 안에서 하나님의 섭리의 전달매체는 곧 설교라고 할 수 있다. 하나님의 섭리를 인간이 확실히 알기에는 매우 힘든 일이다. 비록 그렇다고는 하더라도, 설교란 기도와 사색과 명상과 과학적 탐구를 비롯해서, 심오한 성경적 고찰을 토대로 실로 높은 경지의 깨달음에 대한 토로이지 않으면 안 된다. 그러므로 설교자들이나 신학자들은 이러한 통찰력을 기르기 위해 연구와 노력을 게을리 해서는 안 된다. 깨달음에 아직 도달하지 못한 설교가들은 그것이 신앙 생활에 무슨 도움을 줄 수 있느냐고 반문할 수도 있을 것이다. 그러나 올바른 신학만이 올바른 종교관을 낳게 해주고, 올바른 종교관만이 올바른 신앙을 낳게 해준다는 사실을 간과해서는 안 된다.

5. 두 광명에 대한 언급으로 우리가 깨달을 수 있는 것

자신이 자신의 입장에서만 말을 하다보면 자칫 설득력을 잃기 쉽다. 자신의 입장에서 말을 하되 타인의 입장도 고려해가며 말을 할 때만 설득력을 잃지 않게 되는 법이기 때문이다. 성경도 역시 하나님의 말씀이기는 하지만, 그러나 성경은 자주 인간의 입장에 서서 기록을 해놓고 있음을 볼 수 있다. 이는 하나님의 인간 사랑의 표현이요, 인간 사랑에 대한 배려였을 것이다.

즉, 하나님은 우주의 하나님으로서 인간만의 하나님이 아니신 것이 분명하지만, 인간에게 말씀하실 때는 늘 인간의 하나님이라고 자처하셨다. 한 인간은 동시에 두 가지 일을 할 수 없다. 마 6:24와 눅 16:13에서도 돈과 하나님을 동시에 섬기는 것이 불가능하다고 주님께서도 말씀하셨다. 어쩌면 그것이 인간의 한계라면 한계일 것이다.

　그러나 하나님은 우주만물의 창조주이시다. 그리고 하나님은 우주만물을 동시에 다스리고 계시고, 동시에 사랑하고 계신다. 이러한 면이 곧 인간과 하나님의 다른 점이다. 그러므로 하나님께서는 지구상의 60억 인구를 모두 동시에 사랑하실 수도 있고, 동시에 미워하실 수도 있다는 것을 알 수 있다. 이런 차원에서 볼 때, 태양이 빛을 내도록 하여 지구 외에 모든 행성들을 비춰게 하신 것은 사실이지만, 그래도 지구를 위하여, 지구상의 인간들을 위하여 만드셨다고 하더라도 전혀 오류라고 볼 수 없다.

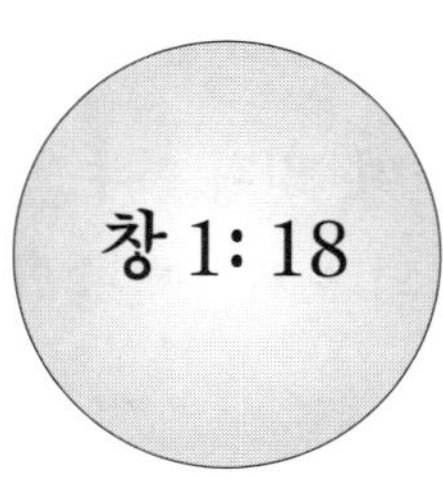

주야를 주관하게 하시며, 빛과 어두움을 나뉘게 하시니라. 하나님의 보시기에 좋았더라.

KJV; And to rule over the day and over the night, and to divide the light from the darkness:and God saw that [it was] good.

NIV; to govern the day and the night, and to separate light from darkness. And God saw that it was good.

LB; and to preside over the day and night, and to divide the light from the darkness. And God was pleased.
☞ preside; 사회(의장)를 하다, 관리하다, 통할하다, (악기를) 연주하다

RSV; to rule over the day and over the night, and to separate the light from the darkness. And God saw that it was good.

הָאוֹר	וּבֵין	הַחֹשֶׁךְ	וַיַּרְא	אֱלֹהִים	כִּי־	טוֹב:
the-light	and-between	the-darkness	and-he-saw	God	that	good
וְלִמְשֹׁל	בַּיּוֹם	וּבַלַּיְלָה	וּלֲהַבְדִּיל	בֵּין		
and-to-govern	over-the-day	and-over-the-night	and-to-separate	between		

주야를 주관하게 하시며, 빛과 어두움을 나뉘게 하시니라. 하나님의 보시기에 좋았더라.

1. 태양과 달의 창조 목적

태양과 달의 창조목적은 주야를 주관하게 하기 위함이었고, 빛과 어두움을 나뉘게 하기 위함이었다. 하나님께서는 두 개의 광명을 두셔서 주야를 주관하게 하셨다. 그리고 그 광명으로 하여금 빛과 어두움이 나누어지게 했다. 태양과 달이 있는 한, 그리고 전쟁이 없는 한 지구는 영존(永存)할 수 있다. 그리고 지구가 존재하고 있는 한 태양과 달도 존재하게 될 것이다. 왜냐하면, 그것이 곧 창조의 법칙이었고, 창조의 섭리였기 때문이다.

2. 차원론

동물들이 시간의 흐름을 인식할 수 있을까? 아마 그건 아닐 것이다. 그들이 본능적으로 계절 변화에 대한 적응능력을 가지고 있다고는 볼 수 있겠지만, 그렇다고 시간의 흐름을 인식하고 있다고 보기는 어렵다. 흔히 세균 등을 분해자라고 말하는데, 그것들을 가리켜 0차원적 존재라고 한다. 그리고 지네, 각종 곤충, 지렁이, 뱀, 악어 등의 선형 동물들을 1차원적 존재라고 한다. 또한 조류(鳥類), 포유동물 등을 2차원적 존재라고 한다. 그러나 인간은 공간을 변형시키고, 공간을 지배하기도 하기 때문에 3차원적 존재라고 하는 것이다.

3. 인간의 차원

점으로 살아가는 0차원의 바이러스들은 1차원에 대해 인식할 수는 있을 것이다. 그리고 1차원적 선형동물들도 2차원적 평면에 대해 인식할 수는 있을 것이다. 2차원적으로 살아가는 소나 돼지나 원숭이나 독수리 등도 3차원적 공간에 대해 인식할 수는 있을 것이다.

그러나 모든 존재물들은 자기 차원 외의 것에 대하여서는 지배능력을 가지고 있지 못하다. 예컨대, 2차원의 동물이 3차원적 공간을 형성해내지는 못한다. 원숭이가 나무에 오를 수는 있지만 그들이 집을 짓지는 못하는 것과 같다고 말 할 수 있다. 그러나 인간은 비행기를 만들어 공중을 날기도 하고, 초고층 건물이나 탑을 건축해내기도 한다. 즉, 3차원을 지배하고 있다고 볼 수 있다.

4. 4차원의 세계

성경은 하나님께서 해와 달과 별들을 만드시고, 그것들로 하여금 일자와 사시와 연한을 이루게 하셨다고 기록하고 있다. 이것은 공간을 지배하며 살아가게 될 인간에게 시간에 대한 개념을 주신 것이라고 볼 수 있다. 알고 보면 인간이 시간의 흐름을 인식할 수 있다는 게 얼마나 다행스러운 일인가? 그럼에도 불구하고 인간은 시간의 흐름을 지배하지는 못하고 있다. 단지 다른 미생물들이나 동물들보다는 구별되게 시간의 흐름을 인식하고 있을 뿐이다. 그렇다고 인간이 시간의 이전으로 돌아갈 수도 있다거나, 또는 시간의 이후로 나아갈 수는 없는 법이기 때문에, 인간은 4차원에 대하여 인식은 하고 있으되 3차원에 구속되어 살아가고 있는 것이다.

5. 시간에 구속되어 있는 인간 세계

시간의 흐름은 낮의 주관자인 태양에 의하여, 밤의 주관자인 달에 의하여 결정되어지고 있다고 했다. 인간이 낮을 주관할 수 없음은 돌고 있는 태양을 인간의 힘으로 붙잡을 수 없음을 의미하는 것이고, 인간이 어떻게 생각을 하든지 간에 태양이 쉬지 않고 돌고 있다는 것은 곧 인간은 시간의 구속에서 벗어날 수 없음을 의미하는 것이기도 하다. 시간은 인간이 무엇을 하든지 말든지, 어떻게 생각을 하든지 말든지 간에 쉬지 않고 흐르고 있을 뿐이다. 그래서 옛날부터 시인들은 세월을 흐르는 물에 비유하여 마치 유수(流水)와도 같다고 노래했다.

6. 시간의 흐름의 의미

세월이 흐른다고 하는 것은 곧 세상이 변하고 있다는 것, 그리고 인간은 늙고 병들어 가고 있다는 것을 의미한다고 볼 수도 있다. 최선을 다하며 살아가는 사람들에게 있어서는 세월이 흘러가도 보람 뿐이다. 그러나 최선을 다하지 않는 사람들에게 있어서는 세월의 흐름은 곧 죽음과 죽음 뒤의 심판을 의미할 뿐이기 때문에, 이를 생각할 때마다 치를 떨게 마련이다.

시계는 아침부터 저녁까지 매우 일정하게 똑딱똑딱 하며 초침을 돌리고 있다. 마치 '시간이 흐르고 있어요, 시간이 흐르고 있어요' 라고 말하듯이 말이다. 그러나 시계는 중세 때 갈릴레이(1564-1624)가 최초로 만들었다는 것을 감안해야만 한다. 그 전에는 시계 같은 것은 아예 있지도 않았다.

7. 24시간의 하루

인간의 입장에서 볼 때 시간의 흐름은 곧 천국과 지옥의 갈림길로 향하여 당겨진 화살과도 같은 것이라고 볼 수 있다. 그래서 과학자들은 시간의 흐름을 말할 때 '시간의 화살' 이라는 말을 쓰곤 했다. 하나님께서는 그 누구보다도 인간들에게 이 사실을 알리고 싶어하셨을 것이다.

그런 이유로 모든 사람들에게 있어서는 시간 개념이라고 하는 것이 너무

흐릿해서도 안 되고, 그렇다고 너무 강력해서도 또한 안 된다. 왜냐하면, 시간 개념이 너무 약하면 나태해지기 쉽고, 너무 강하면 긴장과 강박관념에서 벗어나기가 매우 어렵게 되기 때문이다. 그러하기에 하나님께서는 현재의 하루 정도가 시간 구분의 기준으로 매우 적합하다고 여기셨을 지도 모른다. 즉, 24시간의 하루, 이 시간 정도를 1주기로 하면 가장 적절하다고 여기셨을 것으로 여겨지는 것이다. 그래서 지구의 자전 주기를 현재의 24시간 1일로 해두셨다고 본다.

8. 시간 개념

시간의 개념을 하나님의 입장에서 재정리해보자면 아래와 같다고 할 수도 있다. 즉, 하루의 주기, 1주일의 주기, 1개월의 주기 그리고 1년의 주기 등은 하나님께서 인간들에게 어쩌면 '생각의 주기'를 설정해 준 값이었는지도 모른다는 것이다. 왜냐하면, 때로 분을 품을 수도 있겠지만 1일을 넘겨서는 안 되고(엡 4:26 참조), 때로 실수를 할 수도 있겠지만 그것이 1주일 이상 반복되어서도 안 되며, 때로 남을 미워할 수도 있겠지만 그것이 1개월을 넘겨서도 안 되고, 때로 잘못을 저지를 수도 있겠지만 그것에 대해 1년이 넘을 때까지 회개를 하지 않으면 안 된다는 의미를 담고 있는 것으로 보여지기 때문이다. 그래서 하나님께서는 일주일 단위로 모여 안식하며 예배드리게 하였고, 칠칠절을 두었으며, 안식년이나 희년을 두게 하였다고 보여지는 것이다.

9. 오래 참으시는 하나님

이 말은 이런 뜻을 가지고 있기도 하다. 즉, 하나님은 1일을 단위로 하여 참으시고, 1주일 간격으로 생각해 보시며, 1개월 주기로 고려해보시고, 그리고 1년 가까이 지켜보기도 하신다. 하나님의 이런 속성들에 대해서는 성경에서 매우 쉽게 발견해 낼 수 있다. 그러므로 오래 참으시는 하나님이심을(렘 15:15, 벧후 3:9 등 참조) 수긍하는 게 좋을 것이다. 그런 하나님을 두려워하지 않고 하나님이 없다고 감히 망발을 하려고 한다면, 자기의 무지로 인하여 결국 패망하게 되고야 말지도 모른다.

10. 하나님의 시계(時計)들

달(月)은 약 1개월(정확하게는 29.5일)을 주기로 그 모양이 주기적으로 변한다고 했다. 대도시에서는 휘황 찬란한 가로등이나 네온사인 불빛 등에 가려서 달빛이 좀처럼 잘 보이지 않게 된다. 그러나 가로등이나 네온사인이 없는 곳에서 밤에 달빛을 보면 초승달, 상현달, 보름달, 하현달, 그믐달 순서로 변함없이 변해 가고 있는 것에 대해 매우 뚜렷하게 관측할 수가 있다. 달력이 없고 시계가 없던 시대에는 달이 시간의 흐름을 명확하게 암시해주고 있었을 것임은 두 말할 필요가 없다. 해와 달과 별은 말하자면 하나님께서 창조해두신 최초의 시계(時計)들이었다.

11. 시간이 주는 철학

인간으로서 시간의 흐름을 인식하지 못하고 있다면, 그것은 무지의 소산이라고 밖에 볼 수 없다. 유능한 사람, 위대한 사람, 성공한 사람, 지식이 많은 사람일수록 시간의 흐름에 대해 민감한 법이기 때문이다. 시간에 대해 매우 많은 명언들을 살펴볼 때 더욱 더 그런 생각이 들게 된다. '시간은 금이다' 라든지 '오늘의 할 일을 내일로 미루지 말라' 라든지, '한 번 흘러간 세월은 영원히 되돌아오지 않는다' 는 명언 등이 잘 말해주고 있다. 그리고 '게으른 자여, 개미에게로 가서 그 하는 것을 보고 지혜를 얻으라(잠 6:6)'

또는 '세월을 아끼라. 때가 악하니라(엡 5:16)' 등의 구절들을 살펴볼 때 성경도 역시 시간의 중요성을 매우 강조하고 있음을 알 수 있다.

12. 시간에 쫓기고 있다는 것의 진정한 의미

예나 지금이나 생각이 없는 사람들일수록 시간의 중요성을 전혀 인식을 하지 못한 채 살아가고 있을 뿐이라고 해도 전혀 틀린 말이 아니다. 왜냐하면, 생각이 깊은 사람들일수록 대부분의 사람들이 시간의 중요성과 그 가치에 대해 깊이 인식한 채 살아가고 있고 때문이다. 세상을 살아 갈 때 바쁜 정도와, 시간에 쫓기는 정도는 주변 사람들로부터 유능하다는 말을 듣는 정도와 대부분 비례하고 있다.

무능하거나, 타인들로부터 인정받지 못하는 사람들일수록 오히려 남는 게 시간이라고 말들을 한다. 시간을 허비하며 빈둥대기 때문에 무능한 사람이 되어버린 것인지, 아니면 무능하기 때문에 시간을 제대로 활용하지 못하는 것인지에 대해서는 좀처럼 구분하기 힘들 정도다.

시간의 중요성도, 시간의 의미도, 시간의 활용 방법도, 시간의 절약 등도 아는 사람은 잘 알고 있지만, 모르는 사람은 평생 모르고 살아간다. 그러다가 죽음에 이르러서야 지난날 시간을 무의미하게 허비했던 것에 대해 자기의 발등을 찍어대기도 하고, 자기의 가슴과 머리를 쥐어뜯기도 하며 후회하는 것을 더러 볼 수 있다. 그러나 그러면 뭐하겠는가? 깨달은 후에 후회하기에는 너무나 늦어있을 뿐인데 말이다.

13. 시간 관리와 깨달음의 관계

시간의 흐름을 인식하지 못하는 사람들은, 어느 시점에 이르게 되면 후회를 한다고는 하나, 그렇다고 그런 사람들에게 시간을 거스려 올라갈 기회가 주어진다고 해서 달라질 것이 있다고 보는가? 그런 사람들은 시간을 돌이켜도 똑같을 뿐이다. 즉, 시간의 중요성에 대해 새롭게 인식을 하게 된 사람이 있다고 할지라도, 한 번 게으르고 나태한 사람은 절대로 자기의 습관을 바꾸지 못하는 경우가 대부분이다.

대한민국 남자들에게는 누구나 국방의 의무가 주어져 있다. 그래서 건강한 남자들은 대부분 군대를 갈 수밖에 없는데, 군에 입대하고 나면 아무리 게으르고 나태한 사람이라 할지라도 달라질 수밖에 없다.

왜냐하면, 게으르고 나태하다고 해서 자기의 임무가 적게 주어지지 않기 때문이다. 군에 입대하게 되면 누구나 주어진 시간에 주어진 분량의 임무를 감당하기 위해서는 결국 부지런하지 않을 수 없게 된다. 그런데, 군대에 가서 부지런함을 배우게 된다고는 하지만, 그러나 그런 자들이 제대 후에 얼마나 생활습관이 달라질 것이라고 여겨지는가? 매우 놀라운 것은 제대를 하게 되면 게으른 자는 군에 입대하기 전과 똑같이 게으른 자가 되어버리고 만다는 것이다.

결론적으로 말하자면, 시간의 중요성을 인식하지 못하고 살아가는 사람들은 지식이나 믿음이 부족해서가 아니고, 유전적인 요인도 아니며, 습관이 잘못 들어서도 아니고, 오로지 깨닫지 못해서 그럴 뿐이다. 시간 개념은 곧 깨달음과 통하고 있기 때문이다.

14. 시간의 흐름과 천체들의 관계

굳이 '일신 우일신(日新又日新)'을 되뇌지 않더라도, '어제는 하루를 태양이 지는 것으로 마감했다지만, 그러나 아침에 또다시 태양이 새롭게 떠오르고 있으니, 이제라도 구습을 벗어버리고 오늘 새로운 사람이 되는 게 어떻겠는가? 라고 하나님께서는 소프트웨어를 태양에 입력시켜 둔 것이었고, 태양은 이 소프트웨어를 충실하게 수행하고 있는 하드웨어라고 볼 수도 있지 않을까? 달은 하나님께서 매일 밤마다 자기의 모습을 달리해서 인간들에게 보여주며 '날짜가 매일 바뀌고 있지 않는가?' 그리고 '시간이 너무 빨리 흐르고 있지 않는가?' 라는 의미를 입력시켜 둔 소프트웨어였고, 달 역시 이 소프트웨어를 충실하게 수행하고 있는 하드웨어 중의 하나라고 볼 수도 있지 않을까?

하나님께서 해와 달을 만드신 이유들을 최종적으로 정리해보자.

(1) 지구를 향해 비춰게 하기 위해서였다. 그 이유는, 지표 식물들의 광합성을 일으키고, 자외선을 보내 박테리아의 무분별한 번성을 막으며, 지표면으로 하여금 부등 가열이 되게 해서 기압차를 발생시켜 바람을 일으키게 하고, 상승 기류와 하강 기류를 일으켜 기상 현상을 일으키며, 온실 효과를 일으켜 밤과 낮의 기온차를 적게 하고, 적당한 지표 온도를 유지하게 해서 생명체들이 살수 있게 하기 위함이었다.

(2) 태양과 달을 다른 것들보다 밝게 해서 인간들에게 시간의 흐름을 인식시키고자 함이었다. 그 두 개의 광명들은 지구의 자전에 의해 뜨고 지게 했는데, 이들이 뜨고 지는 것이 시간의 흐름 속에서 매우 선명하게 나타나게 되어, 누구든지 시간의 흐름을 쉽게 인식할 수 있게 하였다. 그리고 이 모든 것들에 대한 하나님의 최종 결론은, 하나님 자신이 보기에도 좋았다는 것이었다.

15. 하나님의 보시기에 좋았다는 것의 의미

창세기 1장의 창조사역에 대한 하나님의 자체 평가에서 왜 거듭 하나님 보시기에 좋았다는 말씀을 반복하고 있는 것일까? 예를 들어, 창조 사역을 모두 마치고 하나님의 보시기에 좋았다는 말씀을 한 번만 해도 되었을 텐데 말이다.

그 이유는 두 가지가 있다고 생각한다. 그 하나는, 하나 하나의 창조사역이 너무나 광대하고 복잡해서 그러한 창조사역이 끝나게 될 때마다 하나님의 보시기에 좋았다는 말씀을 했을 수 있다. 다른 이유로서는, 하나 하나의 창조사역이 서로 연관성을 갖고 있다고 보기에 힘들기 때문에 하나의 창조물이 완성될 때마다 개별적으로 하나님의 보시기에 좋았다고 했을 수도 있다. 해와 달과 별들의 창조 및 일자와 사시와 연한을 이루도록 하게 한 것도 하나님께서 계획하신 것들로서 그 결과가 하나님의 보시기에 매우 좋았다는 것을 알 수 있게 해준다.

저녁이 되며 아침이 되니, 이는 넷째 날이니라.

KJV; And the evening and the morning were the fourth day.

NIV; And there was evening, and there was morning-the fourth day.

LB; This all happened on the forth day.

RSV; And there was evening and there was morning, a fourth day.

רְבִיעִי:	יוֹם	בֹּקֶר	וַיְהִי־	עֶרֶב	וַיְהִי־
forth	day	morning	and-he-was	evening	and-he-was

저녁이 되며 아침이 되니, 이는 넷째 날이니라.

1. 하루의 개념

넷째 날에 이르러서야 태양이 뜨고 지고 하는 것이 매우 선명해졌다.

24시간의 하루라고 하는 개념이 이 날로부터 비롯되게 되는 것은 지극히 당연하다. 그러므로 24시간의 하루라는 개념 역시 인간들이 볼 때 그런 것이지, 하나님의 하루라는 개념도 반드시 24시간의 하루이어야만 한다는 법칙은 성경 66권 가운데의 그 어느 곳에서도 찾아볼 수 없다. 즉, 24시간의 하루라고 하는 개념은 인간의 사고의 틀 속에서의 하루일 뿐이다.

2. 인간의 차원과 하나님의 차원은 다르다.

인간은 자주 큰 실수를 하곤 하는데, 그 중의 하나가 하나님을 자기의 틀 속에서 인식하려고 하는 것이다. 그러나 그것은 매우 옳지 못하다. 하나님께서 인격적이신 분이신 것은 사실이다. 그러나 하나님의 모든 속성들을 인간의 차원에서 이해하고자 하면, 너무나 많은 무리수가 따르게 되고야 만다.

인간은 때로 하나님의 속성에 대해 마치 모든 것을 다 이해하고 있는 것처럼 말하기도 하지만, 그것은 잘난 체 하는 짓이요, 또한 교만한 짓이 될 뿐이다. 하나님의 속성에 대한 인간의 지식이라고 하는 것들도 사실 빙산의 일각에 불과할 뿐이기 때문이다. 사도 바울은 "하나님의 미련한 것이 사람보다 지혜 있고, 하나님의 약한 것이 사람보다 강하니라(고전1:25)" 고 말하였다.

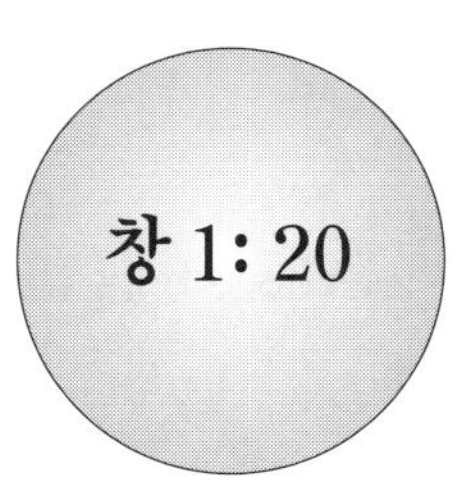

하나님이 가라사대 '물들은 생물로 번성케 하라. 땅 위 하늘의 궁창에는 새가 날으
라' 하시고

הַשָּׁמָיִם:	רְקִיעַ	פְּנֵי	עַל־	הָאָרֶץ	עַל־	יְעוֹפֵף
the-sky	expanse-of	face-of	across	the-earth	above	let-him-fly
וְעוֹף	חַיָּה	נֶפֶשׁ	שֶׁרֶץ	הַמַּיִם		יִשְׁרְצוּ
and-bird	living	breath-of	creature	the-waters		let-them-teem
אֱלֹהִים	וַיֹּאמֶר					
God	and-he-said					

영역 성경의 대조

1. KJV; And God said, Let the waters bring forth abundantly the moving
   creature that hath life,

☞ hath는 have의 고어형이다. 이 말씀을 직역하면, '하나님께서 말씀하
   시기를, 생명체(moving creature)들로 하여금 그들의 삶을 유지하게
   하고, 또한 풍성하게 살아갈 수 있도록 하라고 물에게 명령하셨다' 가
   된다.

2. NIV; And God said, 'Let the water teem with living creatures,

☞ teem이라는 단어는 자동사로서 '가득 차다', '풍부하다', '많이 있
   다' 뜻도 있지만 타동사로서 '부어넣다' 또는 비(雨) 등이 '쏟아지다'
   라는 뜻도 있다. 이 말씀을 직역하자면, '하나님께서 말씀하시기를,
   물들은 창조된 생명체(living creatures)들로 가득하게 하라' 가 된다.

3. LB; Then God said, 'Let the waters teem with fish and other life,

☞ 매우 엉뚱하게 번역되어 있는 Living Bible을 보자. 역시 teem이라는
   단어가 사용되어졌고, 이 말씀을 직역하면 '하나님께서 말씀하시기
   를, 어류들(fish ; 단수 복수 동형이다)이나 다른 생명체가 살 수 있도
   록 물은 충만하라' 는 뜻이다.

4. RSV; And God said, 'Let the waters bring forth swarms of living
   creatures,

☞ swarm이라는 단어는 고어 자동사로서 (나무, 밧줄 등)을 '기어오르
   다' 는 뜻이 있다. 현재는 자동사로서 '떼지어 움직이다', '떼지어 날
   다', '군집하다', 또는 타동사로서 '넘치다', '가득 차다' 등의 뜻을
   가지고 있다. 그러나 여기에서는 이 단어가 동사로 사용되지 않고 명

사로서 짐승이나 곤충들의 '떼', '집단', '무리', '큰 무리' 등의 의미로 사용되었다. 그러므로 이 말씀을 번역하면 '하나님께서 말씀하시기를, 물들은 창조된 생명체(living creatures)들이 번성해 나갈 수 있게(bring forth swarms) 하라' 고 했다는 뜻이 된다.

하나님이 가라사대 '물들은 생물로 번성케 하라

1. 성경이 말하는 생물의 의미

현대 과학에서 생물이란 식물과 동물을 두고 하는 말이다. 그러나 여기에서 생물은 그런 의미로 사용되지 않았다. 왜냐하면, '생물' 을 나타내는 히브리어의 נֶפֶשׁ(네페쉬)라는 단어가 사용되었는데, 이는 성경 외에서 유래된 단어로서 '영혼' 이나 '생명' '자아' 등의 뜻도 있지만, 본문에서는 '살아있는 존재' 나 '호흡하는 것' 등을 나타내는 의미로 사용되어졌기 때문이다.

여기의 생물이란 곧 식물의 의미가 배제된 동물이라는 의미를 담고 있다고 보아야 옳다. 그리고 창조 제3일에 창조된 식물들 속에는 해양식물들도 당연히 포함되고 있다. 그리고 '물 속의 생물' 이란 곧 적게는 플랑크톤으로부터 크게는 대형 어류들까지를 포함하고 있는 것이다.

2. 물 속의 생물

특히 '물들은 생물로 번성케 하라' 고 했다는 말씀을 분해해 보면, 진주어는 '하나님' 이 되고 가주어는 '물' 이 되고 있음을 알 수 있다. 즉, 나 하나님이 물에게 친히 명령을 내리노니, 물들은 생물로 하여금 번성케 하도록 환경을 조성하라' 는 말로 바꿔볼 수 있다.

그러나 주의를 하지 않으면 안 되는 게 하나가 있다. 이 말은 문맥상으로 볼 때, '물들에게 명령하여 물고기가 만들어지게 하라' 는 뜻은 아니었다는 것이다. 나아가, '물들로 하여금 저절로, 또는 우연하게 물고기가 존재케 하도록 하라' 는 식의 말도 아니었다. 그러므로 우리가 새롭게 알 수 있게 되는 것은, 자연발생을 조금이라도 허용하고 있다거나, 또는 그럴 가능성에 대해 조금도 용납하고 있지 않다는 점이다.

3. 물고기의 생존조건

물이라고 해서 어떤 물이라 할지라도 물고기가 다 살수 있다거나, 어떤 물이라고 할지라도 번식이 가능한 것도 아니다. 우선 독성이 없어야 하고, 적당한 플랑크톤이 있어야 하며, 산소가 용해되어 있어야 하고, 많은 유기물과 무기물 등도 함유하고 있어야만 어류들이 번성할 수 있는 것이다. 다시 말해서, 그런 조건을 모두 다 갖춘 물이 아니라면 설사 물이 있다고 하더라도 물고기가 생존할 수 없다.

4. 하나님의 창조물들인 물고기들

물고기들은 대부분 알을 낳아 번식한다. 그들은 짝짓기 같은 것을 하지 않고 대부분 체외 수정을 하고 있다. 그러나 아무 곳에서나 산란을 하지는 않으며, 산란을 위한 조건이 갖추어진 담수 또는 해수에서만 하게 된다. 일례로 뱀장어나 연어 등은 해수에서 살고 있지만, 산란기 때에는 담수를 이용하기도 한다.

진화론자들은 모든 어류들이 해수나 담수에서 매우 우연하게 발생했다고 주장하고 있지만, 성경은 어류들이 창조되기도 이전에, 이미 하나님께서 물들에 대해 어류들이 살아갈 수 있도록 환경을 조성해두었다고 말하고 있다.

5. 해수에 대한 진화론자들의 주장들

대부분의 진화론자들은 초기에 바다가 생성될 때 화산이 폭발하여 생성되었을 것이라고 주장하고 있다. 그런데 화산이 폭발을 할 때는 순수한 물이 분출되기보다는 많은 유황(S) 성분이 분출되기도 한다. 이러한 성분이 과다하면 물고기나 플랑크톤 등은 당연히 생존이 불가능해지고 만다.

그러면 어떻게 이러한 성분들이 물 속에서 없어지게 된 것일까? 어떻게 순수한 물들이 만들어지게 되었고, 또한 어떻게 독성이 없어지게 되었으며, 어떻게 적당한 염류들이 생겨나게 되었던 것일까? 이에 대해 진화론자들은 주장하기를, 유해한 성분들은 바다 지각 밑으로 흘러 들어가게 되었고, 비가 오게 되면 지표 상에 있는 암석들의 침식과 용해가 일어나게 되어, 그렇게 만들어진 염류들이 바다에 유입되게 되었을 것이라고 주장하고 있다.

6. 해수에 대한 진화론과 창조론의 대조 설명

그렇게 주장을 하고 있다고는 하나, 진화론자들은 바닷물이 어떻게 생명체가 자연 발생할 수 있도록 물이 순수해지고 깨끗해지고 정화되었는가에 대해서는 해명하지 못하고 있다. 아니, 억지 뜯어 맞추기 식으로 해서 바다에 태양이 수억 년에 걸쳐 비춰게 됨으로 말미암아 정화되었다고 할지도 모른다.

진화론자들의 이런 이론들은 사실상 설득력이 없다. 왜냐하면, 바다 속 깊은 곳으로 들어가면 심해층이 존재하고 있는데, 이곳에서는 수압이 매우 높고, 수온차와 염분차와 압력차 등에 의한 연직 순환이 서서히 일어나고 있기는 하지만, 그러나 그곳까지는 태양이 비춰지도 않고 있다. 단지 대류 현상 등에 의하여 섞이는 과정에서, 또는 순환하는 과정에서 바닷물들이 햇빛에 노출 될 수는 있을 것이다. 그러나 햇빛 하나만으로 해수가 정화되기에는 매우 불충분하다. 그러므로 창조론에 비하여 진화론이 훨씬 더 짜맞추기 식이라는 것을 알 수 있다.

7. 해양 생물이 생존하기 위한 바다 환경

현재는 대기의 대순환 과정에서 해수에 파도가 일어나게 됨으로서 대기 중의 이산화탄소(CO_2)가 녹아 들어가게 되고, 이렇게 해수에 용해된 이산화탄소들은 해양 식물들이 광합성을 일으키는데 도움을 주고 있다. 또한 해양 식물의 광합성에 의하여 산소(O_2)가 만들어지기도 하고, 파도 등에 휩싸여 산소(O_2)나 질소(N_2) 등의 대기 성분이 용해되어 들어가기도 해서 해양 동식물들의 동화작용과 이화작용이 원활하게 일어나고 있다. 그러나 태초에 동식물들이 살 수 있도록 하기 위해서는 하나님께서 환경을 미리 조성하셨어야만 했고, 이에 대해 성경은 하나님께서 직접적으로 실제로 그렇게 하셨다고 기록하고 있다.

땅 위 하늘의 궁창에는 새가 날으라' 하시고

1. 공중을 나는 새

히브리어에 עוּף (우프)라는 단어가 있는데, 이는 '날다', '날아가다' 라는 의미를 가지고 있는 동사 기본형이다.

이 단어에서 파생된 본문의 עוֹף (오프)는 '닭' 이나 '나는 동물', '새' 등을 나타내는 명사이다. 성경은 물고기가 창조되기 전에 물고기들이 살 수 있는 환경을 더 먼저 만드셨다고 했는데, 새들이 창조되기 전에 공중에 새들이 날 수 있도록 하나님께서 친히 그 환경을 먼저 조성하셨다.

2. 영역 성경의 대조

(1) KJV; and fowl [that] may fly above the earth in the open firmament of heaven.

☞ fowl이라는 단어는 집에서 사육이 가능한 '날개 달린 짐승' 들을 총칭하기도 하고, 집단적으로는 '조류' 를 말하기도 한다. 따라서, 이 말씀을 번역하면 '지표 위에 있는 하늘의 궁창이 열리게 해서 새들로 하여금 날도록 했다' 는 의미가 된다.

(2) NIV; and let birds fly above the earth across the expanse of the sky.'

☞ 번역하면 '지표 위의 하늘의 넓은 곳을 향하여 새들이 날도록 했다' 는 의미다.

(3) LB; and let the skies be filled with birds of every kind.'

☞ 번역하면 '하늘에 모든 종류의 새들이 충만히 날 수 있도록 했다' 는 의미다.

(4) RSV;and let birds fly above the earth across the firmament of the heavens.'

☞ 번역하면 '새들로 하여금 지표상 하늘의 궁창을 관통하여 날 수 있게 했다' 는 의미를 담고 있다.

3. 창조 이전에 준비가 있었다는 사실

하나님께서는 동물들을 창조하시기 이전에 지구 도처에 푸른 초원을 더 먼저 만드셨고, 지표상의 식물들을 만드시기 이전에 비옥한 토양을 더 먼저 만드셨다는 것을 알 수 있다. 하나님께서는 물고기들을 만드시기 이전에 해수와 담수에 어류가 생존할 수 있는 환경을 더 먼저 조성하셨다. 그리고 새를 만드시기 이전에 공중에 새가 날 수 있도록 대기를 정화시켜 두셨다.

이와 같은 사실은 진화를 전적으로 부인하는 것이며, 아울러서 철저하게 계획된 창조였다는 것을 말해주는 것이기도 하다. 준비는 계획을 의미하고, 계획은 목적을 의미하며, 목적은 우연을 거부하고 있는 것이라고 봐야 옳은 것이다. 또한 준비는 사랑에 기초하는 것이기도 하므로, 하나님은 모든 것들을 창조하실 때 사랑으로 하셨다는 것에 대해서도 알 수 있다.

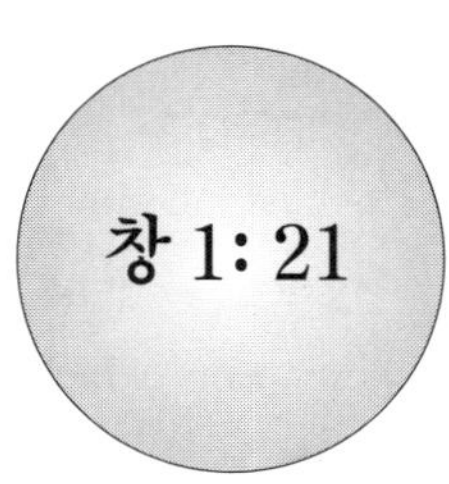

하나님이 큰 물고기와 물에서 번성하여 움직이는 모든 생물을 그 종류대로, 날개 있는 모든 새를 그 종류대로 창조하시니, 하나님의 보시기에 좋았더라.

KJV; And God created great whales, and every living creature that moveth, which the waters brought forth abundantly, after their kind, and every winged fowl after his kind: and God saw that [it was] good.

NIV; So God created the great creatures of the sea, and every living and moving thing with which the water teems, according to their kinds, and every winged bird according to its kind. And God saw that it was good.

LB; So God created great sea creatures, and every sort of fish, and every kind of bird.

RSV; So God created the great sea monsters, and every living creature that moves, with which the waters swarm, according to their kinds, and every winged bird according to its kind. And God saw that it was good.

כָּל־ עוֹף כָּנָף לְמִינֵהוּ וַיַּרְא אֱלֹהִים כִּי־ טוֹב:
every-of bird-of wing to-kind-of-him and-he-saw God that good

הַחַיָּה הָרֹמֶשֶׂת אֲשֶׁר שָׁרְצוּ הַמַּיִם לְמִינֵהֶם וְאֵת
the-living the-moving which they-teem the-waters to-kind-of-them and

אֵת־ הַתַּנִּינִם הַגְּדֹלִים וְאֵת כָּל־ נֶפֶשׁ
*** the-sea-creatures the-great-ones and every-of breath-of

וַיִּבְרָא אֱלֹהִים
so-he-created God

하나님이 큰 물고기와 물에서 번성하여
움직이는 모든 생물을 그 종류대로

1. 육지 동물보다 먼저 창조된 해양 동물들

현대 과학의 진화론에서는, 모든 동물들이 최초에 해양으로부터 발생하였다고 주장한다고 했다. 그리고 이러한 해양 동식물들이 육지 쪽으로 서서히 이동하며 진화했다고도 한다. 그러나 이것은 화석의 출토와 진화의 단계를 설명하는 과정에서 나온 이야기들로서, 성경적 창조론과는 무관한 것들일 뿐이다. 성경은 다만 하나님께서는 해양 동물을 육지 동물보다 먼저 창조하셨다고 기록하고 있을 뿐이다.

2. 성경은 과학책이 아니라는 점

누차 언급했지만, 성경은 과학적 사실들이나 기록해두기 위한 책은 아니었다. 어류는 담수어와 해수어로 대별된다. 그리고 그 종류들을 세분하기로 한다면 그에 대한 기록은 엄청나게 방대해지고 말 것이다. 그 뿐만이 아니다. 그것들의 서식처, 산란방법, 냉수어인지 아열대어인지 열대어인지에 대해 구분하자면 그 내용은 더욱 더 방대해지게 될 것은 뻔한 일이다. 게다가 만일 그것들의 해부 구조까지 구체적으로 밝혀두고자 한다면 그 분량은 상상을 초월하고도 남을 것이다.

3. 성경에 과학적 사실들을 나열하지 않은 점

성경이라는 책이 애초부터 과학적 사실들이나 나열하기 위한 책은 아니었기 때문에, 성경은 과학적인 내용들을 고의적으로 누락시키고 있다는 것을 알 수 있는데, 그렇다고 해서 성경을 비과학적인 책일 뿐이라든지, 신화일 뿐이라든지, 또는 하나님의 창조적 사실이 부인되지 않으면 안 된다고 하는 식의 주장 등은 절대로 용납할 수 없다. 왜냐하면, 그런 사실들을 기록해 둔 책이라면 백과사전이라고 해야만 하거나, 아니면 과학 책이라고 해야만 옳은 것이지, 성경책이라고 볼 수가 없을 것이기 때문이다.

과학은 성경을 이해하기 위한 하나의 방편에 불과한 것이지, 성경이 과학적 사실을 이해시키기 위한 책이라고는 절대로 볼 수 없다. 성경은 인간의 구원 계획에 관해서, 하나님의 구원 사역에 관해서, 그리스도와 성령의 영적 사역 등에 관해서 논의하기 위해 처음부터 고안된 책이었지, 과학적 사실들을 나열하기 위해 고안된 책은 절대로 아니었다.

4. 과학적 지식으로 믿음이 달라질 수 있는가

성경이 창조사역에 대해 기록할 때, 그 모든 것들에 대해 구체적으로 나열하지 않았기 때문에 성경은 도저히 믿을 수 없는 책이고, 하나님의 말씀이라고 볼 수도 없다는 주장을 폈다고 하자. 그리고 하나님께서 그런 사람들이 먼 훗날 나타나게 될 것에 대해 미리 염두에 두시고, 창세기 1장을 과학적 사실들로 몽땅 채워놓으시려고 했다고 하자.

성경이 그런 식으로 기록되어 있다면, 도리어 그런 하나님을 믿거나 받아들이기에 지금보다 훨씬 더 힘들어지지 않았을까? 그 이유는, 도대체 그런 과학적 사실들이 어느 한 인간을 구원시키는데 무슨 의미가 있을 것인가에 대해 묻지 않을 수가 없을 것으로 보여지기 때문이다. 어차피 하나님을 안 믿을 사람이라면 어느 과학적 사실 하나에 대해 새롭게 알게 되었다고 해서 믿는 것도 아닌 것이다. 그리고 어차피 믿을 사람이라면 어느 과학적 사실 하나가 제대로 해명되지 않는다 해서 못 믿겠다고 하지도 않는다.

5. 구원에 관한 이야기로 가득 채워져 있는 성경

성경은 구원에 관한 이야기만으로도 사실 너무나 방대하기만 하다. 성경을 읽을 때마다 '좀 더 요약하면 안 될까?', '좀 더 축소시키면 안 될까?' 라는 생각이 들 때가 한 두 번이 아니기 때문이다. 구원이라고 하는 것은 사실 그리 어려운 문제도, 그리 대단한 문제도 아니다. 하나님을 창조주 하나님으로 모시기만 하면 사실 간단히 해결되는 문제이기 때문이다. 그러나 사람들은 저마다 현재 그 기본적인 것 하나부터 제대로 해결하지 못하고 있는 실정이다.

6. 성경에 나타난 어류 창조에 관한 기사

성경은 어류의 창조에 대해서도 크게 두 복합 문장으로 압축시키고 있을 뿐인데, 사실 이것만으로도 충분하다고 본다. 이에 대해 구체적으로 살펴보자.

(1) 성경은 '큰 물고기들' 을 창조하셨다고 기록하고 있다. 히브리어 성경에는 큰 물고기를 הַגְּדֹלִים(하끄돌림)이라는 단어와 הַתַּנִּינִם(하타니님)이라는 단어의 합성어로 표현하고 있다. 이 두 단어에 공통으로 붙어 있는 하(הַ)라는 단어는 정관사로서 영어의 the와 같다. 그리고 גָּדַל(까달)이라는 단어가 있는데, 그 의미는 '비틀다', '꼬다', '성장시키다', '크게 되다' 라는 뜻을 가진 기본형 동사다.

이 단어로부터 גְּדֹלִים(께돌림)이라는 단어가 파생되어 하(הַ)와 붙게 된 것이다. גְּדֹלִים(께돌림)은 형용사로서 '큰', '높은' 이라는 의미를 가지고 있다. תַּנִּינִם(타니님)은 히브리어 תַּנִּין(타닌)의 남성명사복수 절대형으로 '뱀', '큰 물고기', '바다의 괴물' 등을 나타낼 때 쓰여지는 말이기도 하다. 영어 성경에서는 이 문장들을 어떻게 번역하고 있는가에 대해 살펴보도록 하자.

① 'And God created great whales(KJV)', whale이라는 단어는 타동사로서 '때리다', '채찍질하다' 라는 의미를 가지고 있기도 하다. 그러나 여기에서는 그런 의미로 사용된 것이 아니고, 명사로서 '고래', '고래 목(目) 중에서 유별나게 큰 물고기' 등을 총칭하기도 한다. 그러므로 whale이라는 단어를 반드시 고래라고 번역할 필요는 없다. 이 문장을 직역하면 '하나님께서 대형의 큰 물고기를 창조하시고' 라고 번역을 하면 될 것이기 때문이다.

② 'So God created the great creatures of the sea(NIV)', 단지 '큰 창조물' 또는 '큰 물고기(great creatures)' 라고만 언급하고 있다. 직역하면 '하나님께서 바다의 큰 물고기들을 창조하시고' 라고 하면 된다.

③ 'So God created great sea creatures,(LB)' 의역하면 '하나님께서는 바다 속에 사는 대형 어류들을 창조하시고' 라는 뜻이다.

④ 'So God created the great sea monsters(RSV)', 다른 성경들과는 달리 monsters라는 단어가 사용되었다. 이 단어의 뜻은 '괴물', '괴수' '(잔인한)사람', '괴상한 것', '초인적인 물건이나 사람' 등을 나타내기도 하지만, 이 단어는 '거대한 동물' 이라는 의미도 담겨있다. 담수 속에 사는 중형 어류는 물론이고, 심지어는 바다 속에 사는 초대형 어류들에 이르기까지도 하나님께서 직접 창조하셨다는 것을 알 수 있다. 이는 소형 어류들로부터 대형 어류로 진화했다는 진화론을 송두리째 부인하는 것이며, 아무리 대형 어류들이라 할지라도 하나님의 창조물들일 뿐이라는 것을 확실히

해주는 문장들이다.

(2) 물에서 번성하여 움직이는 '모든 생물들' 을 그 종류대로 창조하셨다. 성경은 바다 속의 큰 물고기들은 물론이고, 물에서 번성하여 움직이는 모든 생물들까지도 하나님께서 창조하셨다고 했다. 게다가 그 종류대로 창조하셨다고 했다. 진화론자들은, 동물이 사용하는 기관은 더욱 더 발달을 하게 되는 방향으로 진화를 하게 된다고 주장한다. 이것을 진화론자들은 '용불용설' 이라고 한다. 그렇게 보자면 큰 물고기들은 용불용설에 의하여 진화를 했다고 보아야 옳을 것이다. 그러나 성경은 그것을 송두리째 부인하고 있고, 처음부터 큰 물고기가 창조되었다고 주장하고 있다. 진화론자들은 어떤 기관들은 사용하지 않으면 퇴화가 일어나게 된다고 한다. 만일 그 이론이 맞다면 작은 물고기들은 큰 물고기들이 퇴화한 것이라고 해야 옳다. 그러나 이것도 맞지 않는 주장일 뿐이다. 작은 물고기들이나 또는 바다 속에서 움직이고 있는 모든 생물들도 하나님께서 친히 창조하신 것들일 뿐이라고 말하고 있기 때문이다.

7. 진화에 대한 고찰

진화에 대한 다섯 가지 사항에 대해 짚어보도록 하겠다.

(1) 신체의 어느 기관을 사용하지 않는다고 해서 퇴화가 일어나는 것은 아니다. 퇴화가 일어나는 것이 아니라 마비가 일어나거나, 굳어지고 마는 것일 뿐이기 때문이다. 이는 일종의 질병인 것이지, 그것이 결코 퇴화를 의미하는 것은 아닌 것이다. 만일 퇴화했다면 그 자손에게서 그와 동일한 양상을 보여야만 한다. 닭의 뒷 발가락은 퇴화기관이 아니고 창조 당시부터 그렇게 된 것이다.

(2) 각종 환경오염으로 말미암아 생물계에 변종이 생겨날 수는 있다. 그렇다고 해서 그것이 진화를 의미하거나 또는 퇴화를 의미하는 것은 아니다. 그것은 환경파괴로 인하여 유발된 하나의 부작용들일 뿐이기 때문이다. 오염물질은 자손에게 물려지기도 하지만, 변종이 지속적으로 나타나지는 않게 된다. 오염물질이 생물체의 체내에서 제거되면 원상태로 회복되어질 수 있다.

(3) 돌연변이 등은 유전에 의한 하나의 경우의 수일 뿐이지, 그것이 진화를 의미하는 것은 아니다. 진화란 거듭되는 변종을 의미한다. 그러나 돌연변이는 그것이 거듭되어 나타나지는 않고 있다.

(4) 열역학 제 2법칙은 열은 고온부에서는 저온부로만 흐를 뿐이며, 저절로는 절대로 저온부에서 고온부로 흐르지 못한다는 법칙이다. 이것을 비가역 현상이라고도 하는데, 열역학 제 2법칙에 의하자면, 설사 퇴화가 일어날 수는 있다고 하더라도 진화 같은 것은 절대로 나타날 수도 없다.

(5) 굳이 진화 자체를 부인할 필요도 없다. 모든 생물체들은 환경에 적응할 수 있도록 처음부터 창조되어졌기 때문이다. 그러나 환경에 대한 적응 능력을 진화라고 해서는 안 된다. 환경에 대해 적응할 수 있도록 하신 이도 하나님이시다. 자연 발생설은 재론의 여지조차 없는 것일 뿐이다.

8. 환경파괴의 심각성

인간의 무분별한 환경파괴와 탐욕으로 가득 찬 개발 등으로 인하여, 동식물은 중병이 들어가고 있거나 또는 죽어가고 있고, 토양 오염이나 수질 오염, 그리고 대기 오염 등으로 인하여 변종이 나타나기도 한다. 게다가 먹이 사슬이 파괴되어 하나님께서 창조해 두신 희귀성 동식물들이 하나 둘씩 사라져가고 있기도 하다.

가장 최근에 조사된 바에 의하면, 대륙에 근접해있는 바다 속은 이미 죽음의 바다로 변해 버린지 오래고, 개펄 부근에서 서식하고 있는 물고기들이나 어패류들은 각종 중금속이나 농약, 세제, 폐유 등에 의한 오염이 심각한 수준을 넘어서고 있으며, 이것들을 먹은 대형 물고기들이나 새떼들 및 인간들은 불치병이나 난치병에 걸려가고 있다고 한다.

9. 환경파괴는 왜 죄악인가

태초에는 모든 것이 하나님의 보시기에 좋았다. 그러나 지금의 개펄이나 바다 속을 들여다보더라도 과연 하나님 보시기에 좋으실 것인가? 생각 없이 버렸던 많은 오염물질들은 수질을 오염시키고 있고, 무단 방출시켰던 농약, 공장폐수, 축산폐수, 생활하수 등은 담수와 해수는 물론 토양까지 오염시키고 있으며, 심지어는 지하수까지도 오염시키고 있다.

현재 환경오염의 확산으로 인하여 대기와 토양과 수자원은 심각하게 파괴당하고 있다. 물과 토양은 모든 동식물의 젖줄이기도 하다. 그러므로 환경의 오염과 파괴는 모든 동식물을 오염시키고 있고, 병들게 하고 있으며, 직접 및 간접적으로 서서히 죽여가고 있다. 스스로를 파멸로 몰아넣고 있는 것이나 마찬가지여서, 이러한 상태들은 자승자박의 상태가 될 뿐이다. 이러한 행위들 역시 죄악에 속한다고도 할 수도 있는데, 그 이유는 하나님의 창조물들에 대하여 직접적으로나 간접적으로 훼손한 것이 되기 때문이다.

날개 있는 모든 새를 그 종류대로 창조하시니
하나님의 보시기에 좋았더라.

1. 영역 성경의 대조

하나님께서는 날개 있는 모든 새들을 창조하시되, 그 종류대로 창조하셨다고 했다. 영역 성경이 조금씩 다르게 번역되어 있음을 알 수 있는데, 이것을 비교해보자.

(1) KJV; and every winged fowl after his kind: and God saw that [it was] good.

☞ 'winged' 라는 단어는 '숭고한', '빠른', '신속한' 이라는 뜻을 가지고 있기도 하지만, '날개가 있는', '날개를 가진' 이라는 의미의 형용사로 사용되었다. 그러므로 winged fowl은 '날개가 있는 새', 또는 '날개가 달린 새' 라고 번역하면 된다. 한글 본이나 같은 번역이다.

(2) NIV; and every winged bird according to its kind. And God saw that it was good.

☞ 영역본 NIV와 RSV는 KJV와는 달리 winged bird라는 표현을 사용하고 있으나, 그 의미는 별반 다를 게 없다.

(3) LB; and every kind of bird.

☞ 모든 종류의 새들을 창조하셨다는 의미를 담고 있다.

(4) RSV; and every winged bird according to its kind. And God saw that it was good.

☞ NIV와 같은 문장이다.

2. 새들의 종류 및 창조물들의 원재료들

성경에서 굳이 모든 새들의 종류를 일일이 나열할 필요까지는 없었을 것이다. 단지 날개 달린 모든 새들을 그 종류대로 창조하셨다고 하면 성경의 기록으로써 아무런 손색이 없다고 보여지기 때문이다.

모든 것들을 만드실 때 무엇을 사용하셨는가에 대한 언급이 성경에 나타나지 않고 있지만, 유일하게 인간만 '흙으로' 사람을 지으셨다고 하시며, 그 원재료에 대해 밝혀져 있다. 그러므로 빛은 물론이고, 물이나, 해와 달과 별들은 과연 무엇을 이용하여 만드셨던가에 대한 언급이 전혀 없어 알 수가 없고, 풀이나, 새나, 물고기 등도 무엇을 이용하여 만드셨는가에 대해서도 알 길이 없다.

3. 창조의 방법

빛을 창조하신 방법도 성경에 나타나지 않고 있다. 그리고 어떻게 지구상에 그 많은 물이 있게 하셨으며, 궁창에 물이 존재하게 했는지에 대해서도 기록이 나타나 있지 않다. 나아가, 해와 달과 별들 및 은하계나 우주 등을 창조하신 방법, 풀이나 나무 등을 창조하신 방법, 그 외에도 물고기나 새나 짐승들을 창조하신 방법 등에 대한 기사(記事)도 전혀 나타나 있지 않다. 하나님만이 가지고 계시는 매우 특수한 창조 기술을 사용하셨거나, 또는 말씀으로 자기 생각을 투사(透寫)시켜서 만들어지게 했을 것으로 보이지만, 그에 대한 정보를 인간들은 전혀 얻지 못하였다.

어쩌면 인간이 그런 것까지는 자세히 알 필요가 없어서 그에 대한 언급을 고의적으로 회피하셨는지도 모른다. 과학이라고 해서 모든 것을 해명할 수 있는 것은 아니다. 그리고 과학이라고 해서 없는 생명체까지도 새롭게 만들어내는 것도 또한 아니다. 현대 과학은 유전자를 조작하거나, 핵 이식을 시키거나, 세포를 융합시킴으로 해서 무배추(줄기는 배추 뿌리는 무가 나게 하는 이중 식물)나, 포마토(줄기는 토마토가 나게 하고, 뿌리는 감자가 나게 하는 이중 식물) 등의 특수 식물들을 만들어 낼 수는 있다고 하더라도, 무(無)의 상태로부터 생물체를 탄생시키지는 못하고 있기 때문이다. 아무리 작은 풀이나 미생물들이라고 할지라도 하나님의 손을 거쳐야만 만들어질 수 있게 되어 있다.

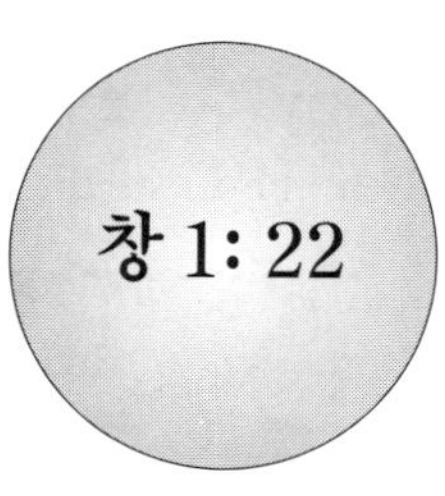

하나님이 그들에게 복을 주어 가라사대 '생육하고 번성하여 여러 바다 물에 충만하라, 새들도 땅에 번성하라' 하시니라.

KJV; And God blessed them, saying, 'Be fruitful, and multiply, and fill the waters in the seas, and let fowl multiply in the earth.
☞ (1) fruitful; 많이 만들어 내는, (작가 등이)다작인, 열매가 많이 열리는, 다산의,기름진, 효과적인
(2) multiply; 늘다, 증식시키다, 무성해지다

NIV; God blessed them and said, 'Be fruitful and increase in number and fill the water in the seas, and let the birds increase on the earth.
☞ increase; v. 크게하다, 증대시키다, 증가하다, n. 증가, 증대, 증진

LB; And God looked at them with pleasure, and blessed them all. And God looked at them with pleasure, and blessed them all. 'Multiply and stock the oceans.' he told them, and to the birds he said, 'Let your numbers increase. Fill the earth!'
☞ stock; n. 비축, 축적, 군체(群體), 종족 v. 놓아기르다, 비축하다

RSV; And God blessed them, saying, 'Be fruitful and multiply and fill the waters in the seas, and let birds multiply on the earth.

אֶת־ הַמַּיִם בַּיַּמִּים וְהָעוֹף יִרֶב בָּאָרֶץ:
*** the-waters in-the-seas and-the-bird let-him-increase on-the-earth

וַיְבָרֶךְ אֹתָם אֱלֹהִים לֵאמֹר פְּרוּ וּרְבוּ וּמִלְאוּ
and-he-blessed them God to-say be-faithful! and-increase! and-fill!

하나님이 그들에게 복을 주어 가라사대

1. 하나님이 주신 복

'복'이라는 단어는 히브리어로 בָּרַךְ(바라크)인데, 이는 기본형으로써 '복을 빌다', '축복하다', '송축하다' 등의 의미가 있다. 영역본을 보면 'And God blessed them, saying,(KJV& RSV)', 'God blessed them and said,(NIV)', 'And God looked at them with pleasure, and blessed them all.(LB)'로써 모두 한결 같이 'bless'라는 단어가 사용되었음을 알 수 있다. 하나님께서는 그들을 만드신 것으로 그치지 않으시고 그들에게 복을 주셨다. '안 될 것을 되게 하는 능력', '없는 것을 있게 하는 능력', '바라는 대로 이루어지게 하는 보이지 않는 능력' 등을 통틀어 모두 '복(福)'이라고 한다.

그렇다고 해서 마술이나 기적을 일컬어 복이라고 하지는 않는다. 왜냐하면, 그것은 인위적이거나 또는 초자연적 현상에 속하는 예외적이고도 일시적인 사건의 하나가 될 뿐이기 때문이다. 마술이 아니고, 초자연적 현상이 아닌 것으로서 마음속으로 원하는 대로 이루어지는 모든 것들을 '복'이라고 할 수도 있다.

2. 복 없는 사람

복 없는 사람은 이루어놓고도 이루어진 것을 차지하지 못하고 만다. 복 없는 사람은 가진 것이 많으면서도 그것을 자기 것으로 제대로 활용하지도 못하고 만다. 복 없는 사람은 배웠음에도 불구하고 배운 것을 제대로 활용하지 못하고, 엉뚱한 것을 하며 고생만 하다가 만다. 복 없는 사람은 불행하다. 복 없는 사람은 가진 것들을 갈취 당하거나 저절로 없어지게 되어 제대로 가지지 못하고 말기도 한다. 복 없는 사람은 충분히 가지고 있으면서도 늘 우울해하거나, 매우 불안해하거나, 몹시 불만족스러워하기도 한다. 복 없는 사람은 불행하게 살다가 불행하게 죽는다. 복 없는 사람은 그 누구에게도 사랑을 받지 못하고 만다. 복 없는 사람은 장수하지도 못한다. 복 없는 사람일수록 하는 일마다 막히고, 고생만 많이 하다가 살만해지면 죽어버리고 만다. 복 없는 사람은 비참하다. 복 없는 사람은 건강하지도 못하다.

복 없는 사람은 매사를 불행하다고 느끼기도 하고, 가진 것이 부족하다고 느끼기도 하며, 고독하다고 느끼기도 하고, 비참하다고 느끼기도 하며, 세상이 자기를 몰라준다고 느끼기도 하고, 보람이 없다고 느끼기도 하며, 가망이 없다고 느끼기도 하고, 성공하지 못했다고 느끼기도 한다. 실제상황이 그렇다는 것이 아니라 자기 자신의 느낌이 그렇다는 것이다.

복 없는 사람은 삶의 의미나 목적 같은 것이 분명하지도 않다. 오늘보다 내일에 대한 기대 같은 것도 매우 희미하기만 하다. 그렇기 때문에 때로 방탕하고, 때로 조급하고, 때로 교만하며, 때로 비굴하기도 하다. 복 없는 사람들은 남을 이해하려고 하지도 않고, 자기로 가득 차 있을 뿐이며, 가진 사람에게는 열심히 아부하고, 가난한 자들이나 능력이 없는 자들을 짓밟아 자기의 허기진 욕망을 채워보려고 한다. 복 없는 사람은 삶을 거짓과 위선으로 치장하려고 하고, 허황되고, 내실이 없으며, 피해의식과 복수심으로 가득 차 있다.

3. 복 있는 사람

이와는 달리 복 있는 사람은 자기의 가진 것으로 자기를 판단하려고 하지 않는다. 현재 이루어 놓은 것으로 자기를 판단하려고 하지도 않는다. 복 있는 사람은 자기를 타인과 비교의 대상으로 삼지도 않는다. 그렇다고 해서 만족한 돼지처럼 아무 생각 없이 그날 그날을 살아가고 있는 것도 아니다. 복 있는 사람은 가진 것이 없어도 오히려 행복하다고 느끼고, 불행한 상황 속에서도 남을 배려하고자 하는 여유가 있으며, 오늘의 쾌락보다는 내일에 대한 소망을 품고 살아가고자 한다.

복 있는 사람은 비록 힘들더라도 남을 원망하려고 하지 아니하며, 언제나 미움보다는 용서가 더 앞서고, 도움받으려고 하기보다는 오히려 더 돕지 못해서 마음 아파한다. 복은 밖으로 드러나게 되는 상태가 아니라, 도리어 마음 내면의 상태다. 복은 객관적인 것이 아니라, 도리어 지극히 주관적인 것이라는 말이다. 남이 볼 때는 불행한 삶을 살아가는 것처럼 보이지만, 자기 자신은 매우 만족스럽고도 여유가 있다고 여기는 자가 진정으로 복 있는 자라고 할 수 있기 때문이다. 그러나 이와는 달리, 겉으로 볼 때는 매우 행복하게 보이더라도, 자기의 내면이 불행하다고 느끼고 있다면 그런 사람은 결코 복 있는 자라고 볼 수가 없다.

4. 하나님께서 주신 복의 의미

하나님께서는 식물을 만들고 나신 후에 그것들에게 복을 주시지는 않으셨다. 그러나 하나님께서 어류(魚類) 및 조류(鳥類) 등의 짐승들을 만드시고 나신 후에는 그것들에게 친히 복도 내려 주셨다. 이 말 속에는 아래와 같은 네 가지의 숨은 의미가 담겨져 있다.

(1) 복의 근원은 하나님이시다. 하나님만이 복의 창조자이시요, 복의 발권자(發權者)이시며, 복을 주실 수도 있으신 분이시다. 태양이나 달이나 나무나 돌이나 바다 등은 이 세상 그 누군가에게든지, 또는 그 무

엇에게든지 복을 줄 수가 없다. 왜냐하면, 하나님 외에는 그런 능력을 가진 자가 있을 수 없기 때문이다.

(2) 복을 주고 주지 않으심은 하나님의 고유 권한이다. 그분은 복을 주실 수도 있으신 분이시고, 복을 주지 않으실 수도 있으신 분이시다. 복이 없는 사물이나, 복이 없는 자라면 그분에게 복을 달라고 무조건 간청할 수도 없다. 그분의 고유 권한이기 때문이며, 복을 달라고 하기 이전에 그분의 섭리에 맞게 살아가려고 노력하는 것이 더 중요한 일일 것이기 때문이다.

그분을 믿지도 않는다거나, 또는 그분의 뜻에서 매우 멀게 살아가고 있으면서 복을 받기를 바라는 것은, 마른땅에서 식물이 돋아나기를 바라는 것보다 오히려 더 잘못된 기대일 뿐이다. 하나님은 그렇게 아둔하신 분이 결코 아니시기 때문이다. 하나님은 어리석고 방자한 인간들에게 절대로 속아넘어가실 분이 아니시다. 그러나 그분의 섭리를 이해하고자 하고, 그분이 바라는 대로 살아가기를 소원하며, 그분의 뜻에 따라 살아가기를 소원하여 자기 스스로를 쳐서 복종시키고자 한다면, 그분은 우리가 굳이 간구하지 않더라도 우리 자신에게는 물론 자기의 자손 대대로까지도 기꺼이 복을 내려주신다. 이것이 성경 내용의 핵심이라고 해도 사실상 과언이 아니다. 이에 대한 더 자세한 것은 신명기 28장과 레위기 26장을 참조하기 바란다.

(3) 하나님은 주시는 분이시다. 만들어 주시고, 존재케 해주시고, 준비해 주시고, 예비해 주시는 분이 곧 하나님이신 것이다. 그분은 복을 주시는 분이시기도 하다. 만일 하나님께서 복을 주시지 않으신다면 이 우주상에서 살아남게 될 자는 사실 아무도 없다. 모두 스스로 자멸을 초래하게 되고 말 것이고, 서로 간의 갈등으로 말미암아 점차 소멸되어

가고 말 것이며, 그리고 약육강식의 생활이 계속되어 모든 것들의 살육전으로 말미암아 죽어 없어져버리고 말 것이다. 또한, 하나님께서 제어하시지 않으시면 수많은 정체불명의 박테리아가 득실거리게 되어 우주는 생명체가 존재할 수도 없게 되고 말 것이다. 그러나 하나님께서 복을 주심으로 말미암아 모든 생명체들은 그 대(代)가 완전히 끊기지 아니하고, 죽고 또 다시 생겨나게 되는 사이클이 반복되고 있을 뿐이다.

⑷ 어류(魚類)나 조류(鳥類)들이 사실상 하나님의 언어를 알아듣는 것은 아니다. 그들이 초능력적으로 알아들을 수도 있기는 하겠지만, 그러나 그렇다고 할지라도 그것들에게 복을 주셨다고 하는 사인(sign)이 그들과 하나님과의 사이에 교감이 있었으면 그것으로 족한 것이지, 굳이 성경에 그 사실을 기록할 필요까지는 없었을 지도 모른다. 그에 대한 사실이 설사 성경에 기록되어있다고 할지라도, 짐승들이 그 사실을 성경을 통하여 확인하는 것도 아닐 것이고, 또한 그것을 감지하는 것도 아닐 것이기 때문이다.

좀 더 노골적으로 말하자면, 성경은 인간들을 위한 책이지 결코 물고기들이나 또는 새들을 위한 책은 아닌 것이다. 그럼에도 불구하고 그러한 사실들을 굳이 하나님께서 성경에 기록하게 하신 이유는 또 무엇이었을까? 어쩌면 그것은 다음과 같은 두 가지 이유 때문이 아니었을까 한다.

① 하나님께서 직접 창조하셨다는 사실을 인간들에게 거듭 확인해주고 싶어서였을 수 있다. 즉, 훗날 많은 사람들이 과학 운운하고, 진화 운운하며 창조의 사실을 믿지 않으려고 할지도 모른다는 것을 미리 염두에 두시고 계셨던 하나님께서는, 그에 대한 의심을 거두

도록 하고자 미리 쐐기를 박아두신 것일 수도 있다는 것이다. 만일, 이러한 논리가 맞다면, 성경은 '누가 뭐라고 하더라도 그것들을 내가 손수 만들었고, 또한 내가 직접 복도 주었다…' 라고 말하고 있는 것이나 다름없다.

② 하나님께서 소중하다고 하신 것을 인간이 소중하지 않다고 주장한다는 것은 말이 안 된다. 이것은 마치 상대방이 자신에게 몹시 소중한 존재라면, 상대방의 소유물이나, 창작물이나, 그밖에 창조물들까지도 매우 소중하게 여기는 것은 당연하다는 논리와도 같다. 성경은 마치 '너희가 정말로 나를 사랑한다면, 나의 창조물들도 사랑해야만 하리라. 물고기들이라고 가볍게 여기지 말고, 새들이라고 소홀히 여기지 말라. 그것들은 나의 창조물들이었고, 그리고 특히 그것들은 내가 직접 복까지도 내려주었던 것들이었기 때문이다' 고 하는 메시지를 담고 있는 듯하다.

5. 성경의 완전성에 대해

물고기를 만들기 이전에 하나님께서는 물 속에서 물고기가 서식할 수 있는 환경을 미리 조성하셨다는 것과 새들을 만드시기 이전에 하늘에 새들이 날 수 있도록 미리 환경을 조성하셨다는 것을 간과해서는 안 된다. 그 모든 어류(魚類)들과 조류(鳥類)들을 만드신 후에는 그것들에게 후히 복도 내려주셨다고 하는 것도 역시 간과할 수 없는 내용들이다. 이것은 또한 성경과 하나님의 완전성을 말해주는 것이기도 하다. 왜냐하면, 이로써 더 이상의 흠잡을 만한 내용이나 부족한 면들을 찾아볼 수 없기 때문이다.

생육하고 번성하여 여러 바다 물에 충만하라

1. 어류들이 받았던 복에 대해

복의 근원이신 하나님으로부터 어류(魚類)들은 아래와 같은 세 가지의 복을 받게 되었다는 것을 알 수 있다.

(1) 어류들이 받았던 첫 번째의 복은 '생육'의 복이었다. 히브리어의 פָּרָה (파라)는 기본어로서 '열매를 맺다', '결실이 풍부하다', '생육하다', '번성하다', '창성하게 하다', '무성하다' 등의 뜻을 가지고 있다. 이 단어는 영어에서 fruitful로 번역이 되었고, 우리말로는 '생육(生育)'으로 번역이 되었다. 이 말을 번역하자면, '새끼를 낳아 번식하고, 잘 기르도록 하라'고 할 수 있다.

(2) 어류들이 하나님께 받았던 두 번째의 복은 '번성'의 복이었다. 히브리어의 רָבָה (라바) 역시 기본어로서, '크다', '늘어가다', '많다', '더하다', '증가하다', '번성하다' 등의 뜻을 가지고 있다. 그리고 이 단어는 영어 성경에서는 multiply 또는 increase 로 번역이 되었고, 우리말 성경에서는 '번성(繁盛)'으로 번역이 되었다.

(3) 어류들이 창조된 후 하나님으로부터 세 번째로 받았던 복은 '충만'의 복이었다. 히브리어의 מָלֵא (마래) 또는 מָלָא (말라) 기본어로서, '채우다', '충만하다', '넘치다', '가득하다', '풍부하다' 등의 뜻을 가지고 있다. 이 단어가 영어 성경에서는 fill 또는 stock 등으로 번역이 되었고, 한글 성경에는 '충만(充滿)'으로 번역되었다.

2. 어류에게 복을 주신 하나님

하나님께서는 물고기들을 직접 창조하시고, 이에서 그치지 않으시고 이것들에게 직접 복까지도 내려주셨다. 진화는 자연생성이 되었음을 주장하려고 하고, 그것들은 때로 자연소멸될 수도 있음에 대해 정당화 하려고 한다. 그러나 성경은 하나님께서 손수 창조를 하셨음은 물론이려니와, 그것들에게 '생육'과 '번성'과 '충만'에 대한 세 가지의 복도 주셨다고 주장하고 있다.

진화론자들은 우연론으로 그치고 있지만, 창조론에서는 하나님께서 물고기들을 자기의 뜻과 목적하심에 맞게 창조하셨다고 하고 있으므로, 모든 물고기들 역시 하나님의 창조물들임이 확인되고 있다. 그리고 그러한 물고기들에게 복을 주실 수 있는 것은 오직 하나님만이 가지신 고유 권한이라고 해야 옳다. 왜냐하면, 그 물고기들을 창조하신 분은 오직 하나님이시기 때문이다. 복은 창조주만이 주실 수 있는 것이다.

3. 하나님께서 주시는 복의 특징

하나님께서 어류들에게 주신 복에는 다음과 같은 다섯 가지의 특징이 있었음을 알 수 있다.

(1) 복 자체가 명령적이었다. 'Be fruitful, and multiply, and fill the waters in the seas,(KJV)' 누구나 알다시피, 영어에서 동사의 원형이 맨 앞에 나오면 명령문이다. 그러므로 이 문장을 분해하면 세 개의 복합 명령문이라는 것을 알 수 있다.

① Be fruitful! / 생육하라!

② Be multiply! / 번성하라!

③ Be fill the waters in the seas! / 바닷물에 충만하라!

하나님의 명령문은 절대적이다. 그 명령하심에 대해 감히 거역할 피조물은 이 세상에는 없는 법이기 때문이다. 그런데 왜 하나님께서는 복을 내려주면서도 명령을 하시는 것일까? 복을 받으라는 그 명령도 역시 거부되어질 수 없는 성질의 것이었기 때문이다. 우리가 누군가에게 때로 친절이나 사랑이나 자비를 베풀고자 하면, '고맙습니다'나 '감사합니다' 대신에 '됐습니다' 라든지 '괜찮습니다' 라고 하기도 한다. 사실, 이 말은 그러한 친절과 호의에 대한 점잖은 거절이라고 할 수도 있는 것이다. 그러나 하나님께서 내려 주시는 복과 은총은 거부되어질 수 없는 성질의 것이다. 그래서 결국 그 문장들이 '생육하겠니?' 라든지 '번성하면 안 될까?' 라든지, 아니면 '바다에 충만하면 좋겠는데!' 라는 식의 청유형 문장이나 독백형 문장이 아니었음을 의미한다. 환원하자면, 하나님이 주시는 복이 가지고 있는 성질은 '복을 반드시 받아라' 라든지 '복을 받지 않으면 절대로 안될 것이다' 라는 매우 장엄한 의지가 담겨 있다고 보여진다. 그리고 이것 역시 하나님의 절대적 사랑에 기초하고 있는 것이었다.

⑵ 복을 주시는 그 자체가 매우 권위적일 뿐만이 아니라 근엄하기까지 하다는 것을 알 수 있다. 왜 그렇게 말할 수 있는가 하면, '생육하고 번성하여 여러 바다 물에 충만하라' 고 하시며 복을 내려주셨던 말씀 속에는 왠지 의무감 같은 것이 서려 있기 때문이다. 마치, '내가 너희들을 얼마나 최선을 다해서 만든 것들인지 아느냐? 그렇기 때문에 너희들에게는 생육할 의무가 있고, 번성할 의무가 있으며, 여러 바다 물에 충만할 의무가 당연히 있는 것이다' 라고 하시는 듯 하다. 즉, 자신이 만드신 것들에 대한 단속의 차원이요, 일종의 보존의 의무감 같은

것이라는 인상이 매우 짙게 풍겨나고 있는 것이다.

(3) 복을 주시는 그 자체는 매우 단순한 문장들로 이루어져 있지만, 그 말씀 속에는 모든 것이 담겨져 있다는 것을 알 수 있다. 조잡한 문장이나 조잡한 글일수록 인위적인 경우가 많다. 그러나 이 문장은 보면 볼수록 철저하게 주인의식을 가지고 있고, 단순하면서도 매우 강력한 의도가 숨겨져 있음을 알 수 있게 해주는 것이다. 인위적인 글이었다면 '생육하고, 번성하며, 여러 바닷물에 충만하고, 질병을 앓지 말며, 두려움을 잘 피하고, 고통을 당하지 말며...등등' 말이 무척 많았을 것이다. 그러나 여기에서의 복을 주시는 말씀은 세 가지의 복이면서도 매우 함축적이며 또한 종합적이기도 하다는 것이다. 오직 하나님만이 하실 수 있었던 강하게 압축된 말씀이었다.

(4) 하나님께서 내려주신 복 속에는 어류들을 창조하실 때 번식이나 종족 유지 본능을 포함시켜두셨을 수도 있다고 보여진다. 그런 것들까지도 하나님만이 하실 수 있는 일들 중의 하나였을 것이라고 생각되어지기 때문이다. 그러나 본능이란 피동적이라기보다는 능동적인 행동일 수도 있다. 그렇기 때문에 그것은 우연이나 진화의 산물이라고 주장할 수도 있게 된다. 사실, 본능이란 동물이나 인간에게 자연적으로나 자발적으로 일어나게 되는 반사적 행동일 수도 있다. 하나님은 동물들이 생육하고 번성하고 여러 바닷물에 충만해지는 과정이 오로지 본능적으로 그렇게 되어지기만을 희망하셨던 것은 아니셨다. 그것은 그렇게 되는 일련의 과정들까지도 자신이 준 복에 의해 그렇게 되기를 더 소망하시고 계셨던 것으로 여겨지기 때문이다.

(5) 하나님께서는 어류들을 만들어 놓으신 후에 그것들에게 결코 무관심하신 것은 아니라는 것을 알 수 있게 해준다. 생육하고 번성하고 여러

바닷물에 충만하라는 그 말씀 속에는 그것들에 대한 지대한 관심과 더불어, 자상하신 배려와 사랑이 담겨있다는 것을 느낄 수 있게 해주기 때문이다. 그리고 차후에도 그것들을 기꺼이 지키고 보호하겠다는 무언의 약속으로 여겨진다.

4. 복 주심의 진정한 의미

된 사람일수록 남이 잘 되기를 소원한다. 그러나 못된 사람일수록 남이 잘 되는 것을 싫어하고, 시기하고, 질투하며, 심지어 옹졸하기까지 하다. 식민지 근성에 젖어있는 사람일수록, 종의 근성이 강한 사람일수록 그런 근성은 더욱 더 뚜렷하게 나타나는 것을 볼 수 있다. 그러나 주인정신이 투철할수록, 정신적으로 앞서 있을수록, 리더십이 매우 강할수록 자기보다는 오히려 남이 더 잘 되기를 소원한다는 것을 알 수 있다.

복을 준다는 것의 의미는 진정으로 무엇일까? 자기가 위이고, 지도자이고, 주인임을 의미하는 것이다. 자기가 진정한 주인이라고 생각한다면, 그리고 그런 정신을 가지고 있다면, 오로지 상대방이 잘 되기를 바라고, 복 받기를 더 바라는 마음을 가지려고 해야만 옳다. 하나님은 어류들에게 이르기까지도 복을 주셨던 것으로부터, 그분만이 진정한 주인이셨음을 알 수 있다.

새들도 땅에 번성하라 하시니라

새들에게 복을 주실 때는 더욱 더 단순하고도 함축적인 말씀을 해주셨다. 그렇다고 해서 새들에게는 물고기들에 비하여 관심을 덜 보이신 것이라고 할 수 없다. 왜냐하면, '땅에 번성하라' 는 그 말씀 속에는 '생육하라' 는 말씀도 이미 내포되어 있기 때문이다.

현재, 진화론자들은 조류가 파충류로부터 진화했다고 주장하고 있다. 그러나 하나님은 새들이 오로지 '땅에서' 번성하기를 바라셨다. 파충류가 진화하여 새가 되기를 바라신 적이 없으셨다는 것이다. 확실한 이해를 얻기 위해서 영역 성경을 참고해보도록 하자.

KJV; and let fowl multiply in the earth.

NIV; and let the birds increase on the earth.

LB; and to the birds he said, 'Let your numbers increase. Fill the earth!'

RSV; and let birds multiply on the earth.

LB만 제외하고는 번역이 모두 한글 성경과 매우 흡사하다. '새(fowl or birds)들도 번성하라(multiply or increase)' 로 되어 있기 때문이다. 그러나 오로지 LB만 'Fill the earth!' 가 첨가되어 있다. 원어에서도 땅에서 충만하기를 바란다는 의미를 가지고 있지는 않다. 물고기들은 물에서 충만할 필요가 있다. 물고기라는 말 속에는 플랑크톤이라는 의미도 포함되어 있을 것이기 때문에, 그것들은 물 속에서 충만할 필요가 있었다. 그러나 크고 작은 새들이 지구를 지배할 필요도, 또 그럴 이유도 없는 것이기 때문에 LB의 '새들도 지구에 충만하라' 는 의미는 삭제되어야만 하지 않을까 한다.

창 1: 23

저녁이 되며 아침이 되니 이는 다섯째 날이니라.

KJV; And the evening and the morning were the fifth day.

NIV; And there was evening, and there was morning-the fifth day.

LB; That ended the fifth day.

RSV; And there was evening and there was morning, a fifth day.

חֲמִישִׁי:	יוֹם	בֹּקֶר	וַיְהִי-	עֶרֶב	וַיְהִי-
fifth	day	morning	and-he-was	evening	and-he-was

저녁이 되며 아침이 되니 이는 다섯째 날이니라

히브리어 הַחֲמִישִׁי (하미-시)는 '다섯째' 라는 뜻을 가지고 있다.

다섯째 날에는 어류와 조류가 창조된 날이었다. 지금까지의 창조사역을 모두 정리해보도록 하자.

1. 첫째 날

빛을 창조

2. 둘째 날

궁창 위의 물과 궁창 아래의 물을 정리하심

3. 셋째 날

(1) 육지와 바다를 나누심

(2) 식물을 창조하심

4. 넷째 날

(1) 이미 만들어두셨던 해와 달과 별들이 드러나게 하심

(2) 해와 달이 낮과 밤의 주관자가 되게 하심

(3) 징조와 일자와 사시와 연한을 이루게 하심

5. 다섯째 날

어류와 조류를 창조하심

(1) 어류(魚類)의 입장에서 상대론적으로 볼 때

지구 창조 → 빛 창조 → 궁창 위의 물과 아래 물로 나누심 → 지각 정리 → 식물 창조 → 해, 달, 별 드러나게 하심 → 물에 물고기 살 수 있

　　도록 정화 및 소독 → 어류 창조

(2) 조류(鳥類)의 입장에서 상대론적으로 볼 때

　　지구 창조 → 빛 창조 → 궁창 위의 물과 아래 물로 나누심 → 지각 정

　　리 → 식물 창조 → 해, 달, 별 드러나게 하심 → 공중에 새가 날 수 있

　　도록 기온, 기압, 기류, 습도 등을 적당히 조절해 두심 → 조류 창조

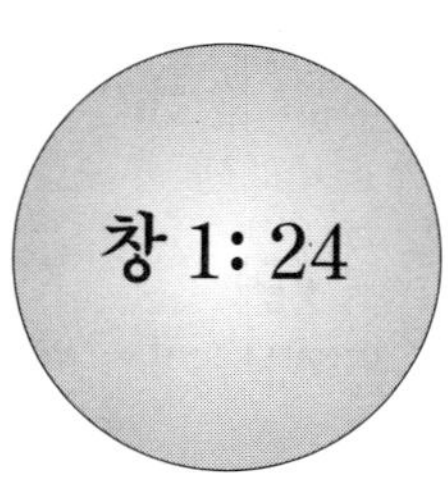

하나님이 가라사대 '땅은 생물을 그 종류대로 내되, 육축과 기는 것과 땅의 짐승을
종류대로 내라' 하시고 (그대로 되니라.)

**KJV; And God said, Let the earth bring forth the living creature after his
kind, cattle, and creeping thing, and beast of the earth after his
kind: and it was so.**
    ☞ (1) cattle ; 소, 가축 (집합명사로 사용됨)
      (2) creeping ; 몰래 다가가는, 천천히 나아가는, 기어서 뻗는
      (3) beast ; 동물, 짐승, 축생

**NIV; And God said, Let the land produce living creatures according to
their kinds:livestock, creatures that move along the ground, and
wild animals, each according to its kind. And it was so.**
    ☞ livestock ; (집합적으로 말, 소, 양 등의) 가축류

**LB; And God said, Let the earth bring forth every kind of animal-cattle
and reptiles and wildlife of every kind. and so it was.**
    ☞ reptile; (뱀, 악어, 도마뱀, 거북 등의) 파충류, 기어다니는 동물, 양서류.

**RSV; And God said, Let the earth bring forth living creatures according
to their kinds:cattle and creeping things and beasts of the earth
according to their kinds. And it was so.**

and-crawler	and-animal-of	earth	to-kind-of-her	and-he-was	so
וְרֶמֶשׂ	וְחַיְתוֹ־	אֶרֶץ	לְמִינָהּ	וַיְהִי־	כֵן:

let-her-produce	the-land	creature-of	living	to-kind-of-her	livestock
תּוֹצֵא	הָאָרֶץ	נֶפֶשׁ	חַיָּה	לְמִינָהּ	בְּהֵמָה

and-he-said	God
וַיֹּאמֶר	אֱלֹהִים

하나님이 가라사대, 땅은 생물을 그 종류대로 내되

땅의 생물들 역시 하나님께서 창조하셨다. 히브리어의 חַיָּה (하야)라는 단어는 '살아 있는 것', '생명체'라는 의미를 가지고 있다. 그리고 히브리어의 נֶפֶשׁ (네페쉬)는 '영혼', '살아있는 존재', '생명', '자아', '목숨', '심정', '소원' 등의 의미를 가지고 있는 단어이다. 본문의 נֶפֶשׁ חַיָּה (네페쉬 하야)는 우리 말로 '생물'이라고 번역이 된 것이다.

여기에서 자세히 보자면, 한글 성경의 '땅'에 대한 영어 성경에서의 번역을 KJV, LB, RSV에서는 모두 earth로 하였고, NIV에서만 land라고 하였다. 만일 earth라고 번역을 하면 우리 성경에도 '뭍은 생물을 그 종류대로 내되'라고 했어야 옳다. '땅은 생물을 그 종류대로 내되'라고 번역이 되어 있으므로 우리 말로서는 earth보다는 land라는 표현이 더 좋다고 해야 옳다. 히브리어 성경은 땅을 나타내는 אֶרֶץ (에렛츠)라는 단어로 표기하고 있지만, 영어로는 land로 번역되었다.

육축과 기는 것과 땅의 짐승을 종류대로 내라 하시고 (그대로 되니라.)

1. 육축을 낸 땅

땅은 '육축'을 내었다. 육축은 히브리어로 בְּהֵמָה (베헤마)라고 하는데, 이는 '귀머거리 짐승', '큰 초식 포유동물', '생축', '야수'라는 뜻을 가지고 있다. 원래는 이 말이 성경에는 없는 말로서, 성경 외에서 유래된 단어였다. 한글 성경에서는 '육축' 이라고 번역이 되어 있고, 영어 성경에서는 cattle 이나 livestock 등으로 번역이 되어 있으므로, '소', '말', '낙타', '당나귀', '양', '염소' 등의 가축성 초식동물이나, 야생의 '기린', '원숭이', '들소', '얼룩말' 등을 의미한다고 볼 수 있다.

2. 기는 것을 낸 땅

땅은 '기는 것' 을 내었다. 히브리어의 기본 단어에 רָמַשׂ (라마스)라는 말이 있는데, 이 단어는 '기어다니다', '네 발로 기다', '가볍게 움직이다', '돌아다니다' 라는 뜻을 가지고 있다. 이 단어에서 히브리어의 רֶמֶשׂ (레메스)라는 단어를 파생시켰는데, 이는 '기는 것', '움직이는 것', '벌레', '곤충' 이라는 의미를 가지고 있다. 우리 말로는 '기는 것' 이라고 번역이 되었고, 영어로는 creeping thing이나 reptile 또는 move along the ground 등으로 번역되었으므로, '벌레', '곤충', '뱀', '악어', '지네' 등의 선형 동물들로서 파충류나 양서류, 곤충류 등을 의미한다고 볼 수 있다. 바다 속의 רֶמֶשׂ (레메스)는 이미 창조 제 4일에 만들어졌다.

3. 땅의 짐승을 낸 땅

땅은 '땅의 짐승' 들도 내었다. 땅의 짐승은 히브리어로 הַיְתוֹ־אֶרֶץ (하에토 에렛츠)라고 하는데, 이는 '숲 속에서 배회하는 야생 육식 동물' 을 말한다. 우리 말로는 '땅의 짐승' 이라고 번역이 되어 있고, 영어 성경에서는 beast of the earth 나 wild animals 또는 wildlife 등으로 번역이 되어 있는 것으로 볼 때, '호랑이', '사자', '삵괭이', '늑대', '여우', '하이에나', '곰', '멧돼지' 등의 야생 육식동물들 즉, 맹금류 일체를 의미한다고 볼 수 있다.

4. 단회적인 창조

본문을 다시 한 번 더 자세히 분해해 보도록 하자. '하나님이 가라사대 '땅은 생물을 그 종류대로 내되, 육축과 기는 것과 땅의 짐승을 종류대로 내라' 하시고(그대로 되니라.)' 는 다음과 같이 두 가지로 구분해서 생각해 볼 수 있다.

(1) 하나님이 가라사대 '땅은 생물을 그 종류대로 내되, 육축과 기는 것과 땅의 짐승을 종류대로 (지금 당장에) 내라' 하시고 (그대로 되니라.) ; 여기에서 첨가해본 말처럼 만일 '지금 당장에 내라' 고 하셨다면 단회적인 창조였다.

(2) 하나님이 가라사대 '땅은 생물을 그 종류대로 내되, 육축과 기는 것과 땅의 짐승을 (시간의 흐름 속에서 서서히) 종류대로 내라' 하시고 (그대로 되니라.); 여기에서 새롭게 첨가해본 말처럼 만일 '시간의 흐름 속에서 서서히 종류대로 내도록 하라' 고 하셨다면 지속적인 창조를 암시한다.

그렇다면 본문은 어떤 글씨가 생략되었다고 해야 옳을까? 어쩌면 단회적이지 않았을까 한다. 왜냐하면, 단회적이지 않고 지속적으로 창조가 되도록 하셨다고 한다면 진화론을 간접적으로 허용하는 결과가 되고 말기 때문이다. 물론, 하나님께서 진화하도록 하시고자 했다면 진화할 수도 있었을 것이다. 그러나 진화와 창조는 흑백논리에 해당한다. 즉, 진화했다면 창조가 있을 수 없고, 창조했다면 진화가 있을 수 없게 되고 말기 때문이다. 하나님께서 진화하도록 처음부터 만들어두셨을 수도 있겠지만, 그것은 조금은 억지 논리다.

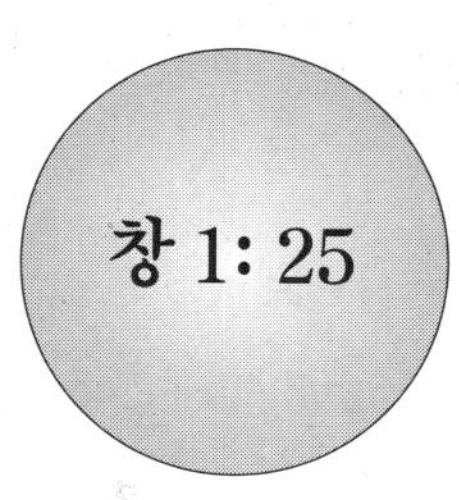

하나님이 땅의 짐승을 그 종류대로, 육축을 그 종류대로, 땅에 기는 모든 것을 그 종류대로 만드시니. 하나님의 보시기에 좋았더라.

טֽוֹב׃	כִּי־	אֱלֹהִים	וַיַּרְא	לְמִינֵהוּ	הָֽאֲדָמָה
good	that	God	and-he-saw	to-kind-of-him	the-ground
רֶמֶשׂ	כָּל־	וְאֵת	לְמִינָהּ	הַבְּהֵמָה	וְאֶת־
crawler-of	every-of	and	to-kind-of -her	the-livestock	and
לְמִינָהּ	הָאָרֶץ	חַיַּת	אֶת־	אֱלֹהִים	וַיַּעַשׂ
to-kind-of-her	the-earth	animal-of	***	God	and-he-made

영역 성경의 대조

1. KJV; And God made the beast of the earth after his kind, and cattle after their kind, and every thing that creepeth upon the earth after his kind. And God saw that [it was] good.

☞ 하나님께서 창조를 하셨는데(God made), 지구상 전역에 걸쳐(of the earth) 편중되지 않았고, 그것들을 '종류에 따라(after his kind or after their kind)' 창조하셨다고 한다.

2. NIV; God made the wild animals according to their kinds, the livestock according to their kinds, and all the creatures that move along the ground according to their kinds. And God saw that [it was] good.

☞ 하나님께서 친히 매우 사나운 동물들(wild animals)과, 기어다니는 것들(livestock)과, 땅위에서 움직이는 모든 것들(all the creatures that move along the ground)을 '그 종류에 따라(according to their kinds)' 창조하셨다고 한다.

3. LB; God made all sorts of wild animals and cattle and reptiles. And God was pleased with what he had done.

☞ 하나님께서 친히 '모든 종류(all sorts of)'의 사나운 동물들(all sorts of wild animals)과 가축들(cattle)과 파충류나 양서류들(reptiles)을 창조하셨다고 한다.

4. RSV; And God made the beasts of the earth according to their kinds and the cattle according to their kinds, and everything that creeps upon the ground according to its kind. And God saw that [it was]

good.

☞ 하나님께서 지구상의 모든 짐승들과 육축들과 기어다니는 것들을 '그 것들의 종류에 따라서(according to their kinds or according to its kind)' 창조하셨다고 한다.

하나님이 땅의 짐승을 그 종류대로, 육축을 그 종류대로, 땅에 기는 모든 것을 그 종류대로 만드시니

1. 하나님으로부터 비롯된 종의 기원

이 부분은 24절에 대한 상세 설명 부분이거나, 또는 첨가 설명 부분에 해당한다고 볼 수 있다. 히브리어의 מָנָה (마나)라는 단어는 '지정하다', '나누다', '형태를 갖추다', '형태를 구성하다' 라는 의미를 갖고 있는 기본어이다. 이 단어에서 '종류', '류(類)', '종(種)', '족(族)' 등을 나타내는 남성 명사 단수인 מִוּן (문) 또는 מִין (민)이라는 단어가 파생되었다.

다시 이 단어로부터 מִינָה (미나흐)라는 단어가 파생되었는데, 여기에 '…을 따라' 라는 전치사 לְ (레)가 붙어 본문의 לְמִינָה (레미나흐)라는 단어가 만들어졌다. 이 단어의 의미는 '종(種)을 따라' 또는 '종(種)을 본떠서' 라고 번역할 수도 있는데, 이 말이 한글 성경에서는 '그 종류대로' 라고 번역되었다. 이로부터 다음 두 가지 사실들을 알 수 있다.

(1) 하나님께서 처음부터 종(種)을 따라 창조하셨다고 했으므로, 진화 또는 퇴화에 의하여 현재의 생물에 이르게 되었다고 하는 사실은 철저하게 부정된다. 하나님께서는 현재와 같거나, 아니면 현재와 매우 흡사하게 모든 것들을 창조하셨다는 것을 알 수 있다.

(2) 모든 동물들의 이름을 일일이 나열하지 않고 그 종류대로 모든 것을 창조했다고 말하는 것은, 구속사적으로 성경을 써 내려가기 위해서 과학적인 이야기들을 의도적으로 회피하고 있는 것이다. 이는 과학적 사실들을 숨기거나 은폐시키기 위함이 아니라, 구속사적 기록상 불필요한 것들이기 때문이었다.

하나님께서는 성경에 단 몇몇 짐승들의 이름도 나열하는 것을 회피하게 하셨음을 알 수 있다. 이 책이 그런 짐승들의 이름들이나 나열해 두기 위한 책이 아니었기 때문이었다. 그리고 막상 그런 동식물들에 관한 이름들을 몽땅 나열해두었다면 성경의 권위가 올라가기는커녕, 오히려 그 권위가 실추되었을지도 모른다. 왜냐하면, 성경은 적어도 동식물들에 대한 분류를 위한 책은 아니었기 때문이다.

2. 인간을 위한 성경

성경은 인간을 위해 기록된 책이지, 동식물을 위해 기록된 책은 아니다. 빛, 어두움, 궁창, 궁창 위의 물과 궁창 아래의 물, 지각의 정리, 바다의 탄생, 식물의 창조, 해, 달, 별 및 우주에 관한 언급들, 어류와 조류의 창조 및 육축, 들짐승, 파충류 및 양서류의 창조 기사 등이 그것들에 관한 과학적인 해명을 해두기 위해서 의도적으로 첨가시키려고 했던 것이 아니다. 인간에 관한 이야기를 하려고 하다보니 불가불 첨가시키지 않을 수 없는 것들에 불과하지 않았을까 한다.

3. 과학적 기록들은 최소한의 것일 뿐

성경의 서론격이기도 하고, 그와 동시에 성경의 막을 열게 되는 부분이기도 한 창세기 제 1장은, 최대한의 기록이 아니었고, 도리어 최소한의 기록이었다고 해야 옳다. 창세기 제 1장은 인간의 창조 기사와 인간의 존재 이유 등을 밝혀두기 위해서 기록하고자 했던 장이었는데, 그러다 보니 과학적으로 부득이 설명이나 해명을 필요로 하는 부분들이 나타나게 되어, 이에 대해서 최소화해서 기록하게 했다고 볼 수 있기 때문이다.

4. 인간을 믿고 계셨던 하나님

하나님을 향한 인간의 믿음 이전에, 창세기 1장에서는 인간을 향한 하나님의 믿음이 더 먼저 발견되어지고 있다고 볼 수 있다. 그 이유는, 인간 그 어느 누구도 하나님을 믿지 않을지도 모른다는 불신에 기초해서 창세기 1장을 기록하게 하신 것이 아니다. 어떻게 말하든지 간에, 아무리 축소해서 말하든지 간에, 또는 그 모든 것들에 대해 밝혀두지 않든지 간에, 믿을 자는 믿을 것이라는 확신에 찬 기록이라는 것을 알 수 있기 때문이다.

예를 들어, 창조기사에 대한 과감한 생략, 의도적인 축소, 자자 구구한 설명의 회피, 그리고 인간의 입장에서 상대론적으로 기록하게 하신 것 등은 이 사실을 귀납적으로 뒷받침해주는 자료들이라고 볼 수 있기 때문이다.

5. 창세기 1장은 신화가 아니라는 사실

창세기 1장은 결코 신화라고 할 수 없으며, 비과학이라고 할 수도 없고, 비논리라고 할 수도 없다고 본다. 왜냐하면, 설사 이해할 수 없는 영역이 나타나게 된다든지, 또는 깨달을 수 없는 영역이 나타나게 된다고 할지라도, 그것은 오로지 자기 자신의 책임이고 자기 자신의 한계인 것이지, 그것이 결코 하나님의 책임이라고 볼 수가 없기 때문이다. 만일 창조주 하나님께 대한 믿음이 없다면 창세기 1장의 기록들이 그 어느 것 하나도 이해가 되지 않을 것이다. 성경이 하나님의 존재성을 믿는 자들을 염두에 두고 기록된 책이지, 믿지 않는 자들을 대상으로 기록된 책이 아니기 때문이다.

6. 바람직한 철학의 방향

이 사실을 안다면, 창세기 1장에 과연 무엇이 기록되어 있고, 무엇이 기록되어 있지 않은가에 대해 의심의 눈초리부터 들이대려고 하지만 말고, 또한 어떤 오류가 존재하고 있는가에 대해서나 알아보려고 하지도 말고, 도리어 왜 굳이 그러한 사실들에 대하여 최소라도 밝혀가며 기록하려고 했던가에 대해 거꾸로 철학해보려고 해야 옳다. 하나님께서는 밝힐 필요가 있다고 여겨지는 것에 한해서만 밝혀두셨을 것이고, 굳이 밝힐 필요가 없다는 여겨지는 것들에 대해서는 과감하게 압축시키고 축소시켰을 것으로 보여지기 때문이다.

하나님의 보시기에 좋았더라

인간은 창조기사에 대해, 하나님의 창조물들에 대해 사실 더 이상 비판의 말을 하지 말아야 한다. 창조주 하나님 자신이 보시기에 좋으셨다면 우리로서는 더 이상의 할 말을 만들어내서는 안 되는 일이기 때문이다. 창조주 자신이 좋으셨다면 다 좋은 것이라고 해야 옳다. 인간 역시 피조물들일 뿐이기 때문에 더 이상 좋다거나 나쁘다고 할 자격조차 없다. 하나님 보시기에 좋았다는 말씀 속에는, 모든 피조물들은 하나님의 창조물들에 대해 더 이상의 비판이나 판단을 금한다는 속뜻이 담겨있기 때문이다.

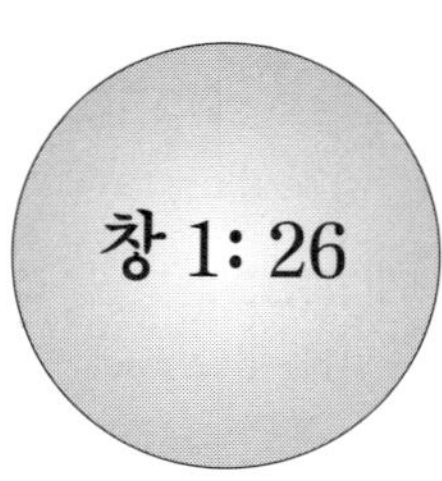

하나님이 가라사대 '우리의 형상을 따라 우리의 모양대로 우리가 사람을 만들고 그
로 바다의 고기와 공중의 새와 육축과 온 땅과 땅에 기는 모든 것을 다스리게 하자 하
시고.

KJV; And God said, Let us make man in our image, after our likeness :
and let them have dominion over the fish of the sea, and over the
fowl of the air, and over the cattle, and over all the earth, and over
every creeping thing that creepeth upon the earth.

NIV; Then God said, Let us make man in our image, in our likeness, and
let them rule over the fish of the sea and the birds of the air, over
the livestock, over all the earth, and over all the creatures that
move along the ground.

LB; Then God said, Let us make a man-someone like ourselves, to be
the master of all life upon the earth and in the skies and in the seas.

RSV; Then God said, Let us make man in our image, after our likeness ;
and let them have dominion over the fish of the sea, and over the
birds of the air, and over the cattle, and over all the earth, and over
every creeping thing that creeps upon the earth.

☞ dominion ; 지배권, 통치권, 주권

וּבְכָל־ הָרֹמֵשׂ הָרֶמֶשׂ עַל־ הָאָרֶץ:
and-over-every-of　the-crawler　the-one-crawling　along　the-ground

וּבְעוֹף הַשָּׁמַיִם וּבַבְּהֵמָה וּבְכָל־ הָאָרֶץ
and-over-bird-of　the-air　and-over-the-livestock　and-over-all-of　the-earth

בְּצַלְמֵנוּ כִּדְמוּתֵנוּ וְיִרְדּוּ בִדְגַת הַיָּם
in-image-of-us　in-likeness-of-us　and-let-them-rule　over-fish-of　the-sea

וַיֹּאמֶר אֱלֹהִים נַעֲשֶׂה אָדָם
then-he-said　God　let-us-make　man

하나님이 가라사대 '우리의 형상을 따라, 우리의 모양대로, 우리가 사람을 만들고

1. 하나님의 형상을 따라 창조된 인간

하나님께서는 인간을 창조하실 때 '하나님의 형상을 따라 창조' 하시기를 원하셨다. 자주 사용하는 단어는 아닌데, 히브리어로 צָלַם (찰람)이라는 말이 있다. 이 단어의 의미는 '그늘지다', '모호한', '어두운', '…의 윤곽을 그리다' 라는 의미를 가지고 있는데, 이 단어로부터 צֶלֶם (첼렘)이라는 말이 파생되었고, '그림자', '형상', '환영', '착각', '닮음' 이라는 의미를 갖고 있다.

본문에서는 이 단어가 다시 צַלְמֵנוּ (찰메누)라는 합성어가 되어 사용되었다. 좀 더 정확하게는 영어의 'in' 을 나타낸다고 할 수 있는 접두어 בְּ (베)가 붙어 בְּצַלְמֵנוּ (베찰메누)가 되었다. 여기서 다시 우리는 접미어 (누)에 시선을 돌려야만 하는데, 이 접미어는 단수 명사에 사용되는 접미어로서, 그 의미는 '우리(we or us)' 이지만, 그 앞에서 사용된 צֶלֶם (첼렘)이라는 말은 단수였음을 알 수 있다. 그러므로 이 단어를 분해하자면, מֵנוּ (us)- צֶלֶם (image)- בְּ (in)가 되고, 우리 말로 번역을 하자면 '우리의 형상을 따라' 라고 할 수 있다.

2. 하나님의 모양을 따라 창조된 인간

하나님께서는 인간을 창조하실 때 '하나님의 모양을 따라 창조' 하시기를 원하셨다. 히브리어로 דָּמָה (다마)는 '닮다', '비슷하다', '유사하다',

'같다', '비교하다' 등의 의미를 가진 기본어이다. 이 단어로부터 파생한 단어가 한글 성경의 '모양' 을 나타내는 דְּמוּת(데뭍)이라는 단어인데, '닮음', '유사함', '모양', '형상', '구조', '같음' 이라는 의미를 품고 있다.

여기에 '우리(we or us)' 라는 의미를 가진 단수 명사에 사용되는 접미어 נוּ(누)가 붙어, דְּמוּתֵנוּ(누데뭍떼)가 되어, '우리의 모양' 이라는 의미의 단어가 된 것이다. 그리고 다시 영어의 in을 나타내는 전치사 접두어 כִּ(키)가 붙어 כִּדְמוּתֵנוּ(누데뭍떼키)가 되어 '우리의 모양을 따라' 는 단어가 만들어지게 되었다. 이 단어를 분해해보면 נוּ (us)- דְּמוּת (likeness)- כִּ (in)라고 할 수 있다.

3. 하나님께서 직접 창조하신 인간

하나님께서는 인간을 창조하실 때 다른 그 누군가가 아니라 '하나님께서 직접 인간을 창조' 하시기를 원하셨다. 히브리어 עָשָׂה (아싸)는 '행하다', '만들다', '산출하다', '창조하다' 등의 의미를 가졌으며, 이 단어는 בָּרָא (빠라)와는 달리 기존의 재료를 가지고 창조할 때 사용되는 말이다. 이 단어에서 파생되어 נַעֲשֶׂה (네아세아)라는 단어가 만들어졌는데, 그 의미는 영어로 let us make라고 할 수 있다. 본문에서 '인간' 을 나타내는 히브리어로 אָדָם (아담)이 사용되었는데, 이 단어는 '인류', '사람' 이라는 의미도 있다.

4. 인간을 하나님의 형상과 모양을 따라 창조하신 이유

성경은 하나님께서 직접 자기의 '모양' 과 '형상' 을 따라 창조하셨다고 했는데, 그러면 하나님의 어떤 모양과 형상이었을까? 모양이나 형상이라고 하면 두 가지가 있을 수 있다. 첫째는 외적인 모양이나 형상일 수 있고, 둘째는 내적인 모양이나 형상일 수도 있다. 성경에는 인간이 살아있는 상태로는 하나님의 얼굴을 볼 수 없다(출 33:20 참조)고 기록하고 있다. 그러므로 우리는 하나님의 외적인 모양이나 형상에 대해서는 알 수가 없다. 단지, 하나님의 모양이나 형상이 우리와 매우 흡사할 것이라고만 추정해 볼 수 있는 것이다.

성경에서 뚜렷하게 구분을 하고 있는 것은 아니지만, צֶלֶם(첼렘)이 때로 외적인 형상을 나타내는데 사용되기도 했고, 그리고 דְּמוּת(데뭍)이라는 단어는 외적인 형상뿐만 아니라 내적인 모양으로도 사용되기도 했기 때문에, 우리가 하나님의 심성을 닮은 형태로 창조되었다고 볼 수도 있다.

그러면, 왜 인간을 하나님의 형상이나 모양을 따라 창조를 하셨던가에 대해 다음과 같은 점들을 살펴보도록 하자.

(1) 하나님께서는 인간을 지구상의 창조물들 가운데 최고의 자리에 놓으시려고 작정하셨던 것으로 추정된다. 사자나 호랑이나 곰이나 고래나 상어 같은 것이 아니라, 또는 어느 식물 같은 것도 아니라, 오로지 지구상에서 최고의 창조물로 인간을 지목하셨다고 보여지는 것이다. 이것이 만일 사실이라면, 그것은 어쩌면 인간이 태초부터 하나님께 받았던 최고의 축복이 될 것이다.

(2) 다른 창조물들도 물론 하나님께서는 사랑을 하시지만, 특히, 인간을 하나님께서 가장 많이 사랑할 존재로 만들어두시기 위해서 자기 형상과 모양을 닮도록 창조하셨을 것이다. 그러면 왜 하나님께서는 인간을 가장 사랑할 존재로 만들고 싶어하셨던 것일까? 철학자 키에르케고르의 말처럼 하나님께서 다른 창조물들에게 결국 권태를 느끼셨기 때문에 최종적으로 인간을 창조하시고, 사랑도 하시려고 하셨던 것일까? 그러나 이는 옳지 않다.

(3) 인간이 하나님의 형상을 따라 창조되었다고 하는 사실은, 계통과 질
서의 유지를 위하여 인간이 지구상의 최고권자로 임명받기 위해서가
아니었을까 한다. 물론 모든 짐승들이나, 모든 식물들까지도 사실 하
나님이 함께 해주시기는 하신다. 왜냐하면, 하나님께서 창조주시라
면 적어도 자기의 창조물들을 지키시고 보호하시고 감독도 하실 것
으로 여겨지기 때문이다. 하나님께서 못하실 것은 없겠지만, 그렇다
고 일일이 사소한 것까지 신경을 다 쓰지는 않으실 것이다. 하나님께
서는 지구나 인간에게 뿐만 아니라 전 우주의 아버지이신 분이시기
때문에, 그 넓고도 광활한 우주의 창조물들 중에서 지구상의 것들에
게만 특히 관여를 하셔야만 할 필요는 없을 것이라고 여겨진다. 그래
서 지구상의 창조물들의 보존, 감독, 질서의 유지 등의 위임자로 인간
을 선택하셨을 것으로 보는 것이다.

5. 인간 창조 때 '우리' 라는 단어를 사용하신 이유

하나님께서는 인간을 창조하실 때 '우리' 라는 표현을 거듭 사용하셨다. 사실 이 부분은 해석하기가 매우 난해하다. '형상' 을 나타내는 히브리어 단어는 단수 형태이다. 그런데 '우리' 라는 단어는 복수 형태이다. 즉, 우리 말로 번역을 해보자면 '우리의 형상을 따라' 라는 표현을 하자면 앞의 단어가 '우리' 라는 대명사 복수 형태이기 때문에 당연히 '형상' 이라는 단어도 복수의 형태가 되었어야만 했다.

예를 들어, 어느 한 사람이 '나의 형상을 따라' 만들기로 했다면, '나' 가 단수이니 '형상' 도 역시 단수가 되었어야 하는 것은 지극히 당연하다. 그러나 둘, 또는 셋이서 '우리의 형상대로' 만들기로 했다면 이는 표현 불가능한 형태가 되어버리고 만다. 그 둘 또는 셋의 중간 형태가 만들어지고 말

거나, 또는 평균 형태가 만들어지게 되고 말 것이라는 논리가 성립되기 때문이다. 여기에서 '형상' 이라는 단어가 단수 형태를 취하고 있기 때문에, 이는 다음과 같은 세 가지 사실을 암시해 줄 수도 있다고 본다.

(1) 하나님 한 분이 인간을 창조하셨으나, 천사들의 도움을 받으셨다는 것을 의미할 수도 있다. 그래서 '우리의 형상을 따라, 우리의 모양대로 우리가 사람을 만들자' 고 하셨을 수도 있다. 그러나 이 설은 부인(否認)되어진다. 왜냐하면, 하나님 뿐만이 아니라 천사도 인간과 매우 흡사한 모양이나 형태를 가지고 있다고 해야만 이 논리가 성립할 수도 있기 때문이다.

(2) 하나님 한 분이 창조하신 것은 사실이지만, 삼위 하나님의 합의가 있지 않으셨나 하는 것이다. 즉, 인간 창조의 의지는 하나님 한 분으로부터 비롯되어지기는 했으나, 그렇게 하시기로 서로 합의를 거친 것으로 보여지는 것이다.

(3) 인간의 창조가 하나님 한 분의 생각으로 이루어진 것이기는 했으나, 삼위 하나님의 합의가 이루어졌고, 형태나 모양은 삼위 하나님 모두 가지신 것이 아니었기 때문에, '모양' 이나 '형태' 는 단수 형태를 취하게 되었다. 이 견해가 가장 널리 알려진 정설이기도 하다.

6. 삼위 하나님께서 인간을 창조하셨다는 말이 옳다고 했을 때

만일, 삼위 하나님께서 인간의 창조에 관여하신 것이 사실이라면, 인간 창조의 대역사는 삼위 하나님 중에서 성부 하나님의 계획으로 이뤄지게 되었을 것이고, 성자 예수 그리스도의 형상과 모양을 따라 창조되었을 것이며, 성령의 임재하심도 있었을 것으로 보인다. 그리고 이는 인간의 진화설을 완강히 거부하게 되는 것이며, 인간의 유물론적 견해도 근본적으로 부인되게 되는 것이다.

7. 하나님만이 섬김의 대상일 뿐

현대의 종교 행위들 속에는 참 신앙이 존재한다고 보기가 매우 힘들다. 왜냐하면, 사람들은 짐승을 섬기기도 하고, 심지어는 곤충을 섬기기도 하며, 자연을 섬기기도 하고, 어느 특정된 인간을 섬기기도 하기 때문이다. 이것은 분명히 말하지만 종교 행위일 뿐이지, 창조주 하나님께서 보시기에는 절대로 신앙이라고 볼 수가 없을 것으로 여겨진다.

그 이유는, 하나님이 보시기에 그런 것들은 신이라고 인정할 수가 없을 것으로 여겨지기 때문이다. 그리고 그와 동시에 그런 대상들은 인간들의 섬김이나 숭배의 대상도 사실상 전혀 될 수도 없는 것이다. 인간이 하나님이 아닌 다른 대상을 섬기게 될 때 죄라고 할 수 있는 이유는, 창조주 하나님께 마땅히 돌려져야만 할 영광이 다른 것에게 돌려지고 있기 때문이다. 또한, 하나님을 창조주라고 고백하기를 거부하고 있는 사람들은 원칙을 무시하고 있고, 사실을 무시하고 있기 때문에 죄가 된다고 밖에 볼 수 없다는 것이다.

8. 하나님을 섬기지 않는 것이 왜 죄인가

만일, 어떤 사람이 아이 하나를 얻게 되었다고 하자. 그 아들은 자기가 낳은 아들이 틀림없음에도 불구하고, 그 아이가 장성한 후에 자기 아버지에게 아버지가 아니라고 하기도 하며, 급기야는 아버지를 아버지라고 부르는 것도 거부하고 있다고 하자. 그러면 그것이 과연 죄가 되지 않는다고 할 수도 있는 것인가? 이런 자가 있다면, 누가 보더라도 이는 하늘의 뜻과 땅의 뜻을 저버리고 있는 자라고 밖에 볼 수 없다. 옛날부터 부모와 자식은 하늘이 맺어준 인연이라고 해서 천륜이라고 하고, 천륜을 배반하는 자는 하늘과 땅이 용서하지 않는다고도 했다. 하나님께서 인간을 창조하신 것이 사실이라면, 인간과 하나님의 관계 역시 천륜 중에 천륜이라고 해야 옳은 것이다. 그러므로 이 사실을 부인(否認)하는 것이 죄가 아닐 수 없는 것이다.

9. 하나님을 섬긴다는 것은 곧 질서와 체계를 수용하는 것

모든 것이 진화되었을 뿐이라고 하는 그 가정 자체는 철저하게 무질서에 기초를 두고 있는 것이다. 진화는 우연에 기초하고 있으며, 우연은 무질서에 기초하고 있을 뿐이기 때문이다. 사실 창조의 질서라고 하는 단어 속에는 진화라고 하는 짜 맞추어진 이론의 틀이 비집고 들어갈 틈조차 없다. 우주 그 자체는 질서체계일 뿐이기 때문이다.

질서는 절대로 우연일 수 없다. 질서 체계 속에는 질서의 창조자가 처음부터 존재해야만 한다. 창조를 부인하고 진화를 주장하는 그 자체는 이미 무질서를 인정하고, 수용하는 것이 되는 것이다. 창조주와 창조 사실의 부인은 곧 질서를 스스로 파괴하는 짓이요, 또한 질서를 인정하지 않는 짓이 될 뿐이다.

10. 질서는 그 어느 것보다 선행한다는 사실

'하나님을 믿으라' 는 말은 곧 '질서의 존재와 그 필요성에 대해 인정하라' 는 말로 통하게 된다. 설사 아무리 하나님을 잘 믿고 있는 인간이라고 할지라도, 만일 질서 체계를 파괴하게 된다면, 질서 체계의 손상에 대해 하늘과 땅이 반드시 그 책임을 묻게 되는 날이 오고야 만다. 질서의 유지와 회복은 모든 것에 선행하기 때문이다. 인과응보와 죄에 대한 응분의 징계 또는 보복 등은 창조주의 존재에 대한 간접 증명이 된다고 밖에 볼 수 없다.

질서를 세우고, 유지하고, 보수하고, 지키시는 분이 항상 존재하고 있는데, 그분이 곧 창조주다. 그리고 이에 대해 질서를 파괴하는 것을 주도하는 자가 있는데, 그 자가 곧 마귀다.

11. 질서는 사랑보다 우위라는 것

'사랑'이나 '자비'나 '인(仁)' 등이 최고의 덕목이라고 할 수 없다. 그 이유는, 그런 것들보다 더욱 더 우위의 덕목이 있기 때문이다. 즉, 그것들보다 더 높은 차원의 덕목이 존재하는데, 그것이 곧 '질서 체계'다. 물론 '사랑은 곧 질서이다'라고 할 수도 있고, '사랑은 곧 질서의 유지 및 확산이다'라고 할 수도 있다. 그러나 사랑은 때로 무질서에 대한 이해와 포용을 의미할 수도 있기 때문에, 논리적으로 볼 때 사랑 그 자체가 질서보다 우위의 덕목이 될 수는없다. 질서를 지키기를 좋아하는 자는 반드시 질서 안에서 사랑을 하려고 한다. 그러나 사랑을 하는 자는 반드시 질서 안에서 사랑을 하려고 하지 않을 수도 있다. 질서는 무질서를 벗어날 수 없지만, 사랑은 때로 무질서까지도 포용하려고 드는 것이다.

12. 지구상의 질서 유지를 위해 창조된 인간

우주는 사랑이나 자비나 인이 먼저가 아니라 질서체계가 먼저다. 질서체계에는 우연이 존재할 수 없으며, 포용도 역시 존재할 수가 없다. 질서 체계에는 질서의 유지 및 보수만이 앞서게 되는 것이며, 이를 위해서는 감독자가 필요했다. 창조주 하나님께서는 불가시적인 분이시기 때문에, 비록 자신이 직접 지구를 창조하셨다고는 하더라도, 지구상에 매일 가시적으로 출현할 수는 없으셨을 것이기 때문이다. 그래서 결국 지구의 질서의 유지를 위해 필요한 가시적인 존재가 필요하게 되었는데, 이러한 목적으로 만들어진 것이 곧 인간이라는 것이다.

이러한 목적과 임무를 띤 게 곧 인간이라면, 인간은 당연히 하나님의 형상과 모양을 닮을 필요가 있었다. 하나님은 창조주이시고, 그 사실을 지구상에 흔적으로 남겨야만 할 필요가 있었다면, 당연히 자기를 닮은 존재를 최고권자로 만들 수밖에 없었을 것이라는 논리가 성립되는 것이다.

그로 바다의 고기와 공중의 새와 육축과 온 땅과 땅에 기는 모든 것을 다스리게 하자 하시고

1. 다스린다는 것에 대한 히브리어 의미

히브리어 רָדָה(라다: rule)는 '지배하다', '통치하다', '다스리다', '치리하다', '제어하다' 등의 의미를 가진 기본어이다. 이 단어로부터 יִרְדּוּ (이르뚜: let them rule)가 나왔다. 이 단어는 רָדָה(라다)의 칼 미완료 단축형 간접명령의 형태로서 '(그들이)다스리게 하라' 라고 번역을 해야만 한다. 여기에서 다시 '그리고(and)' 를 나타내는 접두어 וְ (베)가 붙어 본문의 וְיִרְדּוּ(베이르뚜)가 되었다. 이 말을 영어로 번역 하면 'and let them rule' 이라고 해야만 한다. 본문에서 인간창조의 이유와 목적이 매우 분명하게 드러나고 있다. 하나님께서는 인간들로 하여금 아래와 같은 것들을 다스려주기를 바라셨다.

2. 인간들은 바다의 고기를 다스려야만 한다

하나님께서는 인간들이 '바다의 고기(the fish of the sea)' 를 다스려주기를 바라셨다. 그렇다고 해서 현재의 인간들이 바다의 고기를 다스리고 있다고 볼 수는 없다. 적어도 인간이 바다의 고기들을 섬긴다든지, 그것들에게 지배를 당하는 일은 일어나지 않아야 할 것이다. 현대인들은 담수어나 해수어들을 지배의 대상으로 삼고 있기보다는, 식용으로 삼고 있거나, 또는 극소수의 어류들을 길들이거나, 관상용으로 기르고 있다. 확실한 것은, 비록 고래나 상어 등이 매우 위협적이고도 위험한 존재들이라 할지라도, 그것들은 인간들에게 다스리기 위해 주어진 것들이지, 인간들이 그것들의 다스림을 받기 위해 주어진 것은 아니었다는 것을 알아둘 필요는 있다.

3. 공중의 새를 다스려야만 하는 인간

하나님께서는 인간들이 '공중의 새(the birds[fowl] of the air)' 들에 대해서도 다스려주기를 바라셨다. 현대인들은 닭이나 오리나 칠면조나 타조 같은 것들을 육식으로 기르고 있고, 꿩이나 공작이나 앵무새나 잉꼬 같은 새들은 관상용으로 기르고 있다. 그러나 새들 중에는 매나 독수리 같은 동물들은 육식 동물들로서 짐승들에게 뿐만이 아니라 인간들에게까지도 매우 위협적인 동물이다.

비록 그렇다고 할지라도 하나님께서는 그것들을 인간들이 다스려주기를 바라셨다. 아무리 강한 새라고 할지라도, 그것들이 인간들의 먹이가 된다거나, 또는 길들이기 위한 존재는 될 수 있을지는 몰라도, 적어도 그것들이 인간들의 섬김의 대상이 될 수는 없다.

4. 육축을 다스려야만 하는 인간

하나님께서는 인간들이 '육축(the livestock or the cattle)' 을 다스려 주기를 바라셨다. 여기에서 육축이라 함은, 현재 인간들이 길들여서 부리기도 하는 소, 말, 낙타, 당나귀 등을 위시해서, 인간의 식용 및 문화생활에 도움을 주고 있는 양, 염소, 돼지, 토끼 등이 여기에 속한다. 그러나 그것들뿐만 이 아니라 애완용으로 사육되는 개, 고양이, 원숭이를 위시해서 야생의 호 랑이, 사자, 곰, 들소, 들개, 공룡, 얼룩말, 캥거루, 멧돼지 등도 여기에 속한 다고 볼 수 있다. 지구상에 있는 모든 동물들을 일일이 나열할 수는 없겠지 만, 아무튼 하나님께서는 그 모든 동물들을 다스리기를 바라셨다. 그러므 로 그 모든 동물들이 인간들에게 있어서 절대로 우상이 될 수 없으며, 섬김 의 대상도 될 수 없는 것이다.

5. 온 땅을 다스려야만 하는 인간

하나님께서는 인간들이 '온 땅(all the earth or all life upon the earth)'을 다스리기를 바라셨다. 하나님께서는 온 땅을 다스리기를 바라셨다고 했는 데, 이는 지구 전체를 의미한다고 볼 수 있다. 즉, 육지의 동식물 그리고 수 중의 동식물 등을 모두 포함하게 된다는 말이다. 인간들은 지구상의 통치 자요, 주인으로 위임을 받았다고 해야 옳다.

6. 인간들은 땅에 기는 모든 것을 다스려야만 한다

하나님께서는 인간들이 '땅에 기는 모든 것(all the creatures that move along the ground or every creeping thing that creeps upon the earth)' 들 을 다스려주기를 바라셨다. 땅에 기는 모든 것들이란, 모든 곤충, 파충류, 양서류 등을 말한다. 아무리 힘센 뱀이나 악어라 할지라도, 그리고 동물들 과 인간에게 치명적인 독을 가진 곤충이라 할지라도, 그것들이 인간에게 섬김의 대상이 될 수는 절대로 없는 것이다. 왜냐하면, 그 모든 것들은 인간 에게 다스림을 받기 위해 창조된 것들이었지, 인간에게 섬김을 받기 위해 창조된 것들은 결코 아니었기 때문이다.

7. 하나님께서 인간들에게 지구상의 것들을 주신 것의 의미

지구상의 모든 창조물들은 하나님의 역작들이었다. 지구상의 모든 창조물들은 저절로 된 것이나, 우연하게 된 것이라고는 단 한 가지도 없었다. 처음부터 하나님의 계획하심에 의하여 창조된 것들이었고, 심혈을 기울여 창조된 것들이었다. 그런데 하나님께서는 그 모든 것들을 인간에게 값없이 주셨다. 그러면 왜 그리하셨을까? 그 이유는 인간을 가장 사랑하셨기 때문이 아니었을까? 왜냐하면, 사랑은 받는 것이기도 하지만 동시에 주는 것이기도 하기 때문이다.

그렇다고 해서 인간들이 사랑을 받을 만한 가치가 있어서 그랬던 것은 아니었다. 도리어 하나님께서 인간들을 사랑을 받을 만한 가치가 있도록 창조하셨다고 보여지기 때문이다. 그러면 하나님께서는 왜 인간들을 사랑을 받을만하게 창조하셨던 것일까? 하나님께서 뭔가 부족한 것이 있어서 그러셨을까? 그러나 그건 아니었을 것이다. 오히려 그렇게 하신 이유는 인간으로부터 하나님 자신이 사랑을 받으시기를 원하셨기 때문이었다. 왜냐하면, 사랑이란 일방적으로 주기만 하는 것이 아니며, 준 만큼 받고 싶은 것이기 때문이다.

8. 이 세상에 조건 없는 사랑이란 존재하는 것인가

마귀는 조건없는 사랑이 존재한다고 한다. 그리고 철학이 없거나, 아니면 철학을 할 줄 모르는 자들도 역시 조건없는 사랑이 존재한다고 한다. 그러나 조건 없는 사랑이란 인간들 사이에서도, 그리고 하나님 안에서도 절대로 존재할 수 없는 법이다. 조건없는 사랑은 이데아적인 사랑일 뿐이요, 이론적인 사랑일 뿐이기 때문이다.

누가 부모님의 사랑을 조건없는 사랑이라고 말하던가? 누가 하나님의 사랑을 조건 없는 사랑이라고 함부로 지껄이던가? 그렇게 주장하는 자들은 사실 마귀가 아니었던가? 매우 불건전한 사고방식을 가진 자들마다 조건 없는 애매 모호하기 짝이 없는 사랑을 부르짖곤 한다. 그러나 건전한 사고 방식, 책임의식 등을 매우 강하게 가지고 있는 사람일수록, 이 세상에 조건 없는 사랑이란 더 이상 존재하지 않는 법이라고 입을 모아 말한다.

9. 조건이 있었던 거래였을 뿐

하나님께서 그 모든 창조물들을 인간들에게 거저 주셨다고 누가 말하던가? 하나님께서 인간들에게 값없이 주신 것이 아니라, 지키라고 주신 것이 아니었던가? 하나님께서는 그것들의 질서를 유지하라고 책임을 맡기셨던 것이 아니었던가? 더 나아가서 하나님의 사랑을 느끼고, 하나님의 사랑을 받아들이며, 하나님께 감사도 돌리고, 하나님의 절대성에 대해서 인정도 하며, 하나님을 마음속 깊이 존경도 하고, 하나님께 찬송과 영광도 돌리라고 주셨던 것이 아니었던가?

10. 하나님께서 만드신 구조

모든 계통들이 삼각형 구조를 이루게 될 때 가장 안정한 구조라고 할 수 있다. 그리고 하나님께서는 모든 것들을 삼각형 구조로 창조를 해두셨다. 즉, 식물이 지구상에 가장 많이 존재하게 하셨고, 곤충, 소형 초식 동물, 대형 초식 동물 그리고 소형 육식 동물, 초대형 육식 동물 등의 순서로 위로 올라갈수록 그 양이나 마리 수가 점점 감소하게 해두셨다. 그러므로 개체 수를 따라 아래에서 위로 그려 가면 대략적으로 삼각형 구조를 이루게 된다. 하나님께서는 인간들이 그들 위에 군림하게 하셨다.

11. 공산주의 사회 구조

현재는 전 세계가 민주사회와 공산사회의 이대 구조로 양분화 되어 있다. 이 사회 모두가 커다란 모순을 안고 있다고 볼 수 있는데, 그것은 곧 삼각형 구조를 철저히 타파하고 있거나, 또는 삼각형 구조를 아예 인정하려고 조차 들지 않기 때문이다. 공산 사회는 삼각형 구조를 이론적으로는 인정하고 있지 않다. 그러면서도 그들의 이면에는 당원들을 중심으로 사실 철저하게 삼각형 구조를 이루고 있다.

그렇기 때문에 그들이 속한 사회가 많은 모순을 안고 있으면서도 좀처럼 붕괴되지 않고 있다. 물론, 공산사회가 민주사회보다 우월하다는 것은 아니다. 그들은 겉으로는 계급 타파와 계급 투쟁을 부르짖고는 있으나, 실제적으로는 계급의 조장과 유지를 위해 피를 부르는 투쟁을 일삼고 있을 뿐이다.

12. 민주주의 사회의 모순

건전한 사회일수록 선의(善意)의 경쟁을 허용하는 법이다. 선의의 경쟁을 무시하는 사회는 공산사회라고 밖에 볼 수 없다. 왜냐하면, 공산사회는 공개 경쟁 그 자체를 허용하려고 들지 않기 때문이다. 그럼에도 불구하고 현재의 민주사회에서도 선의의 경쟁을 법으로 저지하고 있는 영역이 매우 많다. 게다가 민주사회임에도 불구하고 사회적으로 우월집단은 그렇지 못한 집단을 인정하고 공존하려고 하기보다는, 그들을 무시하고 착취하는 모순된 방향으로 흘러가고 있기도 하다.

현재의 민주사회의 모순을 타파하고자 한다면, 세금의 차별화된 부과로 부의 재분배가 이루어져야만 하고, 그렇게 하여 거두어 들인 세금들은 후

생복지 시설에 재투자되어야만 하며, 누구든지 재산의 과잉축적은 불가능하도록 법으로 규제해 나가야만 한다.

13. 하나님의 창조 구조

하나님의 창조구조는 질서유지에 바탕을 둔 철저한 삼각형 구조였다. 즉, 하나님께서는 어류나 조류 또는 모든 동물들을 무조건적이고 무계획하게 많이 창조하셨던 것이 아니라, 그 숫자에 대해서 균형을 이루도록 창조하셨다. 태초의 인간 창조의 목적은 그것들을 지키고 다스리게 하기 위함이었다. 그러나 그럼에도 불구하고 하나님께서 태초에 실제로 창조했던 사람은 단 한 사람, 그것도 한 남자에 불과했다. 물론 잠시 후에 남자를 돕고 인류를 번성하게 할 여자를 만들기는 하셨지만, 그래도 많은 수의 어류나 조류나 동물들에 비하자면 극소수의 인간이 창조되었을 뿐이었다. 사실, 군림하기 위한 존재라면 지구상에 적을수록 유리했을 것이다. 왜냐하면, 군림하는 자가 많을수록 사회의 균형은 깨지기 마련인 법이기 때문이다.

한국 속담에 '사공이 많으면 배가 산으로 간다' 는 말이 있다. 그러나 시간이 흐를수록 다스려야만 하는 것들의 수효가 늘어나게 되었을 것이고, 그에 비례해서 다스려야만 할 자들의 수효도 더욱 더 필요하게 되었을 것이다. 여기에서 분명히 해두지 않으면 안 될 것이 하나 있다. 즉, 인간들이 그것들을 다스리기 위해서 창조된 것이지, 그것들이 인간들을 다스리기 위해서 창조된 것은 아니었으므로, 오로지 인간이 섬길 대상은 하나님 외에는 없는 것이다.

14. 다스린다는 것의 의미

인간의 창조목적은 동물들간의 질서를 유지하고, 그것들을 지키기 위함이라고 했다. 이 말의 의미는, 그것들을 학대해도 좋다든지, 아니면 그것들을 죽여 없애도 좋다는 것은 아니었다. 또한, 그것들에게 무관심해도 좋다든지 아무렇게나 해도 좋다는 말도 아니었다. 다스린다는 말의 의미는 관심을 가지는 것을 의미하고, 관심을 가진다는 것의 의미는 그것들의 일에 간섭하게 됨을 의미하는 것이다.

사랑하라는 말이 무관심해도 좋다는 것을 의미하는 것은 아니다. 즉, 그것들이 어떻게 하든지 내버려둠이 사랑이 아니라, 싸우면 싸우지 못하게 하고, 아무 곳에나 대소변을 보면 그렇게 하지 못하게 하는 것이 곧 그것들을 다스리는 것이라고 볼 수 있다.

15. 인간과 동물의 바른 관계정립

동물들에 대한 인간의 임무는, 오로지 그것들 간의 질서유지였을 뿐이었다. 즉, 성경에 그것들을 섬기라는 말도 없고, 그것들을 학대하라는 말도 없다. 그 어느 것 하나 죽여서는 안 된다고 하는 이방종교의 교리와도 일치하지 않고 있다. 성경의 교리는 다만 그것들을 다스리라고 하였을 뿐이었다. 인간들의 필요에 따라 그것들을 죽일 수도 있고, 길들일 수는 있다. 그러나 취미삼아 동물을 죽여본다거나, 재미삼아 동물들을 학대한다거나, 또는 상업적 수단으로 말미암아 동물들을 멸종시키는 것 등은 창조의 목적과 취지에 모두 근본적으로 어긋나있는 것들이 될 뿐이다.

16. 이 세상에 완전이란 존재하지 않는다

지구는 완성작이 아니었다. 지구는 무척 많은 부분들에 있어서 미완성작일 뿐이었기 때문이다. 지구는 처음부터 미완성 작이었으므로 지구상에 완전이라는 것은 애초부터 존재하지도 않았었다. 하나님께서 지구를 미완성작으로 하신 것도 역시 창조섭리의 하나였을 것이다. 우리 인간은 그 이유에 대해서 확실하게 알 수는 없다고 본다. 다만 추정해볼 수는 있는데, 뭔가 부족하게 만들어둠으로써 상호 의존하게 하셨고, 계통과 질서의 필요를 느끼게 해두셨으며, 아울러 인간들에게도 무언가 일거리를 만들어두셨던 게 아닐까 하는 것이다. 그리고 인간들에게까지도 무언가 부족함을 느끼게 하셨던 것은, 인간들로 하여금 이 세상을 의존하지 못하게 하고, 오로지 하나님 나라를 목적삼게 하기 위함이셨을 것이다.

17. 하나님께서 인간들에게 주신 노동의 양과 질

인간이 선악과 열매를 따먹고 범죄하기 이전에 지구는 그래도 거의 완전에 가깝도록 창조되어 있었다. 지구가 완전에 가까웠고 완벽에 가까웠을 때 어리석은 인간들은 무엇을 시도하고 있었던가? 인간들은 고작 하나님께서 금하셨던 것에 대해 고의로 탈선하는 길을 가고야 말았다. 그때 하나님은 죄의 대가로 지구를 약간 불완전한 상태가 되도록 프로그램을 변경시키셨다. 노아 홍수 이전에도 지구의 환경이 지금보다는 훨씬 더 완전에 가까웠다.

그러나 그들은 완전한 지구에 제대로 적응하지 못하였다. 즉, 그들은 창조질서의 유지와 보수 등에 대해서 이해하지도 못했고, 도리어 하나님의 뜻에서 매우 벗어나서 살아가고만 있었던 것이다. 결국 그들은 벌을 자초하는 상황까지 이르고 말았고, 대홍수라는 지구의 대격변을 일으키게 했다. 아담의 범죄 전이나 범죄 후, 그리고 노아의 홍수 전이나 홍수 후의 공통점은 모두 인간들에게 일감이 주어져 있었다는 것이었다. 그러나 인간들의 범죄와 타락으로 말미암아 그 일감이 많아지거나, 어려워지거나, 또는 복잡하게 변모되었던 것이다.

18. 인간이 부여받게 된 노동의 의미

하나님께서 인간들에게 일감을 주셨다고 하는 것은, 모든 인간들은 노동의 의무를 가지고 태어나게 됨을 의미한다. 인간에게 노동의 의무가 있다고 하는 것은 동식물들의 통치권과 질서유지권이 주어져 있다는 것을 의미한다. 그리고 그와 동시에 인간은 태초부터 지구의 질서유지를 임명받은 최고권자였다는 것도 의미하게 된다.

인간이 노동을 한다고 하는 것은 저주인 것일까, 아니면 복인 것일까? 혹자는 노동의 노예가 되어 평생을 살아가기도 한다. 그러나 모두 생각하기 나름일 뿐이다. 만일 모든 것들이 지겹다고 여겨지게 되면 그 순간부터 그것의 노예로 전락되어 버리고 말뿐인 것이고, 모든 것들이 마땅하고 즐겁고 보람되다고 여겨지게 되면, 그 순간부터 모든 것들이 오히려 행복의 대상이 되기도 하는 법이다. 일례로, 일을 할 때는 매우 고통스럽고 힘들게 여겨지다가도 실직하여 집에 머물게 되면 오히려 매우 불행을 느끼게 되는 법이다. 그러다가 일감을 다시 얻게 되어 일을 하기 시작하면, 몸은 비록 피곤해지지만 마음은 매우 평안해져옴을 느낄 수 있게 된다.

노동은 육체를 건강하게 해주고, 성취감을 맛보게 해주며, 일에 대한 보람을 갖게 해주고, 잡념을 없애주며, 삶에 의욕을 갖게 해주고, 정신적 여유를 갖게 해준다. 그러나 일을 하지 않게 되면 게으르게 되어지고, 남을 미워하게 되거나 원망하게 되어지며, 갑자기 바라는 것이 많아지게 되기도 하고, 남의 것을 탐내게 되기도 하며, 창의력이 없어지게 되기도 하고, 술이나 담배나 마약이나 노름 등에 손을 대기도 하며, 음탕해지기도 하고, 중상 모략을 하게 되기도 한다.

만일, 부도덕한 것만 아니라면 무엇을 하느냐 하는 것은 그리 중요하지 않다고 보여지는 바이며, 오히려 그 보다는 어떤 생각으로 주어진 일을 하느냐가 더 중요하고, 어떤 마음 자세를 가지고 맡겨진 임무에 충실하게 되느냐가 더 중요하다고 본다. 분명한 것은, 인간은 일을 하기 위해 태어나는 것은 아니다. 그러나 일을 하지 않게 된다면, 누가 되었든지 간에 언젠가는 인간취급을 받지 못하게 되고 말 것이다. 그 이유는, 노동은 곧 창조 질서의 하나이기 때문이다.

하나님이 자기 형상, 곧 하나님의 형상대로 사람을 창조하시되, 남자와 여자를 창조하시고,

KJV; So God created man in his [own] image, in the image of God created he him; male and female created he them.

NIV; So God created man in his own image, in the image of God he created him; male and female he created them.

LB; So god made man like his Maker. Like God did God make man; Man and maid did he make them.

RSV; So God created man in his own image, in the image of God he created him ; male and female he created them.

אֹתָם:	בָּרָא	וּנְקֵבָה	זָכָר	אֹתוֹ	בָּרָא	אֱלֹהִים
them	he-created	and-female	male	him	he-created	God
בְּצֶלֶם	בְּצַלְמוֹ	הָאָדָם	אֶת־	אֱלֹהִים		וַיִּבְרָא
in-image-of	in-image-of-him	the-man	***	God		so-he-created

하나님이 자기 형상, 곧 하나님의 형상대로

1. 인간이 하나님의 형상을 닮았다는 것의 의미

'형상' 이라는 단어는 모두 ﬦֶלֶצ (첼렘)이 사용되었다. 이 단어는 영어에서 모두 image로 번역이 되어 있다. image 는 '초상', '모습', '외형', '모양', '표상', '상징', '사상(寫像)', '환영(幻影)' 등을 나타내는 단어이다. 즉, ﬦֶלֶצ (첼렘)은 주로 '외형' 을 나타내는 단어다.

생물학적으로는 자손은 그 부모를 닮은 상태로 태어나게 되어 있다. 예를 들어서, 소는 송아지를 낳고, 말은 망아지를 낳으며, 뱀은 뱀 새끼를 낳고, 사람은 사람을 낳는 것이다. 그런데 태초에 하나님께서는 인간을 특히 자신을 닮도록 하여 창조하셨다. 이러한 사실은 인간이 특히 하나님의 창조물임을 단적으로 말해주는 것이라고 볼 수 있다.

하나님이 아닌 또 다른 존재가 인간을 창조했더라면, 과연 인간을 하나님을 닮은 존재로 창조하고 싶어했겠는가? 즉, 인간을 만일 마귀가 만들었다면 인간을 자기의 형상인 마귀를 닮도록 해서 창조하려고 하지 않았겠느냐는 것이다. 인간은 마귀에게 속한 상태로 만들어진 존재가 아니었으며, 이 세상의 그 어느 것에 속한 상태로 창조된 것도 아니었다는 것을 알 수 있다. 즉, 인간은 오직 하나님께 속한 상태로 창조되었을 뿐이며, 인간의 주인은 오직 하나님일 뿐이라는 것도 알 수 있다.

2. 하나님의 형상을 닮은 자로서의 의무

속담에 '이리의 탈을 쓴 인간' 이라는 말이 있다. 이는 겉과 속이 다른 인간을 꼬집는 말이기도 하다. 그러나 이는 '질이 높게 처세해야만 할 인간이 질이 낮은 처세를 할 때' 사용되는 말이다. 인간은 하나님의 탈을 쓰고 있다는 것을 알아야만 한다. 이는 하나님과 같이 살아가고, 하나님처럼 처세하라는 하나님의 의도가 처음부터 다분히 있었음을 알려주는 것이다. 인간은 하나님의 탈을 쓴 마귀처럼 처세해서는 안 된다. 예수님께서도 '그러므로 하늘에 계신 너희 아버지의 온전하심과 같이 너희도 온전하라(마 5:48)' 고 말씀하셨다.

3. 진화와 창조

인간이 진화를 한 것은 아니지만, 설사 인간이 진화를 했다고 하더라도 인간이 하나님의 창조물이 아니라고 말할 수는 없다. 왜냐하면, 하나님께서 태초에 어느 생물이 점차적으로 진화를 하도록 만들어두셨을 수도 있는 법이기 때문이다. 만일, 그런 논리가 가능하다면, 인간이 설사 진화를 했다고 하더라도 그것은 하나님의 창조물일 뿐이라는 논리를 벗어날 수가 없다.

인간은 하나님의 부분 창조에 의한 진화산물이 아니다. 왜냐하면, 하나님께서는 인간을 처음부터 완전하게 창조하셨기 때문이다. 창조하시되 자기의 형상을 따라 처음부터 창조하셨다. 한글 성경에는 "하나님이 자기 형상, 곧 자기의 형상대로…"라고 되어있지만, 히브리어 성경의 원문에는 웨이베라 엘로힘 (וַיִּבְרָא אֱלֹהִים) 이라고 되어 있다.

וַיִּבְרָא (웨이베라)의 בָרָא (베라)는 בָּרָא (바라)의 변형된 형태로서 '창조하다' 의 의미를 가지고 있다. 여기의 וַיִּבְרָא (웨이베라)는 so-he-created 라고 번역되어진다.

이 부분의 영어 성경을 다시 한 번 더 보면, 'So God created man in his

[own] image,(KJV, NIV, RSV)' 라고 되어 있어서 '하나님께서 자기의 형상을 따라 창조하셨는데' 라고 번역이 된다. 즉, 창조라는 단어가 들어가야 옳은데 한글 성경에서는 이 번역이 누락되어 있다. 그리고 단지 영어 성경의 LB만 'So god made man like his Maker.' 로서 '하나님께서 자기의 형상을 따라 창조를 하셨다' 라고 했다. 그러나 이 번역에서도 역시 'god made' 로 번역이 되어 있는 것을 볼 때, 히브리어 원어성경과 영어 성경에 있는 '창조하다' 는 표현이 오직 한글 성경에서만 누락되어 있다는 것을 알 수 있다.

사람을 창조하시되 남자와 여자를 창조하시고

1. '창조' 라는 단어가 본 절에서 세 번이나 언급된 이유

본문을 정확하게 번역해보면 '하나님께서 자기 형상을 따라 창조하시되, 곧 하나님의 형상대로 사람을 창조하시고, 남자와 여자를 창조하시며' 라고 할 수 있다. 원어와 우리말 번역상의 차이는 '창조하다' 라는 말이 우리말 성경에서는 두 번 번역이 되었고, 원어 성경에는 세 번 기록이 되어 있어서 한 번의 한글의 번역이 누락되어 있다는 것이다. 이 점을 특히 강조하고 있는 이유는, 하나님께서 친히 인간을 창조하셨다는 것에 대해 확실히 해두기 위함이다.

2. 하나님께서는 오직 한 남자만을 창조하셨다

본문에 기록되어진 '남자' 는 히브리어로 זָכָר (자카르)인데, 이는 남성 단수로서 '남성', '남자', '수컷', '사내' 등을 의미하는 단어로서 영어로는 'male' 이라고 번역을 할 수 있다. 하나님께서 오직 한 남자만을 창조했다고 하는 사실은 다음과 같은 의미를 가지고 있다.

(1) 인간이 만일 진화된 존재라면 한 사람만이 진화될 수가 없다. 여러 종류의 인간이 여러 형태를 가지고 진화를 했어야 옳을 것이기 때문이다.

(2) 다른 동물들은 처음에 많은 수를 가지고 동시에 창조되었다. 그러나 오직 인간은 한 남자만을 창조하셨다. 그 이유는, 지구상의 모든 인간들이 서로 다투거나 또는 힘 겨루기 등을 하지 말고, 항상 어느 곳에서나 한 가족처럼 서로 돕고 사랑하며 살아가기만을 바라서였을 것이다.

(3) 한 인간으로부터 인류가 비롯되었다는 말은 인류의 통일과 화합을 위해서였을 것이다. 통일의 반대개념은 분열이고, 화합의 반대개념은 전쟁이나 분쟁이다. 이러한 것들은 모두 하나님의 창조 섭리에서 크게 어긋나는 것들일 뿐이며, 인간들의 탐욕과 교만에 의해서 비롯되어진 것들일 뿐이거나, 또는 마귀의 작용에 의한 것들일 뿐이다.

3. 하나님께서는 여자도 오직 한 사람만을 창조하심

히브리어 נְקֵב(나카브)라는 말이 있는데, 이 단어는 '찌르다', '구멍을 내다', '찔러서 윤곽을 그리다', '유명하다' 등의 의미를 가지고 있고, 이 단어는 구약의 왕하 18:21, 사 36:6 등에서 사용되기도 했다. 본문의 נְקֵב (나카브)에서 נְקֵבָה (네케바)라는 단어가 파생되었고, 이 단어는 여성 단수 명사로서 '여성', '여자', '암컷' 이라는 의미를 가지게 되었는데, 이는 영어로는 'female' 이라고 번역된다.

이로서 우리가 알 수 있는 것은 다음과 같다.

(1) 태초의 한 남자는 여자로부터 비롯되지 않았다. 그 여자가 도리어 한 남자로부터 비롯되었을 뿐이다.

(2) 하나님께서는 한 남자를 만드셨을 뿐이고, 그 여자는 그 남자를 통해서 태어나게 하셨다. 이는 남자와 여자를 따로 분리해서 생각할 수 없다는 것을 의미한다.

(3) 남자는 여자를 혐오스럽게 생각해서는 안 된다. 여자는 남자의 일부분이기 때문이다.

(4) 여자는 남자를 무시해서도 안 된다. 왜냐하면, 여자는 원래 한 남자의 몸을 의지해서 만들어진 존재이기 때문이다.

(5) 남자는 여자를 사랑해야 한다. 여자는 자신의 일부분이기 때문이다.

(6) 여자는 남자를 존중해주어야 한다. 남자는 여자를 태어나게 하는 데 있어서 매우 중요한 재료를 공급해주었기 때문이다.

(7) 남자와 여자는 몸은 다르지만 사실상 하나이다.

4. 진화론과 창조론의 차이점

철학적인 질문으로 돌아가 보자. '너는 누구의 아들인가?' 그러면 '나는 아버지가 ○○이고, 어머니가 ○○이다'고 할 것이다. '그러면 너의 아버지는 누구의 아들인가?' 라고 하면 '할아버지는 ○○이고, 할머니는 ○○이다' 라고 할 것이다. 처음에 이런 식으로 계속 올라가는 것은 진화론이나 창조론이 다를 바가 없다. 그러나 진화론은 거슬러 올라가다 보면 자기의 조상의 조상은 원숭이로 그 원숭이의 조상의 조상은 아메바로 귀착되고 만다. 이에 반해 창조론은 자기의 조상을 따라 올라가다 보면 그 최종이 아담으로 귀착되고 만다.

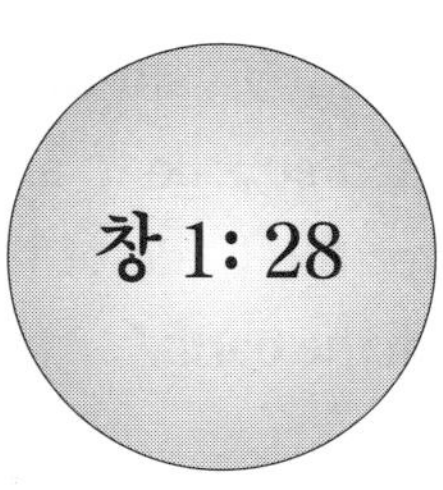

하나님이 그들에게 복을 주시며 그들에게 이르시되 '생육하고 번성하여 땅에 충만하라, 땅을 정복하라, 바다의 고기와 공중의 새와 땅에 움직이는 모든 생물을 다스리라' 하시니라.

KJV; And God blessed them, and God said unto them, "Be fruitful, and multiply, and replenish the earth, and subdue it: and have dominion over the fish of the sea, and over the fowl of the air, and over every living thing that moveth upon the earth."

  ☞ (1) replenish; ⟨땅을⟩사람이나 동물로 채우다, 보급하다, 보충하다

    (2) subdue; 정복하다, 복종하다, 압도하다, 억누르다, 억제하다

    (3) dominion; 지배권, 통치권, 영토, 영지, 자치권

NIV; God blessed them and said to them, "Be fruitful and increase in number; fill the earth and subdue it. Rule over the fish of the sea and the birds of the air and over every living creature that moves on the ground."

LB; And God blessed them and told them, "Multiply and fill the earth and subdue it; you are masters of the fish and birds and all the animals."

RSV; And God blessed them, and God said to them, "Be fruitful and multiply, and fill the earth and subdue it; and have dominion over the fish of the sea and over the birds of the air and over every living thing that moves upon the earth."

הַשָּׁמַיִם   וּבְכָל-   חַיָּה   הָרֹמֶשֶׂת   עַל-   הָאָרֶץ:
the-air   and-over-every-of   living   the-one-crawling   on   the-earth

הָאָרֶץ   וְכִבְשֻׁהָ   וּרְדוּ   בִּדְנַת   הַיָּם   וּבְעוֹף
the-earth   and-subdue-her   and-rule   over-fish-of   the-sea   and-over-bird-of

וַיֹּאמֶר   לָהֶם   אֱלֹהִים   פְּרוּ   וּרְבוּ   וּמִלְאוּ   אֶת-
and-he-said   to-them   God   be-fruitful   and-increase   and-fill   ***

וַיְבָרֶךְ   אֹתָם   אֱלֹהִים
and-he-blessed   them   God

하나님이 그들에게 복을 주시며,

1. 동물과 인간

창 1:22와 창 1:28은 원어로써 같다. 즉, 하나님께서는 동물들에게도 복을 주셨지만 인간들에게도 동일한 복을 주셨다는 것을 알 수 있다. 이로서 우리는 다음과 같은 면을 추정해볼 수 있다.

(1) 인간이나 동물이나 하나님의 창조물이라는 면에서 동등하다. 그러므로 인간은 동물들을 다스리고 통제하고 관리할 수는 있으되, 인간이 그것들을 학대할 수는 없다. 그것은 창조섭리에서 어긋나기 때문이다. 그러나 인간이 그것들을 지나치게 애호하는 것도 옳지 못하다. 인간과 동물은 동일하다고 볼 수 없으며, 인간은 어디까지나 동물의 비교 우위이다.

(2) 인간이 동물을 섬기는 것은 절대로 있을 수 없다. 동물이 인간을 섬기는 것도 또한 있을 수 없다. 인간이나 동물은 모두 섬김의 대상이 될 수가 없기 때문이다. 동물이나 인간에게 있어서 섬김의 대상이 될 수도 있는 것은 오직 하나님 한 분 외에는 없다.

(3) 어느 종교에서는 인간이 짐승으로 환생하기도 하고, 짐승이 인간으로 환생하기도 한다고 한다. 그러나 그것은 옳지 못한 이론일 뿐이다. 하나님께서는 동물들을 창조하셨고 그리고 그와 더불어 인간도 창조하셨다. 하나님께서는 동물들에게 혼을 부여하셨지만, 인간들에게는 영혼을 부여하셨다. 동물의 혼과 인간의 영혼은 상호 교류되어질 수 있는 성질의 것이 아니다. 즉, 상호교감은 있을 수 있으되, 상호교환될 수는 없는 것이다. 동물의 혼이 인간에게 배접될 수도 없다. 그리

고 인간의 영혼이 동물에게 혼입 될 수도 없다. 설사 그것이 마귀의 장난에 의해 교란될 수는 있어도, 하나님의 창조 원리에는 아예 있지도 않았었다.

(4) 하나님께는 인간과 동물 중에서 어느 것이 더 소중한 존재일까? 이런 질문은 창조의 섭리를 모르고 하는 것이다. 하나님 앞에서는 인간과 동물이 다같이 소중한 존재들이기 때문이다. 인간들은 자기의 입장에서 좀처럼 탈피하지 못하는 경향이 있다. 그래서 자기들만이 하나님 앞에 소중한 존재인 것으로 착각을 잘하지만, 하나님께는 둘 다 소중한 존재들일 뿐이다.

2. 하나님으로부터 복을 받은 인간

하나님께서는 인간들을 창조하신 것으로 그치지 않으시고 역시, 복을 내려 주셨다. 이에 대해서 다음과 같이 생각해 볼 수 있다.

(1) 하나님께서 인간에게 복을 주실 때, 어떤 이유나 조건이 내재되어 있었을까? 하나님께서 인간에게 복을 주신 것에 대해서는 사실 그 어떠한 이유나 조건도 내재되어 있지 않았다. 즉, 그것은 무조건적이었다. 그러면 왜 하나님께서는 무조건적인 복을 인간에게 내려주신 것일까? 그것은 우월자나 또는 초월자만이 하급자에게 할 수 있는 일이었다. 하급자인 인간은 상급자인 하나님께 어떠한 방법으로나 또는 어떠한 이유로도 복을 줄 수 없다. 하나님의 사랑하심에는 조건이 있으되, 복을 주신 데에는 이유나 조건이 없다. 복과 사랑은 같은 개념이 아니다. 복은 하향적인 것이지만, 사랑은 상향과 하향이 모두 가능한 것이기 때문이다.

(2) 하나님께서 인간을 창조하셨다. 그러나 창조만으로서는 부족하다는

생각을 하셨던 것 같다. 왜일까? 그 이유는, 인간이 태초에 100% 완전하게 창조된 존재가 아니었기 때문이었다. 완전한 자에게는 복이라는 게 사실상 필요 없다. 그 완전이라고 하는 것이 주는 복을 무색하게 만들어 버리고 마는 법이기 때문이다. 그것은 마치 가난한 자는 어떠한 방법으로도 물질로서는 부유한 자를 도울 수 없는 것과도 같은 이치다. 인간이 제 아무리 가진 게 많다고 하더라도, 제 아무리 잘났다 하더라도 하나님이 주시는 복이 없이는 살아갈 수 없다. 그 이유는 하나님만이 완전한 자요, 인간은 그에 비하면 턱도 없이 부족하기 짝이 없는 자들인 것이 때문이다.

⑶ 창조는 사랑의 결정체라고 할 수 있다. 왜냐하면, 사랑이 없이는 그 어느 것도 창조되어질 수 없는 법이기 때문이다. 사실 사랑의 정체(正體)가 무엇인가에 대해 밝혀내기 위하여 역사적으로 돌이켜볼 때 참으로 그 얼마나 많은 철학자들이 고뇌하고 번뇌하였는지 모른다. 사랑에 대해서 수도 없이 많은 문학가들과 시인들까지도 이에 대해 애절하게 노래만 하다가 말았다. 사랑을 하나의 단어로 압축하자면 그것은 책임이라고 할 수 있다. 사랑을 하려면 책임을 지지 않으면 안 된다는 말이고, 같은 맥락의 말로써 책임을 지지 않으려면 아예 사랑을 하려고 해서도 안 된다. 하나님께서는 어쩌면 동물들은 물론이지만, 인간까지도 사랑을 하고 싶으셔서 창조를 하셨는지도 모른다. 이는 마치 한 남자가 사랑을 하기 위하여 한 여자를 만나 결혼을 하는 것과도 같은 이치가 아닐까 한다.

그러나 인간은 때로 사랑을 한다고 하면서도 그 말 자체가 후에 거짓으로 드러나 버리고 마는 경우가 많다. 더러 무책임한 사랑으로 끝나버리고 마는 경우도 흔히 있기 때문이다. 하나님은 처음부터 그런 분이 아니셨다. 왜냐하면, 하나님은 인간을 창조하신 것으로 그치지 않으시고 끝까지 책임을 지려고 하셨다는 것이 엿보이고 있기 때문이다. 그것은 곧 인간에게 복을 주셨다는 것으로 충분히 증명이 된 셈이다.

(4) 그렇다고 해서 하나님께서 복을 주신 것에 대한 숨은 의도마저 없었다고 볼 수는 없을 것이다. 왜냐하면, 하나님을 섬기라는 의도가 처음부터 숨겨져 있었다는 것을 절대로 간과할 수 없기 때문이다. 복을 주시는 이도 여호와이시오, 복을 주시지 않으시는 이도 여호와이시며, 주신 복을 회수하시는 이도 여호와이시라는 것을 알 수 있다. 하나님께서는 틀림없이 겸손한 자에게는 복을 갑절로 주실 것이고, 교만한 자에게서는 주신 복마저 빼앗고자 하실 것이며, 하나님을 배반한 자에게는 복 대신 자손 대대로 저주를 주실 것이요, 하나님을 믿고 섬기는 자에게는 없는 복까지도 새롭게 만들어서 주시기도 하실 것이다 (신 28장 참조). 오직 하나님만이 복의 근원이 되는 분이시다.

그들에게 이르시되, 생육하고 번성하여 땅에 충만하라.

1. 하나님께서 주신 세 가지 복

하나님께서는 복을 아무렇게나, 적당하게나, 형식적으로 주지 않으셨다. 하나님께서 복을 주실 때 아래와 같이 매우 구체적이고도 확실하게 주셨기 때문이다.

(1) 생육의 복; 남자와 여자의 성적 결합에 의해 태어나게 되는 후손은 본능적인 것이라거나 진화론적인 것이 결코 아니라는 것을 알 수 있다.

왜냐하면, 그것은 창조 섭리의 일부이고, 하나님께서 인간에게 주신 복의 일부이며, 명령의 일부이기도 하기 때문이다. 인간의 체세포는 남자나 여자 할 것 없이 모두 23 쌍이고 46 개다. 그러나 남자의 정자나 여자의 난자 속에 있는 염색체 수는 각각 감수 분열을 거쳐 만들어진 것들로서 23 개씩이다. 이것이 성적 결합에 의하여 정자가 난자 속으로 들어가게 되면 46 개로써 23 쌍이 되고, 이것이 모체의 자궁 속에서 세포분열을 거듭 일으키게 되어 남자 또는 여자의 한 인간으로 태어나는 것이다. 이러한 모든 생태학적인 수태계획을 하나님께서는 태초의 인간으로부터 정하셨던 것이고, 그렇게 되도록 복도 주셨다.

(2) 번성의 복; 한 남자와 한 여자에 의해 오직 한 인간만을 잉태하고 만다면 인간은 머잖아 멸종의 위기에 처하게 될지도 모른다. 그러나 만일, 한 여자와 한 남자가 만나 많은 남자와 여자를 낳을 수도 있다면 번성의 가능성을 말해준다고 볼 수 있다. 다행히도 인간은 한 남자와 한 여자에 의해 많은 자녀를 낳을 수도 있게 창조되었다. 이것 역시 태초에 인간이 받은 축복이었다.

(3) 충만의 복; 충만이란 가득 차게 되는 상태를 말한다. 지구라는 땅덩어리는 매우 넓고, 인간은 그 넓은 땅 덩어리 위에서 단 한 사람의 창조로 시작이 되었다. 그럼에도 불구하고 하나님께서는 인간에게 복을 주실 때 '충만하라' 고 하시는 것이었다. 인간은 매우 성급하다. 그래서 그 말을 들을 때에 '어느 세월에?' 라고 했는지도 모른다. 그러나 현재 전 세계의 인구는 50억 내지는 60억에 이르고 있다. 하나님께서 주신 복대로 이루어진 것이다.

2. 단산(斷産)과 유산(流産) 등은 성경적인 것인가?

문화가 발달하지 못하고 의학이 발달하지 못한 나라들에서는 임신을 하게 되면 무조건 출산을 하게 된다. 그러나 문화가 발달하고 의학이 발달한 나라일수록 성은 자유롭되 원하는 경우에 한해서만 출산을 하고 있는 추세이다. 즉, 원하지 않는 아이는 산부인과에 찾아가서 곧바로 유산을 시켜버리고 만다. 물론 물질적인 여유가 없거나 미소녀들은 그 수술비마저도 엄두를 내지 못해 고의적으로 사산을 시켜버리거나 또는 출산 직후 소아를 몰래 죽이기도 한다.

선진국일수록 부부간에 아이를 아예 갖지 않으려는 부부들도 많고, 하나만 낳으려고 하거나, 설사 낳더라도 최대 둘이나 셋을 초과하지 않으려는 경향들을 가지고 있다. 특히 아이를 많이 낳은 사람들은 생각이 매우 짧은 사람으로 취급을 당할 정도다. 그래서 아이를 하나 또는 둘을 갖게 되면 곧바로 남자 또는 여자 둘 중의 하나가 불임 수술을 받기도 한다.

이러한 행위들은 과연 지혜로운 행위라고 할 수 있으며, 또한 성경적인 행위라고 할 수 있는 것인가? 아니면 의학의 오·남용이라고 해야만 할 것인가? 그러한 행위들을 죄와 악으로 규정지어야만 하는 것인가? 아니면 과학과 합리적 사고가 낳은 인간들만이 할 수 있는 문화적인 소산이라고 해야만 할 것인가? 이에 대한 인간들의 논란은 앞으로도 끊기지 않고 계속될 전망이다.

3. 단산과 유산은 필요악인가?

왜 선진국일수록 단산이나 피임이 장려되고 있고, 그것이 미덕으로 여겨지고 있는가? 그 이유는 출산한 자녀가 많아질수록 그만큼 수고도 더 많이 뒤따르기 때문일 것이다. 자녀의 양육비도 양육비이려니와, 고등교육을 시키기 위해서는 엄청난 교육비가 요구되고 있다. 현재, 누구인들 아이를 낳기 싫어서 낳지 않으려고 하겠는가?

문화가 발달한 나라일수록 교육비나 생활비는 참으로 엄청나기만 하다. 그렇다고 경제적으로 후진성을 면치 못하고 있는 나라라고 해서 생활비 걱정이나 교육비 걱정을 하지 않아도 되는 것도 아니다. 왜냐하면 후진국일수록 의식주 문제는 더욱 더 심각하게 대두되고 있기 때문이다. 현재로서는 개개인의 풀기 힘든 생활고로 인해 뭇 여성들이 산부인과를 찾고 있고, 의사들은 아무런 결론도 없이 이들의 딱한 요구에 응해주고 있다.

4. 태아 성감별을 어떻게 볼 것인가?

남자는 성장하면 장가를 가서 처녀를 맞아들이게 되고, 자기의 가문을 잇게 된다. 그리고 부모의 유산도 물려받는다. 그러나 여자는 성장하면 자기의 가족과 친척들을 뒤로하고 남자에게 시집을 가야만 한다. 그리고 일단 시집을 가게 되면 자기의 친정과는 멀어져야만 한다. 설사 자기가 낳은 아들이나 딸이라 할지라도 자기의 성을 따르지 못하고 남편의 성을 따라야만 한다. 여자가 일단 결혼을 하게 되면 실권 같은 것은 아예 있지도 않다. 왜냐하면, 모든 것이 남편과 시집에 귀속되어 버리기 때문이다.

여자는 평생을 남편과 시집을 위해 희생을 하지 않으면 안 된다. 그러다 보니 남존여비 사상이 생겨나게 되었고, 여아는 가급적 사산시켜버리고 가능한 한 남아를 출산해야만 한다는 묘한 논리가 생겨나게 되었다. 그러나 이는 하늘의 뜻에 정면으로 도전하는 극단적 이기주의의 발로요, 창조의 섭리에 크게 어긋나는 악행이므로, 하루 속히 근절되어야만 한다.

5. 시험관 아기를 어떻게 볼 것인가?

어떤 사람들은 결혼 후 임신이 안 되어 안절부절 하기도 한다. 그러다가 생겨난 것이 영국의 산부인과 의사들에 의해 시도되고 성공을 보게 된 시험관 아기에 의한 출산이다. 시험관 아기란, 배란기 때 자궁에 나온 난자를 꺼내고, 남자에게 미리 받아낸 정자를 섞어 3~4일간 시험관에 넣어두면 수정이 일어나게 되고, 세포분열이 일어나 포배기 상태에 이르게 되는데, 이때 수정란을 여자의 자궁에 넣어주어 임신을 인위적으로 시키는 것이다. 이는 현대의학이 연구해낸 또 하나의 쾌거 중의 하나로서, 불임부부에게 크게 이로운 것이기는 하나, 과연 그것이 하나님의 뜻에 부합하는가에 대하여는 의문이 많을 뿐이다.

6. 정자은행과 대리모 출산을 어떻게 볼 것인가?

시험관 아기 출산의 성공은 여러 가지 사회 부작용을 만들어낼 수도 있다. 왜냐하면, 남편의 정자와 아내의 난자를 이용해서 임신이 된다면 부부간의 갈등이 어느 정도는 해소될 수도 있으나, 이 방법이 만일 편법에 의해 사용된다면 많은 문제를 일으킬 수도 있기 때문이다.

첫 번째 야기될 수 있는 문제는, 남편의 정자가 아닌 다른 정체 불명의 남자의 정자를 정자은행에서 구입하여 임신하였을 때다. 이는 아내의 아이이기는 하지만, 남편이 아닌 다른 남자의 씨인 것이다. 물론 생각하기 나름이겠지만, 평생 동안 정신적으로 갈등을 겪지 않을 것인지에 대하여는 깊이 생각해보아야만 할 문제다.

또 하나 유발될 수 있는 문제는, 정자는 남편의 것이로되 만일 난자를 난자은행에서 구입하여 임신하였을 때의 문제일 것이다. 이는 분명 남편의 씨이기는 하지만, 자기의 난자가 아닌 다른 여자의 난자라면, 자신은 대리

모가 되어 다른 여자의 아이를 출산한 것이 되는 것이다. 이것도 역시 생각하기 나름이겠지만, 그러나 평생 동안 정신적으로 갈등을 겪지 않을 것인지에 대하여는 다시 한번 더 생각해보아야만 할 문제다. 그리고 이러한 행위들이 과연 합리화되고 정당화 될 수 있는 것들이며, 또한 창조주 하나님 앞에 합당한 것인가에 대하여는 더 기도해볼 문제가 아닐까 한다.

7. 복제 인간을 어떻게 볼 것인가?

시험관 아기는 불임부부의 고민과 갈등을 덜어주기 위하여 연구된 것들이라 어느 정도 합리화 될 수는 있었을 것이다. 그러나 복제인간에 대한 연구는 과연 하나님 앞에 용납될 수 있는 것일까? 하나님의 창조의 법칙은 한 남자의 정자와 한 여자의 난자가 만나서 수정을 해서 임신이 이루어지도록 하였다.

앞에서도 언급했듯이 정자에는 23 개의 염색체가 있고, 난자에도 역시 23 개의 염색체가 있다. 이러한 정자와 난자가 각각 일대 일로 만나서 수정과 임신이 이뤄지게 되어 있는 것이다. 이렇게 만난 정자와 난자는 핵의 융합이 이루어진 후, 46 개의 염색체가 23쌍이 되어 하나의 세포가 형성되게 되고, 이것이 분열을 거듭하여 하나의 인간이 탄생되게 되어 있다. 이렇게 만들어진 세포를 체세포라고 하며, 체세포 이전의 난자와 정자의 세포를 생식세포라고 한다.

그러므로 한 인간의 체세포는 부계로부터 받은 23 개의 염색체와 모계로부터 받은 23 개의 염색체로 이루어져 있다. 그런데 현대의 첨단 과학은, 소위 한 인간(남자이건 여자이간 성에는 무관하다.)의 체세포에서 핵을 꺼낸 후, 한 여자의 난자로부터 핵을 제거시켜버린 뒤 여기에 이 체세포의 핵을 투입하여 인위적으로 시험관에서 배양을 시키킨 후, 포배상태가 되면 여자의 자궁에 투입시켜 임신을 하게 하는 것이다. 이런 식으로 임신된 아이는 어머니의 영향은 전혀 받지 않게 되고, 체세포의 원래 주인의 영향만을 받게 되어, 체세포 주인의 복제 인간으로 탄생하게 된다.

여기에 많은 문제가 있음이 이미 연구된 바 있고, 학계에서나 종교계에서도 거센 반발이 일고 있다. 그러나 많은 유전공학자들은 암실에서 비밀리에 복제 동물이나 복제 인간을 만들어 보고 있다. 이미 어느 정도는 성공을 거둔 상태이기는 하지만, 이는 창조의 섭리에 크게 위반되는 일이 되기 때문에, 인류 초기의 바벨탑 건설 못지 않게 하나님의 징계가 임하게 될 것으로 보고 있는 것이다.

8. 줄기 세포의 연구에 대한 생명 윤리 문제

태초의 범죄 이전과 범죄 이후 그리고 노아 홍수 이전과 홍수 이후의 육체는 체질상 크게 달라지게 되었다. 왜냐하면, 죽지 않겠다던 인간이 범죄의 대가로 인하여 죽게 되는 운명이 되었고, 노아 홍수 이전에는 600 세 이상 살 수 있었는데, 노아 홍수 이후에는 약 120세 전후로 생명이 크게 단축되었기 때문이다.

실제로 노아 홍수 이후에는 그 이전에 비해 세포에 이상이 생겨나기도 했고, 체내에서 합성되는 많은 영양소들의 합성이 일어나지 않게 되었거나, 불필요한 성분들이 생겨나기도 해서 노화를 촉진시키게 되었다. 그 이후로 난치병이나 불치병도 무척 많이 생겨나게 되었다. 세포 중에는 재생이 되거나, 배양이 되는 세포도 있다. 그러나 어떤 세포는 재생이나 배양이 전혀 불가능한 것도 있다.

만일, 이 세포가 병을 치료하기 위한 세포라면 의학적으로 난감해지고 만다. 그러나 이에 대한 연구를 해냈다. 즉, 줄기 세포의 경우는 재생은 물론이고 배양도 가능하다는 것이다. 이 세포는 성인에게는 아주 적고, 아직은 배아 상태(임신 8주 미만을 배아라고 한다.)에 있는 세포들이 줄기 세포로 활용될 수 있다. 그래서 배아를 꺼내어 줄기 세포를 분리해낸 후 이것을 난치병 치료에 이용해 보겠다는 것이다. 그러나 이는 생명을 구하기 위해 또 다른 생명을 담보로 해야만 하는 문제점을 안고 있기에 전 세계의 신학자들과 인류학자들이 반발하고 있다.

9. 하나님께서 친히 복을 주셨다.

하나님께서는 생육의 복, 번성의 복, 충만의 복을 친히 주셨다. 그러면 하나님께서는 이러한 여러 문제들이나 의식주의 문제 및 교육비 문제 등이 유발된다는 사실을 모르셨던 것일까? 아니다. 하나님께서는 이러한 문제가 있게 될 것에 대해 처음부터 아셨음에도 불구하고 위의 세 가지 축복을 주셨던 것이 사실이라면, 이에 대해서도 무엇인가 틀림없이 근본적인 해결책을 가지고 계셨을 것이다.

어쩌면 그에 대한 대책이 곧 사회 보장 제도의 발달과 불우이웃돕기의 활성화 또는 부의 재분배와 기도를 통한 해결 등이 그것이었다고 본다. 역사를 돌이켜보자면 그 동안 인간의 이기심과 말할 수 없는 탐욕 등으로 말미암아 약육강식의 사회로만 끝없이 치닫고 있었다.

땅을 정복하라

1. '정복하다' 는 단어의 의미

본문에서 '정복하다' 라는 의미의 단어에는 히브리어 כָּבַשׁ (카바쉬)가 사용되었다. 이 단어는 해석상 매우 미묘한 단어라는 생각이 들기 때문에 매우 주의를 기울이고자 한다. 먼저, 이 단어가 구약성경의 다른 부분에서 어떻게 해석되고 있는가에 대해서부터 살펴 보겠다.

(1) 슥 9:15, 미 7:19 → 밟다

(2) 대하 28:10 → 압제하다

(3) 에 7:8 → 강간하다

(4) 창 1:28, 삼하 8:11 → 정복하다

(5) 렘 34:11, 대상 22:18 → 복종시키다

(6) 느 5:5 → 종으로 팔다

כָּבַשׁ (카바쉬)는 위와 같이 구약 성경에는 6회 정도에 걸쳐 각각 다르게 번역이 되어져 있다. 위의 성경 구절들을 매우 주의깊게 살펴보면 כָּבַשׁ (카바쉬)는 순간적인, 또는 지속적인 강자로서 약자를 짓밟거나 또는 통제한다는 뜻을 가지고 있음을 알 수 있다.

2. 땅을 정복하라는 것

하나님께서 태초에 인간들에게 복을 주실 때 '땅을 정복하라' 고 하셨다. 이 말씀은 다음과 같은 의미를 가지고 있다고 볼 수가 있다.

(1) 이 말씀은 인간들이 개발이라는 명분을 가지고 지각을 임의로 파괴시키고 변경시켜도 좋다고 하는 뜻으로 하셨던 말씀은 아니었다. 즉, 인간에게 환경파괴를 허용했다고 볼 수는 없다.

(2) 이 말씀은 환경을 파괴시키지 않는 범위 내에서 의식주 활동을 해도 좋다는 것을 허용하신 것으로 보인다.

(3) 이 말씀은 지구 전역에 걸쳐 임의로 여행을 해도 좋다는 것을 허용하신 것으로 보인다. 예를 들어, 인간이 히말라야의 정상을 오르게 되었

을 때 '인간이 그 산의 정상을 밟았다' 고도 하지만, 때로는 '인간이 그 산을 정복했다' 고도 하기 때문이다.

(4) 이 말씀은 인간들에게 지구상 전역에 걸쳐 개발에 제한을 두시지 않으시겠다는 말씀으로 풀이된다고 볼 수 있다. 개발이란 인간의 필요와 용도에 맞게 적당하게 변형하는 것을 말한다. 그렇다고 이 말씀이 환경파괴에 대해 부분적으로 허용해두신 말씀이라고 볼 수는 없다.

(5) 여기에서 환경 문제를 거론하는 것은, '땅을 정복하라' 는 말씀에 대해 인간이 그동안 너무나 많이 오해를 하고 있었다는 생각이 들기 때문이다. 성경에 있는 말씀은 성경에 있는 말씀이다. 그러나 성경에 없는 말씀은 성경에 없는 말씀이다. 성경에 없는 말씀까지 성경에 있는 것으로 해석을 하는 것은 잘못된 성경해석법이다.

(6) 성경에는 '땅을 정복하라' 고만 하셨다. 이 말씀 속에는 '어느 정도의 개발을 허용한다' 는 의미가 함축되어 있다. 그러나 '개발을 할 때 환경을 마구 훼손해도 된다' 는 의미는 전혀 함축되어 있지 않다.

(7) 강을 가로지르는 교량을 건설하거나, 또는 육지와 섬을 연결하는 매우 긴 교량을 건설하는 것 등은 '땅을 정복하는 것' 이 된다. 그러므로 이것이 환경을 훼손했다고 볼 수는 없다.

(8) 주택이나 빌딩을 신축하기 위하여 척박한 땅의 일부를 파서 올릴 수는 있다. 이것은 땅을 정복한 것이 된다. 그러나 녹지를 마구 훼손하고 그곳에 집을 짓고 빌딩을 신축하였다면 이것은 환경을 파괴한 것이 된다. 이는 '땅을 정복하라' 는 것을 인간이 악용한 것이 된다. 이는 엄연히 성경에 위배되는 것이다. 그러나 그곳에 빌딩을 짓고 건축물을 짓기는 하였지만, 처음과 거의 비슷하게 원상 복구하여 녹지를 조성했다면 이는 절대로 환경을 파괴한 것이라고 단정 지을 수는 없다.

(9) 수력발전을 일으키기 위하여 댐을 축조하는 공사는 엄연히 땅을 정복하는 행위다. 댐을 축조하는 과정에서 수 만평이나 또는 수십 만평의 땅의 수몰이 불가피하다면 이는 환경 파괴임이 분명하다. 그러나 수몰이 되는 곳의 땅을 소유하고 있는 몇몇 지주들이 피해를 보게 된다고 하여 환경파괴만을 운운하는 것은 극단적인 이기심의 결과라고 밖에 볼 수 없다.

그곳에 댐을 축조함으로서 홍수의 피해를 막고, 농업용수나 공업용수나 식수로 개발을 하고, 수력발전을 일으키는 과정들로부터, 설사 일부 지역이 불가피하게 수몰될 수도 있다고 할지라도, 인간의 입장에서 볼 때, 실(失)보다 득(得)이 더 많다고 한다면, 그것은 환경 영양 평가에서 매우 좋은 결과를 기대할 수도 있다. 그러므로, 환경파괴라는 명목으로 무조건 매도시키는 것은 옳지 못한 것이다.

(10) 농사를 짓기 위하여 척박한 불모의 땅을 개간하는 것은 '땅을 정복하는 것' 이 된다. 이는 성경에 위배되지 않는다. 그러나 농토를 개간한다고 하면서 푸른 녹지를 마구 훼손하는 것은 땅을 정복하는 것이 아니다. 이는 땅을 파괴하는 것이며, 엄연히 환경을 훼손하는 것이다. 인간들이 이러한 짓을 해도 된다고 성경은 가르치고 있지도 않다.

(11) 주생활 공간이나, 상업용도의 공간이나, 또는 공업용도의 공간 및 위락 시설의 설치나, 농사를 지을 공간 등이 부족하다는 명목으로 해양의 일부를 메워 나가는 간척사업 등은 땅을 정복하고, 땅을 확장하고 있다고 하기보다는 환경을 파괴하고 있음이 분명하다. 설사 국책사업이라 할지라도 지형의 변경은 인간의 탐욕으로 비롯된 것들이라고 밖에 볼 수가 없기 때문이다. 국토를 살펴보면 굳이 바다를 메워 나가지 않더라도 적당히 개발을 할 수 있는 곳들이 사실상 매우 많다.

(12) 많은 이방 종교인들은 말하기를 '성경은 환경파괴를 일부 허용해 놓았다' 고 하며 이 구절을 들어 비방하기를 멈추지 않고 있다. 그러나 성경은 분명히 '환경을 파괴해도 좋다' 고 하지는 않았다. 그리고 하나님께서 인간들에게 '환경을 파괴하라' 는 말씀은 더 더욱 하신 적도 없으셨다. 오히려 그렇게 비방을 멈추지 않고 있는 이방 종교인들이 자연 환경이 수려한 지역에 사찰 등을 짓고 있는 경우가 무척 많아서, 도리어 그들이 환경을 함부로 파괴하지나 않았던가에 대해 반성해야 할 일이 아닌가?

(13) 생각없이 함부로 말을 하면 막말이 될 수 있다. 수년 전 B라는 승려가 세계환경대회에 참가하여 '기독교는 환경파괴의 이론적 근거를 제시한 종교' 라고 비방을 한 적이 있었다. 그러므로 '기독교는 환경 파괴의 주범' 이라고 대표 연설을 해서 전세계의 환경론자들로부터 격찬을 받았던 적이 있었다. 그러나 이 말은 사실상 논리적으로 볼 때 전혀 말이 안 된다. 왜냐하면, 다음과 같이 네 가지를 들어 반박할 수 있기 때문이다.

① 전 세계의 건설업계는 모두가 기독교계가 이론적으로나 실제적으로 주도하고 있다는 것인가?

② 불교국가에서는 환경파괴를 하지 않기 위해서 아무런 개발도 하지 않고 있었던가?

③ 현대의 눈부신 문명들은 오로지 기독교만의 공로로 인정을 해줄 것인가?

④ 불교인들은 환경파괴 때문에 모두 건축물에 대한 축조를 포기하고 있었던가? 또는, 불교인들은 사찰을 축조할 때 과연 전혀 자연환경을 훼손하지 않고 있었던가? 이러한 논리적인 질문에 대해 어

떻게 답변할 것인가에 대해 단 한번만이라도 생각을 해보았더라면 그런 무모한 발언은 함부로 하지 못했을 것이다.

3. 땅을 정복할 수 있도록 허용 받았다는 것의 진정한 의미

우선 '정복하다(subdue)' 라는 단어를 혼동해서는 안 된다. 물론 정복하는 것은 제압하는 것일 수 있고, 압박하는 것일 수도 있으며, 구속하는 것일 수도 있다. 무조건적인 압박, 무자비한 핍박, 무분별한 제압 등은 악행이라고 단정짓지 않을 수 없다. 하나님께서 인간들에게 '정복하라' 고는 하셨어도, 무분별하고도 무차별적으로 훼손하라고 하시지는 않으셨으며, 무자비하게 파괴하라고는 더 더욱 하시지 않으셨다는 것을 간과해서는 안 된다.

땅을 정복한다는 것의 의미는 자연에 대하여 유익하게 이용하라고 하는 것과 적절하게 활용하라고 하는 것에 대한 허용이었다고 여겨지는 바이다. 그리고 보존을 전제로 하는 개발에 대한 허용이었고, 복구를 전제로 하는 건설이었다는 것이다. 땅이나 자연이나 수자원 등은 모두 하나님께서 직접 지으신 것들로서 인간이 주인이 아니라 오직 그분만이 주인이시지만, 단지 이러한 것들의 활용에 대해 잠정적으로 허용을 하셨다는 뜻이다. 아울러서 하나님께서 창조하신 것들이기 때문에 그 어느 것 하나 손대지 말라고 하는 절대 금지에 대한 해금(解禁)이었을 뿐이라고 하는 사실을 잊지 말자는 것이다.

바다의 고기와 공중의 새와 땅에 움직이는 모든 생물을 다스리라 하시니라.

1. 다스린다는 것의 의미

다스린다는 것의 의미는 다음과 같이 요약될 수 있다.

(1) 동물들에게 질서를 유지하도록 도우라는 말씀이었다. 하나님은 질서의 하나님이시다. 인간들도 하나님의 속성을 닮은 상태로 태어난 존재들이기 때문에 당연히 질서를 지켜야만 하는 의무가 있는 것은 물론이다. 또한, 동물들에게까지 확대하여 질서를 유지하도록 통제해야만 하는 의무도 주어졌다. 그 이유는, 동물들에게까지 그것을 기대하기가 어려웠기 때문이다.

(2) 동물들로 하여금 청결을 유지하도록 도우라는 말씀이었다. 인간들은 화장실을 만들어 사용한다. 그러나 동물들에게까지 그러한 것을 기대하기란 어려운 일이다. 청결의 반대 개념은 불결이다. 청결이 만일 하나님으로부터 비롯된 것이라면 불결은 어쩌면 마귀로부터 비롯된 것일지도 모른다. 물론, 동물이 마귀에게 속한 것이라고 말할 수는 없다. 이로써 하나님께서는 동물들을 인간보다 약간 못하게 만들어두셨다고 보아야 옳다. 그런 이유로 해서 인간들에게는 동물들의 청결까지 뒤돌아 보아야만 하는 의무까지 주어지게 된 것이 아닐까 한다. 지금도 목축업을 하는 자들은 동물들의 청결을 유지하기 위하여 적지 않은 예산을 투자하고 있는 실정이다.

(3) 동물들 상호간에 화목한 환경을 유지하도록 도우라는 말씀이었다.

인간에 비하여 훨씬 생각이 짧은 동물들은 원래 그들의 내면에 본능적이고도 야수적인 면들을 가지고 있다. 그래서 그들에게는 적절한 규제와 통제가 필요했다. 인간에게는 태초에 그러한 그들을 규제하고 통제해야만 하는 의무도 아울러 주어지게 되었다.

⑷ 인간은 동물에게 지배될 수 없다는 것을 제정한 말씀이기도 했다. 인간의 몸집이 짐승에 비하여 현저하게 작게 창조되었더라도, 또는 인간의 힘이 그들에 비하여 현저하게 나약하게 창조되었다고 하더라도, 인간은 태초에 동물을 다스리도록 창조되었다는 것이다. 과거에 우리 조상들도 때로는 호랑이나 곰이나 뱀 등을 섬기기도 했다. 지금도 지구상의 어떤 사람들은 독수리나 고래나 사자 등을 섬기기도 한다. 그러나 이것은 누가 뭐라고 하더라도 창조 질서에 크게 위배되는 것으로서 창조주 하나님 앞에서 큰 죄를 범하고 있는 것이 된다. 인간의 그러한 자기 비하는 하나님께 결코 죄가 되지 않는다고 변호할 수 없다.

2. 다스리는 방법

다스리라는 말은 학대해도 좋다는 것을 의미하지는 않는다. 또한, 다스리라는 말은 그것들을 임의로 죽이고 살려도 좋다는 것을 의미하지도 않는다. 말씀 속에는 그것들을 사랑으로 통제하라는 속뜻이 담겨져 있다. 하나님께서는 그 모든 것들을 사랑으로 창조하셨다. 하나님께서 사랑으로 창조하신 것을 인간이 폭력으로 바꿔서도 안 되고, 바꿀 수도 없다. 그것은 창조의 섭리에서 크게 어긋나기 때문이다. 태초의 동물들은 인간의 통제에 절대복종했을 것이다. 가라면 가고, 서라면 서고, 오라면 왔을 것이다. 이러한 통제구조 역시 하나님이 제정하셨다. 그렇지 않았더라면 그것들을 다스리라고 했을 리도 없을 것이기 때문이다.

3. 지배자와 피지배자의 관계의 정립

인간 위에 인간 없고 인간 아래 인간 없으나, 식물은 동물을 위한 것이고, 동물들간에도 상호 협조적인 관계가 있는가하면 상호 상극관계, 또는 상호 대립관계에 놓여 있는 것들도 있다. 이런 식으로 해서 먹이사슬로 연결되게 되는데, 이것을 연결하면 삼각형 구도를 이루게 된다. 먹이사슬은 태초부터 만들어졌던 것은 아니다. 태초에는 동물들간에 먹고 먹히는 관계가 아니라, 상호 공존 관계요, 상호 보완 관계였을 것이기 때문이다.

그러나 인간의 점진적인 타락과 하나님에 대한 대립관계에 놓이게 되면서 이러한 창조질서는 하나하나 무너지기 시작했을 것이고, 새로운 먹이 연쇄가 성립되었을 것이다. 인간과 동물의 관계는 처음부터 지배자와 피지배자 관계로 설정되었던 것으로 보여지고 있으며, 이것은 창조질서의 하나였을 것이다.

4. 어떻게(How) 다스리라는 것인가

인간이 들에서 노니는 짐승들을 다스린다는 것은 쉽게 상상이 간다. 그러나 지상의 인간이 공중에서 날아다니는 새들을 어떻게 다스렸는지 모른다. 이를 위해서 어쩌면 하나님께서는 가끔 새들을 일정한 장소에 모이도록 해서 인간으로 하여금 그것들을 다스리도록 했거나, 날아다니는 새들에게 어떤 신호를 보내도록 해서 인간들의 부름에 응하도록 했을 것이다. 하나님께서는 그러한 방법을 태초에 만들어두셨을 것이고, 이것을 인간에게 가르쳐 주셨을 것이다.

바다 속의 고기들도 다스리라고 하셨는데, 바다 속 깊은 곳에서 살고 있는 고기들을 어떻게 다스렸는지 모르겠다. 어쩌면 바다 속의 고기들에게 초음파 등의 신호를 보낸 후에 그 종류별로 일정 기간 동안에 일정한 장소에 모이도록 하지 않았을까 한다.

그러나 우리는 현재 공중의 새나 바다의 고기들을 어떻게 다스렸는가에 대해 알 길이 없다. 아무튼 현재는 인간이 호랑이나 사자나 큰 뱀이나 악어나 독수리나 고래나 상어 등을 다스리고 있는 것은 아니다. 오히려 그것들에게 위협을 당하고 있을 뿐이며, 심지어 작은 짐승들마저도 인간이 길들이지 않는 한 전혀 통제가 이루어지지 않고 있다. 인간의 범죄로 말미암아 창조질서가 깨져있는 것이다.

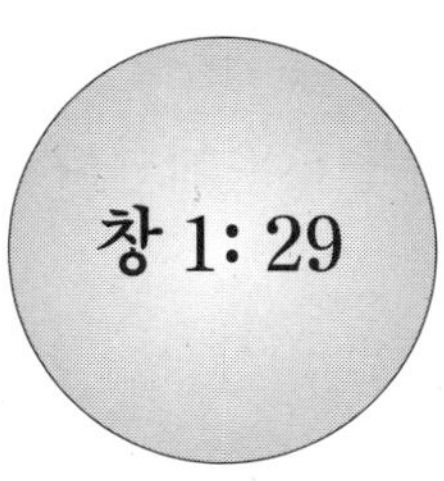

하나님이 가라사대 '내가 온 지면의 씨 맺는 모든 채소와 씨 가진 열매 맺는 모든 나무를 너희에게 주노니, 너희 식물이 되리라.'

KJV; And God said, Behold, I have given you every herb bearing seed, which [is] upon the face of all the earth, and every tree, in the which [is] the fruit of a tree yielding seed ; to you it shall be for meat.

NIV; Then God said, "I give you every seed-bearing plant on the face of the whole earth and every tree that has fruit with seed in it. They will be yours for food."

LB; And look! I have given you the seed-bearing plants throughout the earth, and all you fruit trees for your food.

RSV; And God said, "Behold, I have given you every plant yielding seed which is upon the face of all the earth, and every tree with seed in its fruit ; you shall have them for food."

לְאָכְלָה׃	יִהְיֶה	לָכֶם	זֶרַע	זֹרֵעַ	עֵץ	פְּרִי־	בֹּו	אֲשֶׁר־
for-food	he-will-be	for-you	seed	seeding	tree	fruit-of	in-him	which

הָעֵץ	כָּל־	וְאֶת־	הָאָרֶץ	כָל־	פְּנֵי	עַל־	אֲשֶׁר	זֶרַע
the-tree	every-of	and	the-earth	whole-of	face-of	on	which	seed

זֹרֵעַ	עֵשֶׂב	כָּל־	אֶת־	לָכֶם	נָתַתִּי	הִנֵּה	אֱלֹהִים	וַיֹּאמֶר
seeding	plant	every-of	***	to-you	I-give	see!	God	then-he-said

하나님이 가라사대, 내가 온 지면의 씨 맺는 모든 채소와

1. 온 지면의 의미

현재 지상에는 기후에 따라 식생(植生)이 다르게 되어 있다. 그리고 저지대와 고지대에 살고 있는 식물들도 서로 다르다. 그 뿐만이 아니다. 현재 식물 중에는 먹을 수 있는 것들도 있지만, 어떤 식물에는 독성이 있는 것들도 있다. 그런데 하나님께서는 '온 지면'이라고 하셨다. 이 말씀으로서 모든 식물들을 사람이 먹을 수 있도록 허락하셨다는 것을 알 수 있고, 초기의 식물들에게는 그러한 독성도 전혀 없었다는 것에 대해서도 알 수 있다.

2. 씨 맺는 모든 채소의 의미

히브리어 זָרַע (자라)라는 단어는 기본어로서 '심다', '씨뿌리다', '뿌리다', '파종하다', '맺다' 등의 의미를 가지고 있다. 또한 본문의 זֶרַע (제라)라는 단어는 앞의 זָרַע (자라)라는 단어에서 파생된 단어로서 '파종', '씨', '자손', '소산', '결과' 등의 의미를 가지고 있다. זֶרַע (제라)는 아람어의 זֶרַע (제라)와도 같은 의미이다.

식물학적 분류로서는 '씨 맺는 채소'는 '나자 식물'이라고도 하고, '겉씨 식물'이라고도 하는 식물을 의미하는 것으로 여겨진다. 은행이나 딸기나 소철 등은 나자 식물에 속하는 것들이다. 그러나 이러한 식물들만을 국한하신 것이 아니라, 씨를 맺는 모든 식물들이 아닐까 한다. 즉, 무, 배추, 상추, 시금치, 아욱, 쑥갓, 고추, 벼, 보리, 밀, 조, 수수, 옥수수, 콩, 참깨나 들깨 등도 씨를 맺고, 그것들은 현재 식용으로 사용되고 있기 때문이다. 아마 씨를 뿌려 소출을 거둘 수 있는 모든 식물들을 의미했을 것이다. 그리고 현재 채소로 분류되고 있는 오이, 호박, 토마토, 수박, 참외 등도 여기에 속한다. 이것들도 모두 씨로 파종하기 때문이다.

씨 가진 열매 맺는 모든 나무를 너희에게 주노니,

1. 씨 가진 열매 맺는 모든 나무의 의미

히브리어 פָּרָה (파라)는 기본어로서 '열매를 맺다', '풍부하다', '결실이 풍부하다', '생육하다', '번성하다' 등의 의미를 가지고 있다. 또한 본문의 פְּרִי (페리)는 앞의 פָּרָה (파라)에서 파생된 단어로서 '과일', '실과', '열매', '산물', '소산' 등의 의미를 가지고 있다.

식물학적 분류로서는 '씨 가진 열매 맺는 나무'는 '피자 식물'이라고도 하고, '속씨 식물'이라고도 하는 식물을 의미하는 것으로 여겨진다. 대부분의 과일 나무는 모두 속씨 식물이다. 지질학이나 고생물학에서는 중생대 때 나자 식물이, 신생대 때 피자 식물이 번성한 것으로 보고 있다. 여기에서 앞의 나자 식물과 더불어 피자 식물들까지도 하나님께서는 인간들의 식물로 허락하시고 있음을 알 수 있다. 그러므로 모든 피자 식물들 즉, 모든 과일 나무들 역시 처음에는 인간들이 먹을 수 있도록 창조되었고, 또한 인간들에게 먹이기 위해 창조되었던 것으로 보인다.

2. 씨 없는 식물은 먹을 수 없는 것인가?

하나님께서 인간들에게 태초에 주신 식물(食物)들은 씨와 연관이 있었다. 즉, 씨 맺는 모든 채소와 씨 가진 열매 맺는 모든 나무가 인간들의 식물로 주어졌었기 때문이다. 그런데 현재 인간이 먹고 있는 것 중에는 고구마나 감자 등이 씨로 번식하지 않고 있다. 그런 것은 먹어서는 안 된다는 것인가? 만일, 감자나 고구마 등도 열매로 본다면 먹어도 된다고 본다. 그리고 그러한 것들을 먹어도 되는가, 또는 먹어서는 안 되는 것인가에 대해 의문을 가질 필요는 없다고 본다. 그러한 것들이 영양학적으로 충분히 검증이 된 상태이고, 지구상 전역의 사람들이 거의 식용으로 이용하고 있다.

너희 식물이 되리라

1. 태초에 식물로 허락하셨던 것

태초에 창조주 하나님으로부터 인간이 먹어도 좋다고 허락된 식물(食物)들은 크게 대별하자면 '야채'와 '곡식'과 '과일'로 대별된다고 할 수 있다. 그리고 현재도 지구상 전역의 인간들은 대부분 이것들을 주식 또는 부식으로 삼고 있다. 한 가지 주의를 해야만 할 것은, 하나님께서 태초의 인간들에게 육식을 허락하신 적이 없다는 점이다. 육식을 하기 위해서는 동물을 가두어 기르거나, 동물을 길들여야만 하며, 그뿐만 아니라 동물들을 살육해야만 한다. 왜냐하면, 죽은 것만을 골라 먹을 수는 없는 일이고, 성경의 다른 부분에서는 도리어 죽은 고기는 먹지 말라고 금하고 있기 때문이다(레 7:24, 17:15 참조).

현재, 인간은 죄와 탐욕으로 말미암아 동물들을 취미로 죽이기도 하고, 식용으로 하기 위해 죽이기도 하며, 심지어는 인간이 인간을 아무 이유 없이 살해하기도 하고, 전쟁이라는 명목 하에 단번에 수백 내지는 수억 명을 죽이기도 한다. 이러한 행위들은 모두 창조의 섭리에 크게 어긋나 있다. 원칙적으로는 하나님의 뜻에서 벗어나 있다. 물론, 하나님께서는 노아 홍수 후에 동물들을 먹어도 좋다고 허용하셨고, 또한 모든 전쟁은 여호와께 속했다고 하며, 인간들의 전쟁까지도 하나님이 주관하신다는 식으로 말씀하고 계시기는 하지만(대하 20:15 참조), 그렇다고 해서 그것이 하나님의 뜻은 아니었을 것이다.

2. 식물의 특성

모든 식물들의 잎은 주변에 이산화탄소와 수증기가 있고 적당한 온도가 유지되고 있을 때, 적당하게 태양 빛이 비치면 광합성을 일으키게 된다. 식물의 잎에서 광합성이 일어나게 되면 수증기와 이산화탄소는 엽록체에서 포도당이나 녹말을 합성해내게 된다. 그러므로 광합성은 식물이 살아가기 위한 필수적인 요소이기도 하다.

그러나 모든 식물이 광합성에만 의존하고 있는 것은 아니다. 식물들은 제각기 토양 속의 무기물들을 선택 흡수도 하고 있기 때문이다. 식물들마다 그것들이 토양으로부터 먹고 자라는 무기물 성분은 제각기 다르다. 예를 들어, 벼가 토양으로부터 섭취하는 성분과 옥수수가 토양으로부터 섭취하는 성분이 각기 다르다. 그 외에도, 수박은 수박대로, 토마토는 토마토대로 토양으로부터 섭취하는 성분이 제각기 다른 것이다.

독버섯이 토양으로부터 섭취하는 성분과 표고버섯이 토양으로부터 섭취하는 성분도 물론 같지 않다. 즉, 표고버섯은 나무나 토양으로부터 인간에게 매우 유용한 성분을 선택 흡수하는 반면에, 독버섯은 인간에게 매우 유독한 성분을 토양으로부터 선택 흡수하게 되는 것이다. 그렇기 때문에 표고버섯에는 에르고스테롤이라는 성분이 함유되어 있어서, 그것을 섭취하게 되면 피하에 머물다가 자외선을 받게 될 때, 비타민 D가 합성되게 하여 인간으로 하여금 구루병에 걸리지 않도록 도와주고 있다. 그러나 인간의 부주의로 자칫 잘못하여 독버섯을 먹게 되면 체내에서 거부 반응이 일어나 피를 토하고 죽게 된다. 태초에는 이러한 독이 있는 식물 등은 창조되지 않았을 것이다.

3. 토양과 식물과 동물과 인간의 관계

모든 식물들과 곤충들을 비롯한 모든 육지에서 서식하고 있는 동물들과 인간 등은 물론 제각기 다르기는 하지만 - 진화론에서는 모두 그 출발점이 같다고 하며, 동일시하고 있다 - 하나님께서 그러한 모든 것들을 흙으로 만드셨다고 하는 상호간의 공통분모를 가지게 된다. 그런 면에서 보자면 흙이야말로 모든 동 · 식물들의 탯줄이라고 해도 과언이 아니다.

토양의 오염은 식물의 오염을 일으키고, 식물의 오염은 모든 곤충의 오염을 일으키며, 식물과 곤충의 오염은 인간을 비롯한 모든 동물들의 오염을 유발시키고 있다는 것을 알 수 있다. 토양이 일단 오염이 되면 상위 영양단계로 갈수록 그 농축되는 정도가 심해지는 양상을 보이게 되므로, 인간들이 가장 큰 피해를 입게 되는 것이다.

4. 한글 성경에서 누락된 번역

히브리어에 הֵן (헨)이라는 감탄사 기본어가 있는데, 이는 '자! 보라!' 로 번역이 된다. 이 단어의 연장형으로서 본문에 나타나는 히브리어의 הִנֵּה (히네)가 있는데, 이 단어 역시 '자, 보라!' 로 해석되는 말이다. 이 단어가 영역 성경에서는 KJV, RSV 등에서는 'Behold!' 로, LB에서는 'Look!' 로 각각 번역되어 있다. 'behold' 라는 단어는 영어의 watch, look, observe 등과 같은 단어로서 '바라보다', '주시하다', '지켜보다' 등의 의미를 가지고 있다.

그러나 영어 성경의 NIV에서와 한글 성경에서는 이 단어가 전혀 번역이 되어있지 않다. 그러므로 원어를 충실하게 번역하자면, '하나님이 가라사대 "자, 보라! 내가 온 지면의 씨 맺는 모든 채소와 씨 가진 열매 맺는 모든 나무를 너희에게 주노니, 너희 식물이 되리라."' 고 해야만 한다.

5. 먹을 수 있다는 것에 대해

창조주 하나님께서 곤충들이나 동물들 및 인간들이 섭취할 수 없도록 식물들이 무기물을 독성이 있는 것만 선택 흡수할 수 있도록 만들어 두셨더라면 곤충들이나 동물들이나 인간들은 무엇을 먹고 살았어야만 했을까? 먹을 것이 전혀 준비되지 않은 상태에서 모든 동물들이 창조되었다면, 적어도 하루 또는 그 이상의 날 동안 굶주리고 있었어야만 했다.

6. 히브리어 הִנֵּה (히네)의 의미

진화가 맞다면, 식물은 어떻게 그렇게 곤충이나 동물이나 인간이 먹을 수 있도록 진화된 것일까? 또 어떻게 진화되었기에 때로는 독이 있는 것들이 나타나기도 했다는 것인가? 물론 진화론자들은 이러한 것들에 대해 확실하게 해명할 수가 없다. 그러나 식물에 가시가 돋치고, 독이 있게 된 것은 태초부터 그런 것이 아니었으며, 오로지 인간의 죄로 말미암은 것들이라고 성경은 분명하게 말해준다(창 3:18 참조). 하나님께서는 모든 식물들을 곤충이나 동물이나 인간이 먹을 수 있도록 미리 예비해 두셨다고 말씀하고 있다. 이 얼마나 감탄할 일이며, 놀라운 일이고, 크신 은총인가?

하나님께서는 이에 대해 '자, 보라!' 고 하시며 스스로 경탄해 하셨다. 이 말씀은 이런 뜻이었을 것이다. 즉, '자, 보라! 내가 너희들을 위해서 먹을 것을 예비해 두었나니, 나더러 아무 대책도 없이 너희들을 만들었다고 하지 말기를 바란다. 씨 맺는 채소나 씨 가진 열매 맺는 나무 등은 오로지 너희 인간들을 위하여 예비해 두었던 것이기 때문이다.' 라고 할 수 있지 않을까?

7. 식물을 먹을 수 있도록 하신 것은 은총이다.

인간이 먹을 수 없는 식물도 존재한다는 말은, 먹을 수 있는 식물을 주셨다고 하는 그 자체가 이미 하나님의 은총이요 배려였다는 사실을 알게 해준다. 만일, 하나님께서 인간이 먹을 수 있는 것들을 미리 예비해두시지 않았더라면 먹고 살아남을 수가 없었을 지도 모른다. 현대 문명이 눈부시게 발달했다고 하는 오늘날에도 지구상 이곳저곳에서는 아직도 기아에 허덕이고 있는 사람들이 무척이나 많다. 즉, 식량 문제는 현대인에게 있어서도 하나의 풀 수 없는 과제로 남아있다.

8. 식량부족난을 어떻게 보아야 할 것인가?

살충제나 살균제 등의 농약의 발달과 비료의 발달 등은 식량 증산에 크게 기여하였다. 그럼에도 불구하고 세계 곳곳에서는 흉년과 기근에 대한 소문이 끊이지 않고 있는데, 이에 대해서 다음과 같은 두 가지 측면에 대해 고려해 보아야 할 것이라고 생각한다.

(1) 매년 생산되는 전 세계의 식량은 60억 인구가 겨우 먹을 수 있는 분량이다. 단지, 어느 곳에서 조금 더 많이 생산이 되고, 조금 덜 생산이 되고 하는 차이 뿐이다. 이는 서로 나누어 먹으라는 하나님의 뜻이 아닐까?

(2) 흉년의 원인은 이상기후 때문으로 알려져 있다. 곡식의 부족이나, 나무 열매의 부족이 아니라, 갑자기 몰아닥친 가뭄, 홍수, 기온의 상승 등이 그 원인이다. 이들은 모두 인간들이 수질오염, 대기오염 등을 일으켜서 생겨난 것들이지 하나님께서 그렇게 하신 것은 아니다.

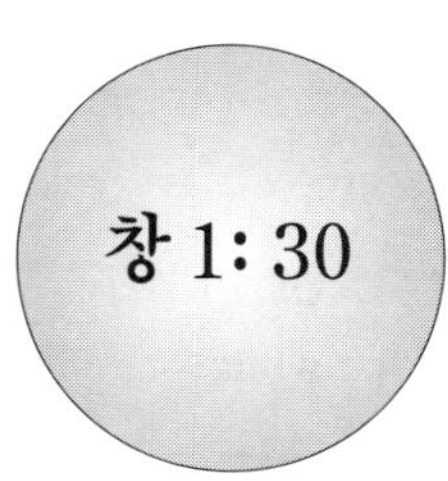

또 땅의 모든 짐승과 공중의 모든 새와 생명이 있어 땅에 기는 모든 것에게는 내가
모든 푸른 풀을 식물로 주노라 하시니 그대로 되니라

KJV; And to every beast of the earth, and to every fowl of the air, and to
every thing that creepeth upon the earth, wherein [there is] life, [I
have given] every green herb for meat: and it was so.
☞ wherein ; [고] 〈의문사〉 어디에, 어느 점에서

NIV; And to all the beasts of the earth and all the birds of the air and all
the creatures that move on the ground-everything that has the
breath of life in it – I give every green plant for food. And it was so.

LB; And I've given all the grass and plants to the animals and birds for
their food.

RSV; And to every beast of the earth, and to every bird of the air, and to
everything that creeps on the earth, everything that has the breath
of life, I have given every green plant for food. And it was so.
☞ creep ; 네 발로 기기, (엎드려)기기

כֵן: וַיְהִי־ לְאָכְלָה עֵשֶׂב יֶרֶק כָּל־ אֶת־ חַיָּה נֶפֶשׁ
so — and-he-was — for-food — plant — green — every-of — *** — life — breath-of

בּוֹ אֲשֶׁר־ הָאָרֶץ עַל־ רוֹמֵשׂ וּלְכֹל הַשָּׁמַיִם
in-him — which — the-ground — on — crawling-one — and-to-every-of — the-air

עוֹף וּלְכָל־ הָאָרֶץ חַיַּת וּלְכָל־
bird-of — and-to-every-of — the-earth — beast-of — and-to-every-of

또 땅의 모든 짐승과 공중의 모든 새와 생명이 있어
땅에 기는 모든 것에게는

1. 땅의 모든 짐승

히브리어 ㅇㅁ (하이)는 '살아있는(living)', '생명(life)' 또는 '짐승(beast)' 등으로 번역되는 단어다. 하나님께서는 땅의 모든 짐승들(ㅇㅁ)에게도 먹을 것을 주셨음을 알 수 있다. 만일, 그것들에게 무엇을 먹을 것인가에 대한 언급이 없으셨고, 아무런 배려도 해두시지 않으셨더라면 그것들은 과연 무엇을 먹어야만 했을 것인가? 현재, 그들을 보면 그들은 자기보다 약한 것들을 마구잡이로 공격하여 해친 후에 먹고 있다. 몇몇 야생동물 전문가들은 언제부터인가는 몰라도 야생동물의 생활상을 영사필름이나 비디오에 담은 후에 National Geographic 등의 영상 매체에 공개하고 있다. 그래서 세계 곳곳에서는 안방의 텔레비전을 통해 아프리카나 오지에서 살고 있는 야생동물들이 어떻게 살아가고 있는가를 생생하게 볼 수 있게 되었다.

이렇게 촬영되어 있는 필름의 내용은 주로 그들의 군집생활, 번식의 방법, 먹이사슬 등이다. 특히 매우 정확하게 촬영된 것으로 보여지는 것들 중의 하나는 큰 동물들이 어떻게 작은 동물들을 먹이로 삼고 있는가 하는 것에 대한 장면들이다. 표범이나 사자나 호랑이나 악어나 하이에나 등의 육식 동물들은 매우 교활하게, 또는 매우 위협적으로 작은 동물들을 몰아 세운 후 잔인하게 그것들을 찢어서 먹는 것을 보여주고 있다. 누구나 이러한 몸서리쳐지는 장면들을 목도하면서, 왜 저렇게 살아야만 하는가에 대해 거듭 생각해보곤 했을 것이다.

2. 약육강식의 세계

이러한 잔인무도한 장면들에 대하여 해설을 맞고 있는 해설자의 해설은 더욱 가관이기만 하다. 그것들이 그렇게 살아야만 하는 것은 도리어 자연의 순리라고 말하기도 하고, 진화의 결과라고 말하기도 하기 때문이다. 약자는 도태되고, 강자는 살아남게 되는 것이 곧 자연의 순리다. 또, 어떤 해설가는 적응하지 못하고 살아남지 못하는 약자들은 소멸되게 되어 있고, 적응하고 살아남는 강자만이 점점 진화되어 오늘에 이르게 되었다고 하기도 한다. 그러나 이는 모두 옳은 표현들이 아니다. 왜냐하면, 하나님께서는 이 모든 동물들이 그토록 서로 물고 뜯으며 살아가도록 만들어두셨던 것은 아니었기 때문이다. 즉, 인간의 불순종과 타락으로 말미암아 창조 질서가 흐트러지게 되었고, 그러한 과정에서 동물들은 갑자기 포악해지기 시작하였으며, 심지어는 자기네들끼리도 서로 물고 뜯고 죽이는 사태로까지 비화하게 되었다.

3. 공중의 모든 새

히브리어 עוֹף (오프)는 '닭'이나 '새' 또는 '들 새' 등을 의미하는 단어다. '공중의 새'란 일반 '야생의 새'를 나타내고, '모든 새'란 '닭', '오리' 등의 가축들까지도 포함하게 된다. 새 중에는 올빼미 등과 같이 밤에만 활동을 하고 있는 야행성 새들도 있고, 독수리나 매 등과 같이 육식을 하는 새들도 있다. 물론, 이러한 새들도 태초에는 육식을 하지는 않았을 것이며, 인간 타락 이후로 육식을 하는 새로 변모되었을 것이다. 그리고 참새나 꿩이나 비둘기 등은 인간이 먹고 있는 곡식을 축내고 있다.

농민들은 애써서 지어 놓은 농산물들을 그들이 와서 축내고 있는 것에 대해 몹시 신경에 거슬리게 받아들이고 있다. 그러나 이러한 새들도 태초에는 인간들의 식량이나 찾아다니면서 축내도록 창조되지는 않았을 것이다. 이러한 새들의 작용도 역시 인간의 죄로 말미암은 것들이 아닐까 한다.

4. 땅에 기는 모든 것들

히브리어의 רֶמֶשׂ (레메스)는 '기어다니는 것' 이나 '곤충' 또는 '벌레' 등을 의미하는 단어다. 이 단어는 영어로는 creep이나 crawl 등으로 번역된다. 하나님께서는 이토록 세심하게 배려를 하셔서 이러한 미물들에 이르기까지도 친히 먹이를 주셨다.

내가 모든 푸른 풀을 식물로 주노라' 하시니, 그대로 되니라.

1. 푸른

히브리어 יֶרֶק (예레크)는 성경 외에서 유래된 단어로서 '푸른' 이나 '녹색', '초록색' 등의 의미를 가지고 있다. 이를 영어로는 blue나 green 등으로 번역해볼 수 있다.

2. 식물

아람어 עֲשַׂב (아쌉)은 '목초' 나 '풀' 을 의미하는 단어다. 그리고 본문에 나타나 있는 히브리어 עֵשֶׂב (에쎄브)는 역시 성경 외에서 유래된 단어로서 '풀' 이나 '풀잎', '목초', '채소' 등의 의미를 가지고 있다. 이 단어가 영어로는 plant로 번역된다.

3. 푸른 식물

히브리어 원문에는 יֶרֶק עֵשֶׂב (에쎄브 예레크)로 되어 있으므로, '푸른 식물' 이나 또는 우리말 성경에서처럼 '푸른 풀' 로 번역을 해야 더 옳다. 이는 잎의 푸른 부분만을 먹으라는 말이 아니라, 푸른 식물이 내는 모든 것을 먹어도 된다는 말로서, 잎과 더불어 그것이 내는 열매까지도 먹어도 된다는 말이다.

4. 식물의 푸른 것

이 말이 맞다면, 인간과 물 속의 어류를 제외한 모든 들짐승이나 곤충이나 새들은 '식물의 잎의 푸른 부분만' 을 먹이로 취하도록 창조되었다고 해야 옳다. 그러므로 그들은 인간들이 먹이로 취하고 있는 곡식이나 나무 열매 등은 먹을 수 없도록 창조되었다고 보아야 옳은 것이다.

5. 인간과 동물들의 먹이의 차이점

인간은 식물이 내는 열매나 곡식의 이삭을 가공해서 먹기도 하지만, 녹색 식물의 잎 부분을 먹기도 한다. 즉, 인간이 현재 먹고 있는 모든 과일은 열매에 속하는 것이고, 곡식은 이삭에 속하는 것이다. 그러나 그것만을 먹는 것이 아니라, 채소의 잎도 먹고 있다.

인간도 역시 열매나 곡식의 씨 부분만 먹는 것이 아니라, 식물의 잎이나 뿌리나 줄기 등도 모두 먹고 있다. 그리고 짐승이나 곤충이나 벌레들도 역시 식물의 잎만 먹고사는 것이 아니라, 인간들이 먹는 열매나 씨나 줄기 등도 같이 먹고 있다. 본문을 조심스럽게 파헤쳐 보면 인간이나 동물의 먹이는 처음부터 같지 않았었음을 알 수 있다.

6. 인간과 동물들의 먹이 구분

태초에는 인간과 동물의 먹이가 다음과 같이 구분이 되어 있었다.

(1) 인간의 먹이; 곡식의 씨, 그 밖의 과일 등

(2) 들짐승, 조류, 곤충의 먹이; 식물의 잎 부분

(3) 어류의 먹이; 이에 대한 언급이 빠져 있다. 그 이유는 물고기들은 굶어도 되었기 때문이 아니라, 바다 속이나 또는 민물 속에 이미 많은 플랑크톤을 넣어두셨기 때문이었을 것으로 보인다. 사실 작은 물고기들이나 큰 물고기들이라 할지라도, 물을 들이마시고 내뿜는 과정에서, 호흡을 위한 산소 뿐만이 아니라 매우 충분한 양의 플랑크톤을 아가미로 걸러서 섭취할 수도 있게 되어져 있었다.

(4) 인간, 들짐승, 곤충, 조류, 어류 등에게 태초에 언급을 하시지 않았던 것 ; 육식

7. 인간과 동물의 먹이 싸움

인간과 동물 사이에 먹이의 구분이 없어지게 되고, 약한 것을 강한 것이 잡아먹더라도 무관하게 되어버렸다고 하는 사실은, 엄격하게 말하자면 창조질서가 붕괴되었음을 시사해준다. 그 결과 먹이 사슬에 있어서도 아래와 같은 싸움이 불가피하게 되었을 것이다.

(1) 곤충이 인간의 식량을 침범할 때, 살충제로 가차없이 죽인다. 각종 곤충들은 인간들이 애써 가꾸어 놓은 곡식의 잎이나 열매 등을 뜯어먹으려고 한다. 이때 인간들은 농약을 만들어 그들을 물리치고 있다.

(2) 새들이 추수기의 곡식을 뜯어먹기 위해 모여들 때, 인간들은 그들의 접근을 막고 있다. 참새나 꿩이나 비둘기 등은 추수기의 곡식에 덤벼

들어 마구 뜯어먹곤 한다. 인간들의 먹이를 축내는 그들을 인간들이 가만히 놔둘 리가 없다. 그래서 인간들은 그들을 위협적으로 쫓아내거나, 새총으로 쏴 죽이는 것이다.

(3) 여우나 늑대나 사자나 호랑이나 기타의 들짐승이 인간이 기르는 가축에 덤벼들어 헤치고자 할 때, 그들의 접근을 막고 있다. 예나 지금이나 인간이 기르고 있는 가축떼를 들짐승이 호시탐탐 노리고 있다. 그러나 인간들은 돌, 활, 창, 길들인 짐승이나 기타 총으로 응수하여 싸우고 있는 것이다.

(4) 인간들은 모든 짐승이나 새들이나 물고기들을 잡아서 먹고 있다. 그리고 악어나 큰 뱀이나 호랑이나 사자나 늑대 등도 인간을 공격하여 죽이기도 하고, 뜯어먹기도 한다. 물론 동물들이 인간의 육체만을 주식으로 하고 있는 것은 아니다. 그러나 서로 먹기도 하고 먹히기도 한다.

(5) 강한 동물들은 약한 동물들을 잡아서 먹고 있다. 약한 동물들이 먹히는 이유는, 그들에게 반항할 힘이 없어서 그렇게 되고 마는 것을 알 수 있다. 하나님께서는 태초에 약자나 강자의 구분을 두지는 않으셨다. 그러나 인간의 타락으로 말미암아 심성의 변화가 나타나 약자와 강자가 생겨나게 되었고, 강자는 약자를 늑탈하고, 지배하기도 하며, 심지어는 죽이기까지도 하는 것이다.

8. 하나님과 인간과 동물의 관계

인간이 하나님께 거슬리게 행동을 하면 하나님께서는 어떻게 하실까? 다음과 같이 하신다고 할 수 있다.

(1) 때로는 직접적으로 계시를 내리신다. 성경의 기록, 꿈으로의 계시, 기

타 예언자나 선지자를 통한 계시 등이 그것이다.

(2) 인간의 하는 일이 잘 풀리지 않도록 조치를 취하기도 하신다. 자기의 뜻대로 안 되게 한다는 것이다. 자기가 하고자 하는 일이 자기의 뜻대로 다 될 것 같지만, 하나님께서 막으시면 알파에서 오메가까지 막으실 수도 있다.

(3) 자기의 건강을 잃게도 하신다. 하나님께서는 천하만물을 주관하시되, 심지어는 세균이나 박테리아까지도 주관하신다. 또한 인간을 만드신 하나님께서는 인간의 신체 일부 세포에 변형을 가해서 병이 나도록 해버릴 수도 있으시다.

(4) 때로는 주변의 환경에 변화를 주시기도 하신다. 어리석은 사람은 그 마음에 하나님이 없다고 스스로 이르기도 하겠지만(시 14:1 참조), 지혜로운 사람은 하나님께서 자기의 하는 일에 일일이 관여하신다는 것에 대해 잘 알고 있다. 그래서 악한 자의 하는 일마다 앞길을 막으시고, 제재를 가하시고, 더 악한 사람을 보내어 그를 괴롭게 하기도 하신다.

9. 하나님께서 하신 일

태초에는 하나님에 의하여 완전하게 지구가 창조되었다. 인간은 하나님의 명령을 거역하는 일을 저지르고 말았다. 인간은 하나님의 명령을 어기고 훗날 선악과 열매를 따먹고 말았다. 그러나 하나님께서는 그런 인간들을 끝내 포기하지 않으셨다. 왜 그렇게 말 할 수 있는가 하면, 인간들이 범죄했을 때 하나님의 존재하심을 저들로 하여금 믿게 하기 위해, 그리고 저들에게 깨닫도록 하기 위해 짐승들로 하여금 인간들에게 대적질 하도록 해두셨고, 식물계에도 변이가 나타나도록 해두셨기 때문이다.

범죄와 타락은 어리석은 인간들의 교만에서 기인한 것이었다. 그래서 하나님께서는 인간들을 대적하는 식물과 동물을 출현하게 하심으로써 그들로 하여금 깨닫게 하셨다.

하나님이 그 지으신 모든 것을 보시니 보시기에 심히 좋았더라. 저녁이 되며 아침이
되니 이는 여섯째 날이니라.

NIV; And God saw everything that he had made, and, behold, [it was]
  very good. And the evening and the morning were the sixth day.

NIV; God saw all that he had made, and it was very good. And there was
  evening, and there was morning-the sixth day.

LB; Then God looked over all that he had made, and it was excellent in
  every way. This ended the sixth day.

RSV; And God saw everything that he had made, and behold, it was
  very good. And there was evening and there was morning, a sixth
  day.

הַשִּׁשִׁי	יוֹם	בֹּקֶר	וַיְהִי־	עֶרֶב	וַיְהִי־	מְאֹד	טוֹב
the-sixth	day-of	morning	and-he-was	evening	and-he-was	very	good

וְהִנֵּה־	עָשָׂה	אֲשֶׁר	כָּל־	אֵת־	אֱלֹהִים	וַיַּרְא	
and-see!	he-made	that	all-of	***	God	and-he-saw	

하나님이 그 지으신 모든 것을 보시니
보시기에 심히 좋았더라

1. 하나님이 그 지으신 것을 보셨다는 것의 의미

히브리어 רָאָה (라아)는 기본어로서 '보다', '인지하다', '감찰하다', '살피다' 등의 의미를 가지고 있다. 이 단어가 변형되어 본문의 וַיַּרְא (바야레아)가 되었는데, 이는 '그리고 그가 보시니' 라는 의미다. 그리고 모든 것들을 창조하시고 난 후에, 다시 한 번 더 뒤돌아 보셨다고 하는 의미는, 좀 더 신중하게 검토하셨음을 의미하는 것이었다. 전체적인 조화와 균형을 살펴보셨음은 물론이고, 미흡한 것이나 누락된 것이 있는가에 대해서도 살펴보셨을 것이다.

하나님께서는 전지전능하신 분으로서 그분의 하시는 일에 과함이나 부족이란 있을 수 없으셨다. 그럼에도 불구하고 다시 한 번 살펴보셨다는 것은 무엇을 말하는 것인가? 이는 태초의 창조사역이 그 얼마나 신중하셨던가에 대해 알게 해준다. 인간들은 모순이나 실수가 잦음에도 자기의 하는 일을 좀처럼 뒤돌아 보지 않는 경우가 많은데, 이것과 잘 대조된다.

2. 한글 성경의 번역에서 누락된 것

한글 성경에는 없는데, 히브리어 원어 성경에는 וְהִנֵּה (웨힌네)라는 단어가 들어가 있다. 이 단어는 히브리어 הֵן (헨)의 연장형으로서 '자, 보라' 또는 '그리고 보라' 등으로 해석되어지는 감탄사이다.

이 누락된 말을 집어넣어 재번역해보면 '하나님이 그 지으신 모든 것을 보시니, 자, 보라! 심히 좋지 않은가! 저녁이 되고 아침이 되니 이는 여섯째 날이니라' 고 할 수 있다. '자, 보라! 심히 좋지 않은가!' 의 표현은 비록 하나님의 독백이기는 했지만, 최상의 만족의 상태와 태초의 무흠(無欠)인 상태를 간접적으로 말해주는 것이라고 보여진다.

3. 보시기에 심히 좋았다는 것의 의미

창세기 1장에는 טוֹב (토브)라는 단어가 총 일곱 번(1:4, 10, 12, 18, 21, 25, 31) 나온다. 이 단어는 기본어로서 '선하다', '기뻐하다', '좋다' 라는 의미도 있지만, 형용사로서 '즐거운', '좋은', '선한' 이라는 의미도 담고 있으며, 또한 명사로서 '좋은 것', '선', '은총' 등의 의미도 가지고 있다. 그런데 이곳 31절에서는 뒤에 מְאֹד(므옷)이라는 단어가 추가되어 있음을 볼 수 있다. 그래서 טוֹב מְאֹד (토브 므옷)이 되었는데, 여기서 '므옷'은 성경외어에서 유래된 단어로서 '많음', '풍부', '대단히', '지극히', '심히' 등으로 번역할 수 있기에, '토브 므옷'은 '심히 좋았다' 라고 번역할 수 있다.

앞에서 여섯 번씩이나 하나님의 보시기에 좋았다고 해놓고, 또 다시 한 번 더 살펴 보았어도 그 결과는 '심히 좋았다' 고 하신다. 이로써 창세기 1장에 기록된 창조사역은 그야말로 완전의 상태였음을 실감할 수 있게 해주는 것이다. 즉, 최상의 상태였고, 흠이 없는 상태였으며, 모순이 없는 상태였고, 과함이나 부족이 없는 상태였다. 하나님의 의도대로 되지 않은 것도 전혀 없었다.

4. 갈취당할 수 없는 만족의 상태

하나님의 만족하심을 누가 감히 갈취할 수 있으랴? 하나님의 기뻐하심을 누가 감히 빼앗을 수 있으랴? 마귀도 갈취해보려고 했고, 못된 인간들도 그것을 빼앗아보려고 시도했었지만 그들은 모두 실패했다. 그럼에도 불구하고 진화론자들은 하나님의 창조사역을 아직까지도 비사실적인 이야기라고 거짓 포장하고 있다. 하나님을 믿지 않고 있는 이방종교인들도 예외는 아니다. 저들은 하나님께서 우주와 지구 및 지구상의 생명체와 인간들을 창조하셨다는 것이 말이나 되느냐고 하며 빈정대고 있다. 물론, 믿고 안 믿고 하는 것은 강요에 의해서 이루어질 수 있는 성질의 것은 아니다. 모든 사람의 머리로 믿어져야만 하고, 또한, 가슴으로 받아들여져야만 하는 것이기 때문이다.

5. 최종적인 선택의 문제를 남겨 두고

하나님께서는 천하만물을 성경대로 창조하셨을 수도 있고, 하나님을 믿지 않는 사람들의 말처럼, 하나님께서 그 모든 것들을 실제로 창조하시지 않으셨을 수도 있다. 이렇게 볼 때, 창조가 사실인가 아니면 거짓인가에 대한 것으로 압축되게 된다.

하나님께서 창조를 하시지 않으셨다면 하나님도, 성경도, 예수님도, 예언자들도 그리고 사도들도 모두가 거짓이요, 꾸며낸 말이라고 밖에 볼 수 없다. 만일, 사실이 아니라면, 사실이 아니라는 그 사실에 대해 더 이상 두려움 같은 것도 가질 필요가 없다.

그러나 다음과 같은 이유 때문에 사실일 수밖에 없다는 것을 알 수 있다.

(1) 하나님은 태초부터 지금까지 인간을 정신적으로, 실제로 지배해오셨다.

(2) 인간이 하나님의 뜻에서 벗어나 죄를 짓게 되면 언젠가는 하나님의 심판이 가해지게 되고 만다.

(3) 인간이 하나님 앞에서 선하게 살면 본인 뿐만 아니라 후손들까지도

복을 받게 된다.

⑷ 인간이 직접적으로나 간접적으로라도 하나님을 대적하면 반드시 죽거나 망하게 된다.

⑸ 인간이 하나님을 떠나 살게 되면 개인이나 국가나 할 것 없이 서서히 망하게 된다.

⑹ 성경대로 살면 복이 임하고, 성경을 벗어나 살면 언젠가는 저주를 받게 된다.

⑺ 지금까지 성경에 기록된대로 이루어지지 않은 것이 없으며, 현재도 그대로 이루어지고 있을 뿐이다.

저녁이 되며 아침이 되니, 이는 여섯째 날이니라

1. 저녁이 되며 아침이 되니

이렇게 해서 또 다시 하나님의 하루 일과가 끝마쳐졌다. 창조의 마지막 날은 동물과 더불어 인간을 창조하시는 날이었고, 그동안에 하나님께서 직접 창조하셨던 모든 생물체들에게 먹을 것에 대해서 지정해주셨던 날이었으며, 그것들에게 복을 내려주신 날이었고, 창조하신 모든 것들에 대해 확인하셨던 날이었으며, 그와 더불어 모든 것들에 대해 크게 만족을 느끼셨던 날이었다. 여섯째 날은 태초의 창조사역을 마무리하신 날이었기 때문에 하나님 자신에게도 더욱 더 의미 깊은 날이셨는지도 모른다.

2. 여섯째 날

창세기 1장에 기록되어 있는 하루하루에 대한 히브리적 언어 표현들을 살펴보자.

창 1:4의 첫째 날은 אֶחָד יוֹם(욤 에하드/ first day)로, 창 1:8의 둘째 날은 שֵׁנִי יוֹם (욤 쉐니/ second day)로, 창 1:13의 셋째 날은 שְׁלִישִׁי יוֹם (욤 쉬리쉬/ third day)로, 창 1:19의 넷째 날은 רְבִיעִי יוֹם(욤 레비이/ fourth day)로, 창 1:23의 다섯째 날은 חֲמִישִׁי יוֹם(욤 하미쉬/ fifth day)로, 그리고 창 1:31의 창조 마지막 날인 여섯째 날은 הַשִּׁשִּׁי יוֹם (욤 핫쉬쉬/ the sixth day)로 각각 표현되어져 있다.

'여섯' 이나 '여섯 번째' 를 나타내는 히브리어 수사는 שִׁשִּׁי (쉬쉬)이다. 그런데 이 단어의 맨 앞에 정관사 הַ (하)가 붙어 있다. 이 날을 다른 날처럼 표현하자면, שִׁשִּׁי יוֹם(욤 쉬쉬/ sixth day)라고 했어야 옳다. 그러면 왜 하필이면 마지막 날을 나타내는 여섯이라는 숫자에만 그 정관사가 붙어서 הַשִּׁשִּׁי יוֹם (욤 핫쉬쉬/ the sixth day)로 했던 것일까?

이에 대하여 다음과 같이 생각해 볼 수 있다.

(1) 태초의 창조가 끝나는 마지막 중요한 날이었으므로 '그 여섯째 날' 이라고 하셨을 수도 있다.

(2) 창조는 꾸며낸 이야기가 결코 아니므로, 그 사실성을 강조하기 위해 '그 여섯째 날' 이라고 하셨을 수도 있다.

(3) 창조 제 6일은 하나님 편에서 보거나, 인간의 입장에서 보더라도 창조의 날들 중에서 가장 중요한 날이라고 볼 수 있으므로 '그 여섯째 날' 이라고 하셨을 수도 있다. 왜 가장 중요한 날인가 하면, 그 마지막 날에 인간이 창조되었기 때문이다.

지혜의 깊이를 측정하는 문제

1. **출제의도** ; 성경과 하나님에 대하여 깊이 이해하고 있는 독자 제현들을 발굴해내기 위함입니다.

2. **문 제** ; 기독교는 '구원' 의 종교요, '사랑' 의 종교입니다. 그러나 세상의 많은 사람들은 철학적으로 구분하면 '유교' 는 '지식' 의 종교요, '기독교' 는 '지혜' 의 종교이며, '불교' 는 '깨달음' 의 종교이기 때문에 불교가 가장 심오한 종교라고 말하기도 합니다. 그러나 성경에도 분명 '깨달음' 에 대해서 많이 나와 있으며, 오히려 성경은 '깨달음보다도 더 중요한 게 있다' 고 암시하고 있습니다.

3. **응모 요령** ; 위의 물음에 대해 성경에 입각하여 **'성경이 말하고 있는 깨달음보다 더 중요한 것'** 이라는 주제로 아래와 같이 응모해 주시기 바랍니다.
   1) 응모 자격 : 응모권을 가진 자 누구나
   2) 응모 방법 : 반드시 본 책에 있는 응모권을 답안지 뒷면에 첨부할 것.
   3) 분량 : A4 용지 2매 이하 또는 2,000자 내외
   4) 주의 사항: 응모권, 일련번호, 인감 등이 없는 것은 무효로 처리함.
   5) 정답 공개의 금지: 정답을 알았다고 해서 이를 유포시키면 시상 대상에서 제외됩니다. 다른 사람의 사고의 발전을 위해서 정답을 알고 있더라도, 시상이 있기 전에는 공개를 금하여 주시기 바랍니다.
   6) 보내실 곳: 우편번호 139-220
      서울시 노원구 중계본동 노원우체국 사서함 94호 안병양 앞

4. **시 상** : 문제에 대한 확실한 답을 제시한 분들께 아래와 같이 시상합니다.
   1) 정답자 중에서 선착순 100명에게 '10만원' (총(1,000만원) 씩의 상금을 지급하여 드립니다.
   2) 시상 대상 및 정답: 시상대상자 및 정답 발표는 선착순 100명이 선정된 뒤에 개별적으로 통지한 후, 상금은 은행통장에 자동 입금시켜 드립니다.

5. **응모권** : 아래 절취선을 따라 절취한 후 정답 후면에 첨부해 주십시오.

-------------------------------- 〈절 취 선〉 --------------------------------

응 모 권

일련 번호	응모자 성명	인 감	은행구좌번호
001602			Email 주소